계몽사상의
유토피아와 개혁

현대의
고전
10

계몽사상의
유토피아와 개혁

Franco Venturi

프랑코 벤투리 지음 김민철 옮김

철학이 아닌 역사로 밝힌 18세기 계몽사상

Utopia and

Reform in the

Enlightenment

글항아리

프랑코 벤투리와 18세기 유럽의 계몽사상

『계몽사상의 유토피아와 개혁Utopia and Reform in the Enlightenment』은 벤투리Franco Venturi, 1914~1994의 1969년 조지 매콜리 트리벨리언 기념 강연을 책으로 옮긴 것으로서, 1970년에 출간된 이탈리아어본(*Utopia e riforma nell'Illuminismo*)과 1971년에 케임브리지대학 출판부가 낸 영어본 중에서 후자를 번역한 것이다. 이 강연은 역사가 트리벨리언G. M. Trevelyan, 1876~1962을 기념하는 케임브리지대학의 유서 깊은 강연으로, E. H. 카가 맡은 1961년 강연은 『역사란 무엇인가』라는 제목으로 출간되어 널리 읽힌 바 있다. 이 책에서 벤투리는 18세기 유럽에서 공화국과 공화주의가 어떤 형태로 변형되고 존속했는지를 추적하는, 짧지만 거대한 서사를 펼쳐 보인다. 이 책은 후속 세대의 학문에도 큰 영향을 미쳤다. 이후 18세기 지성사 학계는 새로이 당대 정치경제학 논쟁에 주목하는 한편, 개혁가들의 국제적 움직임과 조응을 그려내고자 노력했다.

프랑코 벤투리는 로마 태생으로서, 그의 부친은 잘 알려진 미술사가이자 미술비평가인 리오넬로 벤투리(1885~1961)다. 베네데토 크로체(1866~1952)와 가에타노 살베미니(1873~1957) 같은 이탈리아의 철학자 및 역사가가 리오넬로 벤투리의 정신세계에 큰 영향을 미쳤다. 아버지가 파쇼 정권에 충성하기를 거부하면서, 토리노에서 학업을 시작했던 프랑코 벤투리는 이후 부친을 따라 프랑스로 옮겨가 소르본에서 본격적인 공부에 돌입하게 되었다. 또한 벤투리는 부친을 따라 반파쇼 운동인 '정의와 자유Giustizia e Libertà'에 참여했는데, 그 과정에서 계몽사상과 자유주의 및 사회주의 사상의 역사라는 2개 주제를 일생 동안 연구할 동기를 얻은 것으로 보인다. 이 시기 벤투리는 1939년에 드니 디드로(1713~1784)에 대한 책을 출간했고, 1940년에 피에몬테의 개혁가 달마초 바스코(1732~1794)에 대한 연구를 학위논문으로 제출했다.

제2차 세계대전이 발발하자 벤투리는 처음에는 에스파냐에, 나중에는 이탈리아에 억류되었다. 토리노에 돌아온 뒤에는 사회주의·자유주의·민주주의 진영의 다양한 운동가들이 집결한 '행동당Partito d'Azione'에 참여했고, 피에몬테에서 정당지 『자유 이탈리아L'Italia libera』의 편집인으로 활동했다. 이런 경험을 통해서 벤투리는 나중에 학문적으로 드러날 예리한 정치적 감각을 닦았다. 이때부터 그는 크로체가 표방한 것과 같은 계몽사상에 대한 문학적이고 철학적인 접근을 더욱 비판적으로 바라보았다. 또한 그는 이탈리아의 계몽사상을 본격적으로 연구하기 시작하면서 모국의 역사에 대한 첨예한 문제의식을 배양했다. 전후戰後 이탈리아의 역사가들은 국수적이지 않으면서 진보적인 이탈리아의 과거를 밝히려고 노력했는데, 벤투리의 작업도 그러한 맥락 속에 있었다. 벤투리는 1947년에 모스크바 주재 이탈리아 대사관의 문화담당관으로 임명되어 1950년까지 머물렀다. 이 시기에 그는 19세기 러시아 인민주의 운동에 대한 자료를 읽고 정리했으며, 이 작업의 결실을 2권 분량의 『러시아 인민주의Il Populismo russo』로 1952년에 출간했다. 이 책의 영역본은 1960년에 『혁명의 뿌리들Roots of Revolution』이라는 제목으로 출간되었다. 벤투리는 계속해서 특정 정당에 속하지 않고 정치적으로 독립된 위치를 고수했으며, 자유주의 및 사회주의에 대한 확고한 공감대를 지녔음에도 불구하고 공산당 또는 1960년대 급진적 학생운동과 공개적으로 충돌하기도 했다.

벤투리를 위대한 역사가로 자리매김한 대표작은 1969년부터 1990년까지 지속적으로 출간된 그의 『18세기의 개혁가들Settecento riformatore』이다. 이것은 총 5권 8책으로 구성된 대작으로서, 실제로 출간된 7책을 모두 합하면 3869쪽, 150만 단어에 이르는 웅장한 분량을 자랑한다. 권책 구성을 살펴보면, 제1권은 『무라토리에서 베카리아까지, 1730~1764Da Muratori a Beccaria, 1730–1764』라는 제목으로 1969년에, 제2권은 『각각의 한계 속에서의 교회와 공화국, 1758~1774La Chiesa e la repubblica dentro i loro limiti, 1758–1774』라는 제목으로 1976년에 출간되었다. 이 책들에서 18세기 이탈리아의 개혁 사상을 연구한 뒤, 벤투리는 유럽 전역으로 눈을 돌려 커다란 그림을 그리기 시작했다. 그것이 반영된 제3권은 『구체제의 첫 번째 위기, 1768~1776La Prima crisi dell' Antico Regime, 1768–1776』이라는 제목으로 1979년에 출간되었고, 제4권은 『구체제의 몰락, 1776~1789La caduta dell'Antico Regime, 1776–1789』라는 제목으로서, 그것을 구성하는 1책 『서유럽의 대국들I grandi stati dell'

Occidente』과 2책 『공화주의적 애국주의와 동유럽의 제국들Il patriottismo repubblicano e gli imperi dell'Est』이 모두 1984년에 출간되었다. 제5권은 3책으로 구성되는데, 1책 『계몽 시대의 이탈리아, 1764~1790: 코르시카 혁명: 60년대의 대기근: 개혁기 롬바르디아L'Italia dei lumi, 1764-1790』는 1987년에, 2책 『베네치아 공화국, 1761~1797La repubblica di Venezia, 1761-1797』는 1990년에 출간되었다. 그러나 구체제 위기 시대의 피에몬테, 교황령, 나폴리의 계몽사상을 다룰 것으로 예정되었던 3책은 벤투리의 죽음으로 인해 끝내 출간되지 못했다. 제3권과 제4권 1책 및 2책을 묶은 영역본이 총 3권 분량으로 각기 『유럽 구체제의 종말, 1768~1776: 첫 번째 위기The End of the Old Regime in Europe』『유럽 구체제의 종말, 1776~1789 제1부: 서유럽의 대국들』『유럽 구체제의 종말, 1776~1789 제2부: 공화주의적 애국주의와 동유럽의 제국들』이라는 제목으로 출간되어 벤투리를 세계 학계에 널리 알렸다.

벤투리는 이 『계몽사상의 유토피아와 개혁』을 통해서 한편으로는 지성사 연구 학계에, 다른 한편으로는 근대사 학계에 문제를 제기했다. 그는 자신이 '사회경제적 설명' 또는 '추상적·철학적 요소들의 기원을 따지는 설명'으로 규정한 기존 계몽사상 서술에 대한 비판적 개입을 시도했다. 그는 18세기가 앞 세기들과 달리 경제학이 대두하고 현실 개혁적 기획들이 주류로 떠오른 시대였다고 주장했고, 현대 학자들이 그 기획들을 마치 추상적인 철학 원칙에서 연역적으로 도출된 것인양 연구하는 경향을 비판했다. 1760년대에 이르면 종교적·도덕적 관심에서 정치적·사회적 관심으로 사유의 무게중심이 이동했다는 것이다. 물론 18세기 계몽사상의 흐름의 거대한 한 부분은 '철학적' 원칙에서 개혁적 논리를 도출했고, 적어도 현실에 대한 자신의 처방이 언제나 자연과 인간을 지배하는 철학적 제1원리들에서 유래했다고 주장하고 싶어했다. 이 점을 간과하거나 무시해서는 안 된다. 그러나 현실에 직핍해서 개혁을 구상한 숱한 18세기 이론가의 작업을 단지 그 '철학적' 토대가 얇아 보인다는 이유만으로 무시하던 학계의 경향에 벤투리가 반대의 목소리를 높인 것은 의미심장한 일이었다.

벤투리는 18세기 유럽의 기저에 흐르는 거센 공화주의·경제학·개혁의 파도를 통해 그 시대를 뒤이은 정치적 변화를 설명한다. 그는 마르크스주의자들의 통찰력을 일부 인정하면서도 그들의 사회경제적 설명 구도가 갖는 환원론적 경향을 강하게 비판한다. 적어도 『계몽사상의 유토피아와 개혁』에서 드러나는 벤투리의 서사는 개혁가들의 출신 배경에 큰 관심을 두지 않는다. 또한 그 서사는 계몽사상의 '사회사'라 불리는 접근법을 불신하며, 따라서 다니엘 로슈 등의 연구가 추구하는 지식의 형태, 즉 어떤 부류의 책들이 어느 지역에서 몇 권 유통되었는지를 아는 것 등은 근본적 고찰과 유리된 것으로 간주한다.

벤투리의 커다란 그림에서, 18세기 전반에 걸쳐 유럽의 공화주의(들)는 고대 아테네 및 로마의 교훈으로부터 자양분을 얻기보다는 이탈리아, 스위스, 네덜란드, 폴란드 등지의 가까운 경험들로부터 고찰과 검토의 대상을 구했다. 18세기 유럽의 공화주의는 결코 '고대 공화주의'의 반영이 아니었으며, 오히려 당대와 그 직전 시기에 현존했던 실제 공화국들의 경험과 불가분으로 결합되어 있었다. 이런 맥락 속에서 18세기 공화주의는 유럽 근대 군주국들의 정체 깊숙이 침투할 애국주의를 생산하고 있었다. 대대적인 노예경제를 국내에 갖고 있지 않던 18세기 서유럽 국가들에서, 개혁가들은 결코 고대국가들의 사상·체제를 그 경제적 토대로부터 분리시켜 고려하지 않았으며, 그와 같은 '피상적 이해'(오해)는 오히려 오늘날의 학자들에게서 더 자주 발견할 수 있다.

또한 벤투리의 구도는 르네상스 피렌체에서 17세기 잉글랜드를 거쳐 18세기 미국으로 이어지는 '대서양 공화주의 전통Atlantic republican tradition'이라는 서사를 암묵적으로 거부한다. 그것은 오히려 네덜란드, 제네바, 이탈리아, 프랑스를 중심에 놓고 잉글랜드와 스코틀랜드 그리고 러시아까지 아우르는, 훨씬 더 유럽에 집중하는 그림을 그려 보이며, 그로써 각국사와 유럽사의 단선적이지 않은 조화를 모색한다.

한 가지 아쉬운 것은, 잉글랜드에서 부재하는 듯 보이던 공화주의가 18세기 마지막 10년이 되어서야 되살아난 것은 벤투리의 주장대로 마르크스주의자들의 설명 틀을 깨는 사례이긴 하나, 정작 『계몽사상의 유토피아와 개혁』은 그것이 어찌해서 가능했는지 질문하거나 설명하지 않으며, 그것이 미국의 독립전쟁, 네덜란드의 애국파혁명, 프랑스의 대혁명으로 대별되는 국제적 혁명의 줄기들과 나란히 또는 그 줄기들에 대한 반동으로 생겨난 과정에 주의를 기울이지 않는다는 점이다.

그러나 이런 지적은 이 책의 가치와는 전혀 상관이 없다. 한 권의 얇은 책이 모든 서사를 아우를 수 없다. 계몽사상이 마르크스주의자들이 주장하듯 단지 상승하는 부르주아지를 떠받치는 이념에 불과한 것도 아니었고, 일부 학자가 주장하듯이 사실상 부재하는 허깨비도 아니었다는 점을 명쾌하게 보여주는 이 강연은 벤투리가 55세까지 축

적한 연구 성과가 간결하고 힘차게 압축되어 있는 지성사의 정수라고 할 수 있다. 유럽의 공화주의는 작은 공화국들과 큰 절대군주국들의 국제관계 속에서, 또 국가이성, 더 나은 삶, 국가 간 경쟁, 공화국의 생존과 같은 문제들 가운데 유럽 전역의 빼어난 정신들이 개혁 방안을 모색한 결과 한 세기에 걸쳐 피어난 것임을 이제 우리는 부정할 수 없게 되었다. 바로 여기에 『계몽사상의 유토피아와 개혁』의 진정한 가치가 있다.

유토피아에서 출발한 개혁가들은 유토피아를 떠나 실현 가능한 형태의 '자유롭고 평등한 인간들의 사회'를 만들기 위해 각자 헌신했다. 유럽의 역량이 결집된 것처럼 보이던 파리에서, 백과전서파는 신국神國을 벗어난 새 시대의 정신을 대표하게 되었으며, 그들의 기획과 전망은 유럽 각지에서 일정 정도 자생적이면서도 결코 폐쇄적이거나 국지적이지 않고 서로 교통하는 메아리를 발견했다. 코르시카, 제네바, 러시아, 아메리카, 네덜란드, 프랑스를 아우르는 혁명의 경로가 그려졌고, 19세기를 목전에 둔 유럽의 정치적 근대는 새로운 전기를 맞이했다. 본서는 끓어오르던 유럽의 왕국들과 공화국들의 심장부로 가는 여행의 안내서가 될 것이다.

이 책의 번역을 추천해주신 서울대 안두환 선생님, 원고를 책으로 만드는 과정에서 많은 도움을 주신 글항아리의 편집부, 번역을 격려해주시고 갖가지 조언을 해주신 서울대 최갑수 선생님과 세인트앤드루스 대학 리처드 와트모어Richard Whatmore 선생님, 벤투리 관련 도서 및 자료를 구하는 데 도움을 주신 토리노대학 마누엘라 알베르토네Manuela

Albertone 선생님과 헬싱키대학 및 에라스뮈스 대학원의 쿤 스타펠브룩 Koen Stapelbroek 선생님 그리고 글을 다듬는 과정에서 도움을 준 동료들 김대엽, 김민호, 김원기에게 감사드립니다.

김민철

옮긴이 서문 005

서론 014

1장 17세기, 18세기의 왕들과 공화국들 037

2장 영국 공화주의자들 073

3장 몽테스키외에서 혁명까지 103

4장 처벌할 권리 137

5장 계몽사상의 연대기와 지리적 분포 165

주 189

참고문헌 218

찾아보기 242

조지 매콜리 트리벨리언 기념 강연을 해달라는 초청을 받은 것은 분명 굉장한 부담이었지만, 케임브리지의 이토록 많은 벗, 동료와 함께 여러 도서관에서 3주를 보내는 것 또한 그에 못지않은 커다란 기쁨이다. 그 초청 강연의 결과물이 이 책에 담겨 있다. 내가 선택한 문제는 분명 광범위하지만, 나는 그 면면을 살피기 위한 관점이 너무 산만하지 않기를, 적어도 위대한 계몽 시대의 핵심 문제를 일부라도, 유토피아와 개혁 사이의 난해하지만 알찬 균형을 보여주면서 다룰 수 있도록 해주기를 바란다.

나는 이 트리벨리언 기념 강연에 '계몽사상이란 무엇인가?'라는 제목을 붙이고 싶은 유혹을 느꼈다. 그러나 마침내 이를 뿌리쳤는데, 이는 『월간 베를린』이 1784년에 제기한 이 물음에 답변했던 칸트, 멘델스존 등과 내가 동급으로 인정받으려 든다는 비난을 받을지도 모른다는 두려움 때문이 아니었다. 어느 누구도, 적어도 이 분야에서만큼은

나의 자기비판 능력에 의구심을 품지 않았으면 한다. 행여 내가 계몽사상에 관한 논쟁 가운데 초기 자료까지 거슬러 추적하지 않은 게 있다면, 이는 그 논쟁이 아무리 흥미로운 것이더라도, 제 경로를 벗어나 딴 길로 연구를 이끌어갈 위험이 있다고 확신하기 때문이다.

칸트에서 카시러 그리고 그 밖의 다른 사상가까지, 독일 계몽사상의 철학적 해석이 유럽 계몽사상에 대한 우리의 이해를 지배했다. 최소한 카시러는 성실했기에 자기 책에 『계몽주의 철학』이라는 제목을 붙였다. 이 책을 살펴보도록 하자.

우리의 시선을 독일로 한정하면, 바움가르텐과 보드머, 예루살렘과 레싱, 볼프와 칸트가 두드러져 보인다. 예컨대 슐뢰처와 뷔싱은 찾아볼 수 없다. 그러나 슐뢰처는 18세기 후반에 가장 중요한 논객이었다. 그는 독일인들에게 러시아의 역사적 세계가 가진 전체 모습을 드러내보였고, 당대에 독일에서 자유주의 사상이 직면한 난관과 장애물을 누구보다 잘 보여주었다. 뷔싱은 지리학 분야에 새로운 지평을 제시했다. 그의 책들은 유럽 지리학 분야를 주름잡았다. 카시러의 책들에서는 경제학자를 단 한 명도 찾아볼 수 없다. 국가, 토지, 상업을 언급하지 않은 계몽사상은 최소한 날개 하나가 잘린 것이다. 디드로가 "종교와 정부에 대해 침묵하라고 강요한다면 나는 할 말이 없다"고 말한 것처럼 말이다.[1]

카시러가 18세기 종교에 대해 많은 이야기를 한 것은 사실이다. 그러나 그는 정부에 대해서는, 즉 법 이론이 아닌 정치로서의 정부에 대해서는 거의 언급한 바가 없다. 그리고 계몽사상가들에게서 이러한 경향의 변화를 읽어낼 만한 어떠한 신호도 없다. 1968년 이탈리아에서

니콜라오 메르케르²는 『독일의 계몽사상, 레싱의 시대』라는 중요한 책을 출간했다. 메르케르는 마르크스주의자다. 그는 철학적 관념들의 사회적 가치를 지속적으로 논한다. 그러나 그는 슐뢰처나 뷔싱을 거의 다루지 않으며, 독일 중농주의자는 마치 존재하지도 않았다는 듯 언급조차 하지 않는다. 책 속에는 종교부터 사회까지 모든 것이 다뤄져 있다. 없는 것은 디드로의 표현을 따르자면 '정부', 즉 구체적인 정치 행위다.

면밀하게 검토해보면, 칸트에서 카시러 및 오늘날의 사상가들로 이어지는 계몽사상의 '철학적 해석'이 다양한 방식으로 계몽사상에 대한 그릇된 해석을 유도한다는 것을 알 수 있다. 이러한 계몽사상의 '철학적 해석'은 항상 사물의 기원, 즉 18세기 현실에서 작동하는 사상들의 시작점을 추적하는 경향을 갖는 역사와 결부되어 있기 때문이다. 이 역사는 데카르트, 라이프니츠, 로크, 말브랑슈, 비코로 되돌아간다. 그리고 이들에게서 훗날 민중 철학에 의해 사용되고, 혼합되고, 계몽사상의 세기에 벌어진 이념 투쟁에서 활용된 사유의 근원을 발견한다. 이 같은 전투 이후에 어떻게 질서를 되찾아야 할까? 여기서 취할 수 있는 대안이라고는 우리 앞에 놓인 부서지고 뒤틀린 개념들이 어떻게 탄생했는지 살펴보는 게 고작이리라. 즉 위대한 철학 체계들을 받침대 삼고, 이성주의, 자연주의, 감각주의와 같은 저 위대한 개념들 중 하나를 토대로 삼아 우리가 반드시 새로이 갈고 닦아야 할 저 무기들이 어떻게 탄생했는지를 보는 것이다. 그러나 이런 방법은 애석하게도 철학적 체계 구축을 전적으로 거부하고 철학적 체계의 유효성을 철저히 불신하는 계몽사상의 근본 성격에 정면으로 역행한다. 18세기 중반을 거치면서 콩디야크, 볼테르, 디드로, 달랑베르는 이 점을 더할 나위 없이 명료하게 설명했다. 분명히 우리는 사상의 기원을 거슬러 올라갈 것이 아니라 그것이 18세기 역사 속에서 어떻게 기능했는지를 검토해야 한다. 철학자들은 수원지에 이를 때까지 물줄기를 거슬러 올라가려는 유혹을 느낀다. 역사가들은 그 강이 어떤 장애물과 어려움 속에서 어떻게 길을 트고 흐르는지 우리에게 말해줘야만 한다. 18세기 말이후로, 많은 독일인은 근원에 신화적 가치를 덧입히려는 유혹과 거기서 선善과 빛을 찾으려는 유혹을 느꼈다. 나 또한 어떤 생각이나 사건을 설명하기 위해 역사를 거슬러 올라가고 싶은 유혹을 느끼는데, 그럴 때면 헤르더의 시구에 다시금 의지한다. 이것은 '우르Ur'[수메르 문명기 메소포타미아에 세워진 도시 이름이다. 왕조들이 세워지고 번성하여 큰 도시가 되었다], 즉 기원·근원에 대한 독일식 향수를 희화화한 구절로서 언제나 유효해 보인다. "우리가 하나하나 일의 기원에 대한 시적 표현을 읽을 때면 얼마나 기쁜가. 첫 번째 항해, 첫 키스, 첫 번째 정원 손질, 처음으로 목격한 죽음, 첫 번째 낙타 여행."[3]

계몽사상을 연구하는 역사가들은 이 희화화를 결코 간과해서는 안된다. 헤르더가 1774년 소논문인 『인류의 교육을 위한 새로운 역사철학』에서 이러한 통찰을 재검토하여 심화시키기 얼마 전 단편 『서정시의 역사』에 이 구절을 썼을 때, 그는 그저 순진한 상태였다. 그러나 그 이후로는 현재를 설명하기 위한 과거에 대한 기술이 점점 더 정교하고 복잡해졌다. 온갖 매혹적인 논증 속에 치장되어 있을 때 이러한 '우르'에 대한 향수를 인지하기란 그리 쉽지 않지만, 위험하기는 매한가지다. 우리는 인류의 첫 정원, 즉 지상의 낙원과 이곳에서 살아가는 가부장적인 거주자들 같은 단순한 것과 더 이상 마주하지 않는다. 오히려 우리는 말하자면 아우구스티누스주의자와 신학에서 말하는 신국을 마주한다. 주지하다시피 『18세기 철학자들의 천상의 도시』는 칼 베커[4]의 유명한 책이다. 불가사의하게도 저자는 자기 책을 독자에게 이렇게 제시한다. "이 책은 확실히 역사가 아니다. 나는 이것이 철학이길 바란다. 이 책이 철학이 아니라면 아마 헛소리일 것이기 때문이다. 또는 이 구분이 과도하게 미묘하다고 해야 할까?"

계몽사상에서 역사와 철학을 융합하려고 시도했던 이 책을 크로체의 이탈리아 추종자들이 좋아했다는 사실은 놀라운 일이 아니다.[5] 그러나 이러한 노력은 목표한 결과를 얻지 못한다. 당시에 디드로나 돌바크, 볼테르나 흄의 사상이 맺었던 새롭고 역사적으로 중요하고 의미 있는 결실들은 찾지 않고 더 먼 과거의 자연법, 도덕철학, 불멸 같은 근본적 사유와 일치하는 것들을 찾으려 들었기 때문이다. 이는 지적인 보수주의자들이 항상 그러하듯 과거에 대한 회상에 빠져 서술한 역사이며, 매력적이고 뛰어난 학술적 바탕 위에서 서술된다. 지적인 보수주의자들은 새로운 것, 예상 밖의 것, 그들의 천상의 도시 외부에 있는 어떤 것에도 결코 굴복하지 않겠다는 굳센 결심을 제외하고는, 나머지 모든 것에 대해 회의적이다. 칼 베커의 책은 1932년에 출간됐다. 그때 이후 18세기 유럽에 대한 모든 연구는 18세기의 얼마나 많은 부분이 실제로 신국의 성벽 바깥에 남아 있는지를 증언하는 것처럼 보인다. 심지어 계몽사상 그 자체가 성벽 바깥에 있다고 말할 수도 있겠다. 베커는 미국 보수주의 및 문화의 역사에서 여전히 중요한 인물이다. 그러나 매년 베커의 신국은 고립된 개념 속으로 점점 멀어져갔으며, 18세기 역사의 흐름을 추적하고자 노력해온 사람들의 연구로부터도 아주 멀리 떨어져 있다.

　그러나 과거로 거슬러 올라가려는 유혹은 매우 강해서, 저항하기가 쉽지 않다. 피터 게이는 베커를 누구보다도 노골적으로 비판한 사람이다. 그는 철학적·이념적 도식에 얽매이지 않은 채 볼테르의 정치사상에 대한 어느 누구보다도 더 비판적이고 현실적인 통찰을 제공했다. 그러나 자신의 저서인 『계몽주의』에 부제를 붙이려 할 때, 게이는 "근대 이단의 대두"[6]보다 좋은 글귀를 생각할 수 없었다. 이 저서가 얼마나 중요한지 새삼스럽게 말할 필요는 없다. 그 책은 18세기를 다룬 지난 수십 년간의 모든 작업을 종합하려 했으며 지금까지는 그런 시도들 가운데 가장 뛰어나다. 그러나 책의 제1권은 그 구조에서 기원을, 과거의 회복을 집요하게 추구한다. 책의 서문은 "세계 속의 계몽사상"으로, 여기에는 "철학자 무리들"이라는 절이 속해 있다. 서문에서 저자는 유럽에서 새로운 사상의 전파라는 문제와 그 시대의 소수집단이 당대의 사회적 구조 및 세력과 맺은 관계를 다룬다. 이 지점에서 우리는 철학자 '무리'의 형성과 이 무리가 자신들이 속한 맥락 속에서 실제로 행한 일이 무엇인지에 대한 서술을 기대할 법하다. 그러나 그것 대신에 우리는 "고대에의 호소"와 "유용하고 아름다운 과거"를 발견한다. 히브리인과 그리스인, 이교도와 그리스도인을 발견한다. 그러다가 드디어 이런 경향이 끝나는 순간에 이르렀다고 생각할 만한 지점, 책의 마지막 장인 제7장의 제목은 "성스러운 원을 넘어"다. 여기에서 우리는 돌바크와 디드로를 만난다. 그러나 그들의 뒤에는 여전히 루크레티우스의 위대한 그림자가 드리워져 있다. 제1권은 "루크레티우스의 임무"로

마무리가 되는데, 이 장은 흥미롭고 중요한 내용으로 가득 차 있지만, 여전히 독일 계몽사상 전통, 18세기에서 19세기로 넘어가는 전환기 독일 인문학의 전망, 독일 대학들에서 자라난 그리스와 로마에 대한 열정이라는 마법의 원을 깨뜨리기가 얼마나 힘든지를 보여주는 명백한 증거이기도 하다. 이 책을 덮으면서 나는 최근 안타까운 죽음을 맞이한 동료 칸티모리를 떠올렸다. 그는 인문주의 시대가 프랑스대혁명으로 막을 내렸다고 생각한 학자들 중 한 명이었다. 칸티모리 또한 이상적인 세계 속에 스콜라주의와 인문주의자들(예전에 그가 기록한 대로, 페트라르카에서 루소에 이르기까지, 계몽사상의 여명기까지)을 가두었다.[7] 제1권 말미의 귀중한 참고문헌 평설에서 게이는 출발점과 준거점을 명확히 제시한다. 무엇보다 카시러가 제일 먼저 언급되며, 바르부르크 연구소, 작슬, 아우어바흐가 언급된다. 게이는 이 전통에 근대의 철학적 감각을 가져왔다. 예컨대 그는 18세기 유물론의 가치를 카시러가 그랬던 것보다 훨씬 더 의식하고 있다. 게이는 독일 인문주의자들에게 전통적으로 결여돼 있는 정치적 감각을 지녔다. 그러나 이것들은 오래되고 영광스러운 줄기에 접목된 새로운 가지들이다. 게이의 책은 정말로 '계몽사상은 무엇인가?'라고 불릴 수 있다. 이는 결코 사소한 칭찬이 아니다.

나는 18세기를 해석하면서, 제한적이지만 유용하다고 생각하는 인문주의자의 관점을 적용하려고 시도해보았다. 이것은 곧 칸트가 이 질문에 제시한 답변의 정확한 의미를 이해하려고 노력해보는 것이다. 주지하다시피 그의 대답은 바로 계몽사상의 표어인 '앎을 두려워하지 말라'다. 이는 호라티우스가 남긴 시구다. 그 어떤 증거가 고대세계의 실재성을, 심지어는 게이가 주장한 대로 계몽사상가들과 고대 이교도 신앙을 지닌 사람들과의 동일시를 이보다 더 잘 보여줄 수 있겠는가? 호라티우스에 대한 볼테르, 디드로, 갈리아니의 글을 다시 떠올려볼 수 있다. 우리는 '계몽된' 유럽 전체로 나아가면서 도처에서 이 라틴 시인을 발견할 수 있다.

그러나 이러한 실재성은 어떤 의미를 갖는가? 나는 이 의문을 오래전부터 품었다. 나의 젊은 시절에, 살베미니는 내게 호라티우스에 대한 거의 숭배와도 같은 굉장한 존경심을 표현하곤 했다. 20세기에 살고 있던 이 계몽사상가를 개인적으로 알았던 것은 나의 행운이었다. 물론 그가 아우구스투스 시대의 그 시를 좋아할 수도 있겠으나 그 말을 듣고 내 자신이 얼마나 놀라고 당황했는지 생생하게 기억한다. 그토록 자유로운 정치사상과 몹시 민감하고 현대적인 사회적 양심을 지닌 독립적이고 솔직한 성격의 소유자가, 정치적·사회적으로 그토록 다르며 심지어 반대편에 서 있는 호라티우스를 존경할 수 있단 말인가? 시가 지닌 신비한 힘 때문이었을까? 이런 대답은 살베미니의 경우에도, 디드로나 볼테르의 경우에도, 예나 지금이나 만족스런 답변이 아니다. 니티가 내게 역사가가 되려면 '역사는 웅변이요, 수사였다'라는 키케로의 심오한 격언을 항상 명심해야 한다고 말하는 것을 듣고서, 나의 의문은 한층 더 커졌다. 니티는 계몽사상 연구자가 아니었지만, 분명히 계몽된 경제학자였다. 나는 지금 이탈리아에 살고 있다. 여기서는 젊은이가 이를테면 러시아 인텔리겐치아의 역사나 유럽 노동운동의 역사를 공부하기 위해 대학에 들어가려면, 고등학교에서 라틴어로 된 호라티우스의 시뿐만 아니라 그리스어로 된 아나크레온의 시를 의무적으로 읽어야 한다. 그러나 정작 온갖 유형의 18세기 계몽사상 옹호자들이 법률 및 로마 전통에 대한 비판에 더해 의무적인 라틴어 수업을 비판하기 시작한 곳이 이탈리아였다.[8] 분명히 고전주의는, 이 지면에서는 검토할 필요가 없는 여러 이유로 승리했다. 사실 인문주의 전통과 근대의 사회적·정치적 현실들 사이의 관계가 얼핏 생각할 수 있는 것보다 훨씬 더 복잡하다는 것은 확실하다. 그러나 고대세계가 살아남았다고 해서 그것이 근대인들에게 현실로서 존재했다고, 즉 게이의 주장처럼 근대인들이 그것에 동일시할 수 있었다고 볼 수는 없을지도 모른다. 18세기까지 존속한 고대세계의 상은 현실이기보다는 장식이었고, 종교이기보다는 미신이었다.

'아는 것을 두려워 말라'에 대한 작은 실험이 이를 충분히 입증하는 듯하다.[9] 『서간집』 제1권 제2서한 「롤리우스에게」 제40행의 문구는 확실히 호라티우스의 시다.

> 시작이 반이다. 아는 것을 두려워하지 말라.
> 시작하라.

다시에의 번역은 이러한 의미를 잘 보여준다. "감히 덕성스러워질 용기를 가져라."[10] 그는 이런 말을 덧붙인다. "현명해지기 위해선 용기가 필요하며, 어려움에 물러서지 마라. 이것이 바로 호라티우스가 감히 알려고 하라고 말한 이유다." 이 격언은 기독교 및 신학 개념으로 고려할 때 다른 의미를 갖기 시작하며, 성 바울의 말과는 대조적인 의미를 제시한다. "자만하지 말라, 두려워하라." 흐로티위스는 이 말을 순수하게 인문주의적 의미로, 다시 말해 진지하게 공부하라는 충고로서 사용했다. 그러나 피르포가 관찰한 대로, 가상디는 "본질적 진리를 추구하는 사람으로서 자연스럽게 가지고 있는 투철한 긴장감을 그 속에 불어넣으면서, 이 격언을 질의의 자유에 대한 의식적인 호소로 변용하여 사용했다".[11] 그러나 우리는 여전히 학자적 극자유주의, 즉 기독교적 토양에 둘러싸인 자유사상의 국면에 머무르고 있다. "앎을 두려워 말라"는 격언은 계몽사상의 세계에 진입하기 전에 서로 다른 여러 갈래의 길을 지나야 했다.

우리는 더 이상 학자들의 세계가 아닌, 연기 자욱한 '진리우애회'의 방 안에 있다. 이곳은 프로이센의 프리드리히 빌헬름 1세 치하의 성직자, 법조인, 관료의 전형적인 형제회로서, 여기서 볼프의 사상이 무르익기 시작한다. 쾰러는 우리에게 만토이펠이 어떻게 1736년에 메달을 만들게 됐는지 말해준다. 이 메달에는 무장한 아테네 여신이 새겨졌다. 깃털로 둘러싸인 그녀의 투구에는 라이프니츠와 볼프의 머리가 있으며, 라틴어 "앎을 두려워 말라" 곁에 당대의 독일어 번역으로 "용기를 내어 이성적 존재가 되어라"라고 적혀 있었다.[12] 쾰러는 우리에게 이해에 베를린이 철학자들의 수도가 됐다고 말해준다. 만토이펠은 진리우애회에 영감을 제공하는 사람이었으며, 정치가이자 모험가였고, 그의 친구들은 그를 더욱 간단히 "악마"라고 불렀다. 진리우애회의 내규는 진리우애회가 진리를 전파하고, 지지자들을 조직하고, 연대와 상호협조로 압력단체를 조직하겠다는 명백한 결심에 기반을 두었음을 보여준다. 정치적인 동요는 명백하며, 싹 트는 단계에서 이미 진리의 승리를 확보한 듯이 보인다.

칸트에 이르기 전까지, 진리우애회의 "앎을 두려워 말라"는 아직도 긴 여정을 남겨두고 있었다. 그 여정을 내가 일일이 되짚었다고 말할 수는 없다. 1765년에 또 다른 메달이 포니아토프스키의 요구에 의해 주조됐다. 이 메달은 그 격언이 얼마나 널리 퍼졌는지 분명히 보여준다. 비록 그것이 우리를 더욱 전통적이고 인문주의적인 세계로 돌려보내지만 말이다. 사실 이 메달은 폴란드에서 새로운 문화와 교육을 창시하는 데 큰 힘을 썼던 유명한 피아리스트[1597년 로마에서 설립된 로마 가톨릭의 학교 교육에 종사하는 모임의 회원]인 코나르스키를 기리기 위해 제조됐다. 그를 위해 호라티우스의 격언은 "앎에 용감하라"로 바뀌었다. "앎을 두려워 말라"를 채택해서 지켜낸 그에게 이와 같은 메달이 수여된 것이다.[13]

이 격언의 원문은 카우츠가 1767년에 출간한 『마술 숭배』에서 발견된다. 이 책에서 저자는 마녀 및 마법사에 맞선 타르타로티 및 마페이의 투쟁과 흡혈귀에 맞선 스뷔텐의 투쟁을 다시 이어서 글로 옮겼다. 마법과 흡혈귀라는 불길한 현상들에 대해 마리아 테레지아가 내린 칙령들은 18세기 국가가 민중의 미신과 맺은 관계가 근원적으로 중요한 전환점을 맞은 시점을 보여준다. 이 작품에서 "앎을 두려워 말라"는 계몽전제주의의 진정한 표어가 되었다.[14]

1년 뒤 1768년에 이 격언은 섀프츠베리가 쓴 『특징』을 비히만이 번역한 독일어판 권두 삽화에 재등장했다. 이는 거의 계몽사상과 잉글랜드 이신론을 잇는 연결고리였다.[15] 칸트가 1784년에 논문을 발표했을 즈음에는 이 격언이 일반적인 관용구였다. 그로부터 4년 뒤 이 격언은 모저의 수많은 저서 중 하나이며 1788년에 프랑크푸르트와 라이프치

히에서 발간된 『독일 교황 대사의 역사』의 권두 삽화에 다시 한번 등장했다. 이 책은 가톨릭에 대한 풍부하고도 혼잡한 공격이었다. 모저는 신교의 종교개혁이 몽매주의에 맞선 투쟁이었다고 해석했다. 책에는 또한 독일 애국주의의 한 요소가 분명히 존재했다. 이탈리아에서 일어났던 모든 일에 대한 논쟁을 포함하여, 어떤 의미에서 이 책은 계몽사상 및 막 싹 틔운 민족적 자존심의 이름으로 인문주의적 심성을 진정으로 타도하는 글이었다.

거의 2세기 넘게, 가상디부터 칸트와 그 밖의 다른 사상가에 이르기까지 호라티우스의 시구는 매우 다양한 것들에, 심지어 서로 대립하는 것들에도 적용되었다. 그러나 이 격언이 시간의 흐름을 따라 겪은 여정은 결코 우연에 지배되지 않았다. 흐로티위스와 가상디, 만토이펠과 코나르스키 그리고 섀프츠베리, 칸트, 모저 사이에는 역사적인 연결고리가 존재했다. 여기서 우리는 17세기의 이성주의와 자유사상 그리고 1720년대와 1730년대 유럽에서 있었던 초창기 프리메이슨의 확산으로부터 18세기 후반의 폴란드와 오스트리아 계몽군주들의 치적으로 이어지는 논리를 발견한다. 그리고 칸트와 같은 철학자들의 성찰에서 18세기 말 정치적 열정의 폭발로 이어지는 논리를 발견한다. "앎을 두려워 말라"는 격언은 그 역사적 논리를 동반했지만 결코 그것을 창조하지도 근본적으로 바꾸지도 않았다. 칸트가 제대로 말했듯이 이 격언은 계몽사상의 표어였다. 우리의 작은 실험이 헛되지 않았기를 바란다. 이러한 우여곡절을 추적함으로써 우리는 계몽사상 운동의 핵심적인 몇 단계를 정확히 지적했다. 또한 우리는 18세기 현실이 고전 시대 세계, 고대 에피쿠로스 철학, 호라티우스의 시로부터 얼마나 떨어져 있었는지 그 거리를 측정했다. 호라티우스와 그의 격언 "앎을 두려워 말라"는 철학가들의 꿈이었고, 자신이 계몽사상의 전투에 점점 더 깊이 참여한다고 느꼈던 사람들에겐 위로였으며, 잃어버린 세계에 대한 탄식이자, 너무나도 대담하고 위험했던 사상들을 가리는 덮개였다. 이는 비록 계몽사상의 대두 그리고 그 사유 및 분위기의 변화를 여기저기에서 밝혀내긴 했지만, 계몽사상의 심오한 논리를 이해하는 데 도움을 주지는 못했다.

사상사가들이 마주하게 되는 불확실성과 난점을 생각하면, 그들이 다른 접근법, 어떤 면에서는 정반대의 접근법을 모색했다는 점은 그리 놀랍지 않다. 이 접근법은 사상이 아니라 사회에서부터, 개인이 아닌 집단에서부터, 사유의 요소들이 아닌 여론의 동향에서부터 출발한다. 이 접근법은 사회학 및 경제사의 기법들을 활용한다. 이런 방식으로 그것은 도식, 표, 그림을 만들어서 계몽사상을 이해하려 하며, 18세기의 일반적 발전에서 계몽사상의 진정하고도 숨겨진 의미를 모색한다.

모든 역사학적 시도와 마찬가지로, 이 접근법에는 예나 지금이나 역설적이며 부조리한 면이 있다. 18세기 프랑스, 그것도 지방에 있는 평범하고 조용한 학술원을 예로 들어보자. 그 학술원의 어느 일원이 피렌체나 어느 다른 곳에 거주한다는 이유로 지도 위에 온 유럽으로 향하는 숱한 화살표를 그린다면, 또 학문적 구조물이라기보다 마른전투에 더 가까운 도표를 세밀히 그린다면, 이것은 호두를 깨는 데 입자가 속기를 동원하는 꼴이다. 나는 지금 1964년 『아날』지에 「샬롱쉬르마른 학술원」이라는 제목으로 발표된 로슈의 논문을 이야기하고 있는 것이다.[16] 그러나 이런 진기물은 제쳐두고, 수단과 목적이 더 잘 조화를 이루는 연구들을 검토해보자.

　이 계몽사상의 사회사는 자연스럽게도 마르크스주의적 성격을 지니고 있다. 그러나 그 사회사는 마르크스주의 자체를 설명하거나, 더 일반적으로 지난 200년 사이에 대두한 경제적·정치적·사회적 관념들을 설명하는 데 도움을 줄 수 있는 계몽사상의 내용, 기원, 발전을 이해하려 하지 않는다. 오히려 반대로 계몽사상을 마르크스와 엥겔스, 그리고 그들 학파의 글과 견해에 비추어 설명하려고 한다. 각종 반란과 신앙의 요소들, 희망과 실망의 요소들을 비교했더라면 1830~1870년 사이의 독일이나 러시아의 사상사 또는 금세기 지난 30년 동안의 이념적 조류들은 18세기 유럽 계몽사상의 내적 리듬과 발전에 관한 새롭고 타당한 해석을 내놓았을 것이다. 그러나 애석하게도 마르크스주의적 관점은 대체로 이러한 비교로 이어지지 않았다. 그 관점은 계몽사상을 마르크스주의적 전망의 일부분으로 간주하고 자신의 도식을 계몽사상을 해석하는 데 적용하려는 경향을 보인다.

　마르크스, 엥겔스와 그 추종자들은 분명히 디드로와 프랑스혁명, 또 레싱과 오르테스에 관한 흥미롭고 예리한 글을 남겼다. 따라서 우리는 이들의 접근법에서 항상 배움을 얻을 수 있으나, 그것만이 유일한 접근법이라고 생각해서는 안 된다. 또한 이들의 성과를 게르첸, 카타네오, 미슐레, 조레스, 살베미니, 케인스에게서 배울 수 있는 것들과 비교해야 한다는 점도 잊어서는 안 된다. 그러나 마르크스주의자들은 보통 사물을 그런 식으로 바라보지 않는다. 그들은 자신들이 계몽사상에 대한 총체적 해석을 내놓는다고 주장한다. 이 주장은 계몽사상가들이 부르주아 이데올로기의 한 발전 단계를 대표한다는 신념 위에서 있다. 나는 이 정의가 18세기에 대한 깊은 이해를 방해하는 장애물 중 하나라고 확신하며, 또한 우리가 더욱 수월하고 신속하게 전진하려면 이 가설을 반드시 기각해야 한다고 생각한다. 계몽사상과 그 특정한 측면들이 한때 프랑스, 에스파냐, 이탈리아 등지에서 봉건적·귀족적·중세적 세계의 생존을 두고 벌인 투쟁에서 방어와 공격의 도구가 됐다는 점은 사실이다. 이 기능이 어디에서나 계몽사상의 임무는 아니었다는 점 또한 사실이다. 역사가는 이것이 언제, 어떻게, 어느 정도까지 그러했는지를 발견해야만 한다. 역사가는 결코 사전에 확립되어 있는 인식을 수용해서는 안 된다. 안 그러면 큰 위험을 무릅쓰게 된다. 예를 들어 프랑스 역사에서 그런 인식을 수용한 역사가는 루이 14세에 대한 반대, 뒤보와 불랭빌리에의 논쟁, 몽테스키외의 대두와 중요성, 마찬가지로 이념적이었던 고등법원의 투쟁 및 이른바 '귀족의 반란'의 중요성 등을 이해하지 못할 것이다. 그는 이탈리아 역사에서 베리, 베카리아, 롱고와 같은 사람들의 계몽사상을 제대로 이해하는 데 실패할 수 있다. 아마도 그는 밀라노에 위치했던 '주먹학회'의 계몽사상을 이해할 수 없을 것이다. 그 학회의 구성원은 성직자인 프리지를 제외하곤 모두 귀족이었다. 하나의 사회집단으로서 이 학회는 구체제의 사회에 완전히 들어맞았을 것이다. 이탈리아 남부에서는 필란지에리의 사례가 충분히 의미심장할 수 있다. 어느 지역을 보더라도, 역동적이건 정적이건 부르주아 세력들과 계몽사상 운동 사이의 관계들은 계속해서 문젯거리로 남아 있어야 한다. 그 관계들을 당연하게 여기거나 역사적 가정으로 전제해버려서는 안 된다.

현대 프랑스 마르크스주의의 무서운 신예인 골드만은 이 점을 분명히 인식하고 있는 모습을 보여준다. 그는 끝내 부조리 속에 갇히게 될 위험을 무릅쓰고, 계몽사상과 부르주아 사이의 연결에 한층 더 절대적이고 일반적인 가치를 부여했다. "독일 관념론이 출현했던 시기나 1914~1945년 사이처럼 부르주아 합리주의가 위기를 겪었던 시기들에서 계몽사상과 부르주아 사이의 연결고리가 사라진 것처럼 보인다 할지라도, 그 연결고리는 근본적인 성질을 지니고 있는 것으로 보인다. 발레리의 연구에서 드러나듯이, 우리는 이 위기의 순간들에조차도 합리주의적 착상들이 완전히 사라지지는 않았다고 부언해야만 한다. 발레리의 연구에서는 합리주의에 대한 복종이 그것의 위기에 대한 자각과 공존한다."[17] 분명히 우리는 쇠퇴할 수밖에 없는 역사적 현상에 직면해 있다. 발레리의 사유가 블로크, 아인슈타인, 프로이트, 크로체의 시대에 속하는 양차대전 사이 30년 동안 합리주의적 부르주아지의 안내등이었다고 묘사하는 것보다 더 극적으로 이런 추론 방식을 희화화할 수 있는 방법은 거의 없을 것이다.

역사적 맥락을 완전히 결여한 이러한 이념적 진술들이야말로 우리가 프랑스를 포함한 여러 지역에서 반작용이 일어난 이유를 깨우치도록 돕는다. 이 반작용은 계몽사상에 대해 여전히 마르크스주의로부터 암묵적으로 영감을 받은 사회적 해석을 이끌어내도록 연구자들을 내몰았다. 그런데 이 사회적 해석은 마르크스주의가 제공하는 직관을 부조리한 수준으로까지 밀고 나가지는 않겠다는 단호한 태도를 취하고 있다. 이제 연구자들은 실제 사회적 현실과 구체적인 역사적 연구에 조사의 기반을 둔다.[18] 프루스트의 저서 『디드로와 백과전서』는 이러한 접근법의 아주 좋은 예를 제공한다.[19] 책에서 18세기 중엽 프랑스 중간계급은 결코 동질적이지 않은 일련의 집단과 세력으로 나뉜다. '백과전서'는 그것이 포함하는 다양한 입장들에 대한 일종의 종합적·통일적 표현으로서는 전혀 연구되지 않는다. 가설적인 '백과전서파 정신'과 이 정신이 작동하는 현실에 대한 비교는 없다. 반대로, 백과전서파 인물 각각이 당대 사회에서 차지한 실제 위치는 자세하고 엄밀하게 비판적으로 연구됐다. 위대한 백과전서에 기여한 성직자, 법률가, 귀족, 작가, 수공업자는 면밀히 검토됐다. 이를테면 프루스트는 디드로와 작업장 사이, 디드로와 당대의 기술 사이, 디드로와 당대의 수공업자·노동자 사이의 실질적인 관계들의 성격을 구체적으로 조사하고자 했다. 그의 결론은 통계적 토대 위에 신중하게 정립됐으며, 그 결론은 명확하다. 즉 백과전서파는 식자들과 전문가들로 구성된 소규모 엘리트를 이루었다는 것이다. 그들은 경제적 진보를 이끈 요소로서의 경제생활과 연결됐고, 그들이 개선하고 더욱 합리적으로 만들고자 했던 행정·정부 기구와도 긴밀히 연결됐다. 요약하자면 디드로는 개혁가였다. 프랑스 내 그의 협력자들은 모든 계몽전제정의 두 가지 필수 요소 중 하나인 '엘리트'에 해당했다. 그 '엘리트'는 마리아 테레지아, 레오폴트, 프리드리히 2세, 예카테리나 2세의 궁정에 새로운 심성을 공급했다. "확실히, 백과전서파는 모두 부르주아였다. 그러나 대부르주아 출신은 아니었다. 그렇다고 해서 상퀼로트를 그토록 잘 대표하고 산업혁명의 선구자들을 배출하게 될 중소 부르주아지에 속한 것도 아니었다. 그들은 법률가, 의사, 교수, 공학자, 군대 및 정부의 고위 공무원, 지식인, 전문기술자로서 대부르주아지와 중부르주아지의 정중앙에 위치했다. 한편으로 그들은 전통적인 사회 지도층을 대신하고자 열망할 만큼 가장 높은 사회적 지위에 충분히 가까우면서도 그렇게 할 수 없는 자신들의 무력함을 잘 파악하고 있었다. 다른 한편으로 그들은 국민이 직면한 실질적 문제들에 대해 정확한 시각을 갖지 못할 정도로 노동 인민과 괴리되어 있지도 않았다. 결국 그들은 이 문제들에 대한 기술적 해법을 구상하고, 일반적 혁명을 예측하지 못한 채 그것을 때때로 적용하기에 좋은 위치에 있었다."[20] 이 공들인 기술을 종합한 정의는 다음과 같다. "백과전서파였던 온갖 종류의 기술관료들."[21] 여기에서 프루스트의 분석이 도달할 수 있는 한계들이 명확하게 보인다. 그는 백과전서파를 그들의 계급이 아닌 기능의 관점에서, 사회사가 아닌 정치사의 관점에서 정의하는 데 성공했다. 그들이 백과전서파였던 이유는 대부르주아지와 소부르주아지 사이에 위치했기 때문이 아니라, 18세기 중엽 프랑스 사회에서 행위의 특정한 기술적 도구들을 만들어냈기 때문이었다. 우리는 디드로의 표현을 빌려 구체적인 정치적 행위, 즉 "정부"로 돌아간다. 여기서 백과전서파의 동시대 사람들이 내린 정의들을 생각해보자. 당대인들은 백과전서파를 철학가들의 파당 혹은 때때로 종파나 운동이라고 불렀다. 이 정의는 여전히 오늘날의 도식보다 더욱 적절하며 정확하다. 예리하고 박학다식하며 사회적인 분석을 통해 여기에 무엇을 덧붙일 수 있을까? 프루스트는 확실히 책의 상당 부분을 디드로의 정치사상 연구와 백과전서파 집단 내부의 투쟁 및 대립에 할애한다. 그러나 이러한 두 측면 모두 덜 생생하며, 역사적인 의미도 덜하다. 그 측면들이 하나의 심성에 대한 여러 표현으로서, 하나의 사회적 상황의 여러 반영으로서 고려되었기 때문이다. 그것들은 백과전서파가 택해야만 했던 힘겹고 심지어 극적인 선택들을 밝혀주는 인자로서 직접적으로 고려되지도 않았다. 그것들은 행동으로 이어지는 것 또는 역사적 서사의 요소로서 여겨지지 않고, 도표의 숫자 및 도식으로 다루어진다. "기술관료"라는 용어의 사용은 역사학과 사회학의 중간 지대에 있는 입장이 갖는 불분명하고 모호한 지점들을 탁월하게 보여준다. 기술관료들은 정말로 기술이라는 가면을 쓰고 행진하던 파당이었을까? 아니면 상황에 떠밀려 정치적 역할을 떠맡아야만 했던 전문가들이었을까? 백과전서파를 철학가 및 개혁가로서 자신의 사상을 위해 살았던 사람들, 현실을 개혁할 방법을 모색한 사람들로 보는 해석으로 회귀하는 게 좋지 않을까? 이 점에서 디아즈의 책 『18세기 프랑스의 철학과 정치』는 올바른 방향으로 나아가는 듯하다.[22]

따라서 마르크스주의의 영감을 순화하고 약화시키는 것으로는 충분하지 않다. 이를테면 18세기 유럽에서 몇몇 국가는 개혁에 성공했는데 프랑스에서는 계몽전제정이 실패를 거듭했다는 사실이 제기하는 문제를 어떻게 고려하지 않을 수 있겠는가? 이는 결코 사회학 방법론으로는 해결하지 못할 정치적·역사적 문제다.

계몽사상의 사회사가 갖는 위험은 특히 오늘날 프랑스에서 더욱 명백한데, 그 위험은 바로 사상이 이미 작동되고, 용인되고, 정립돼 "심성적 구조들"을 이룬 다음에서야 그에 대한 연구가 진행될 수 있다는 점이다. 역동적인 창조의 순간은 관찰되지 않은 채 미끄러진다. 과거의 모든 "지질학적" 구조가 검토되지만, 사상 자체가 싹트고 자라나는 토양은 검토되지 않는다. 그 결과는 새로운 방법론을 화려하게 전시한 다음 결국 우리가 이미 아는 것을 재확인하는 것, 당대의 투쟁과 역사가들의 성찰을 통해 이미 밝혀진 것들을 다시금 승인하는 것에 그치는 경우가 많다. 예를 들어 나는 애석하게도 뒤프롱의 지휘하에 고등연구원 제6부가 수행한 18세기 책과 잡지에 대한 연구 중 적어도 일부가 바로 이 범주에 속할 위험이 있다고 믿는다. 계몽사상의 역사가에게 『18세기 프랑스의 책과 사회』보다 더 매력적인 제목을 떠올리기는 어려울 것이다.[23] 역사가는 이 책에서 발견되는 피타고라스 신비주의의 특징을 기꺼이 용서할 것이다. 독자는 구체적인 결과들을 고려하는 와중에 계속해서 집중에 방해를 받으며, 숫자의 고찰이라는 신줏단지에 참배하도록 초대받는다. 이 독자가 아무리 호의적일지라도, 퓌레가 프랑스에서의 서적 생산에 대해 방대한 연구 조사를 수행한 뒤 내린 "순수문학의 중요성과 위대한 장르들의 지속" "법률 도서들의 지속성" "종교, 과학, 예술 서적의 고고한 세속화 움직임"이라는 결론을 읽으면 서서히 의구심이 들기 시작한다. 퓌레의 결론은 다음과 같다. "정치체의 재건만큼이나 기술적 관찰과 권력 남용의 개혁이 중요한 문제였다. 경험과 꿈이라는 이중 언어를 통해 하나의 사회적 상승기류가 전체적인 모습을 드러냈다." 기존 18세기 프랑스 사상사가 이미 우리에게 알려준 저 진리를 전면에 내세우기 위해 퓌레가 결론부에서 숫자들을 제쳐둔 것을 볼 수 있다. 1715~1719년과 1750~1754년에 간행되었던 『지식인보』에 서평이 실린 외국 서적의 수를 에라르와 로제가 집계했는데, 이 경우에도 비슷한 일이 일어났다. 이들은 첫 번째 기간에 실렸던 이탈리아 서적의 수는 거의 무시해도 될 수준이지만, 두 번째 기간에는 독일어를 모국어로 구사하는 국가들과 스위스, 심지어 잉글랜드에서 도착한 서적보다 이탈리아 서적이 더 많다는 뜻밖의 결론에 도달했다. 이는 네덜란드에서 출간된 서적 다음으로 많은 숫자다.[24] 그러나 이 수수께끼를 푸는 것이 그렇게 어려운 일은 아니다. 무라토리가 지은 여덟 권짜리 『이탈리아 연감』을 1750~1754년에 『지식인보』가 논평했던 결과가 반영되었던 것이다. 따라서 수치들은 현실을 조금도 더 명확하게 만들지 못한다. 오히려 수치는 더 쉽게 관찰할 수 있는 사실들에 의해 설명되어야 한다. 그러나 나는 이런 비판을 너무 멀리 끌고 나가고 싶진 않다. 가끔씩 숫자들은 오랫동안 전해 내려온 오류들을 실제로 밝혀줄 수 있을 것 같기도 하다. 이탈리아에서는 학생들이 역사 서술의 역사에 관한 공부에 파묻혀 있다. 예컨대, 뒤프롱이 18세기 내내 역사 서적의 수가 크게 변하지 않았다는 사실에 그토록 충격을 받은 사실은 우리가 보기에는 유별난 것이다. 그는 볼테르의 『풍속론』 이후 역사서가 늘어나리라 예상했을 것이다. "문학가들이야 어찌됐건, 우리는 볼테르 이후 그리고 과거 심연 속으로의 침잠이 이루어진 전기 낭만주의 시기에 더 가까운 시대였던 18세기 말에 역사서의 저술이 활발했으리라고 충분히 생각해봄직하다."[25] 그러나 무라토리, 마페이, 비코는 18세기 전반기에 속한 인물들이다. 그리고 티에리는 우리에게 제3신분과 귀족에 대한 근대적 역사서가 프랑스에서도 마찬가지로 불랭빌리에와 뒤보에 의해 처음으로 저술되었음을 가르쳐주었다.

마르크스주의적 영감은 거의 남아 있지 않다. 그러나 가장 중요하고 위험한 요소가 남아 있으니, 그것은 곧 전체사를 쓰자는 주장이다. 그 주장은 계급투쟁이든, 계량화든, 구조주의든 간에 적절한 해석 도구를 사용하기만 한다면 자신의 내부 논리, 즉 그 존재를 지배하는 법칙을 드러낼 수 있는 전 지구적 체계로서, 사회에 대한 어떤 전망을 가리킨다. 문명의 수수께끼에 대한 답을 발견했다는 이러한 자기주장은 다소간 명백하고 명시적일 수 있다. 그러나 그것은 역사적 판단을 역사철학으로 또는 칼 베커의 표현대로 '헛소리'로 변모시킴으로써 왜곡할 위험을 항상 지니고 있다.

따라서 여전히 계몽사상의 사회사에서는 사상과 사실을 적확하고 선명하게 정의된 영역들의 내부로 혹은 그 근처로 끌어오는 연구가 가장 유용하다. 그것은 과학과 기술이 발견한 성과들의 전파를 연구하고, 그 성과들이 시골과 도시에서, 각지의 귀족과 수공업자 사이에서 어떻게 작동하는지 본다. 지난 10년간 모범이 될 만한 뛰어난 연구가 여럿 발표됐다. 콘피노의 『19세기 후반 러시아의 영지와 영주: 농업 구조와 경제적 심성에 대한 연구』[26]와 리에프의 『러시아 인텔리겐치아의 기원: 18세기 귀족』[27]을 떠올리기만 하면 된다.(이 두 저자의 의견이 다르기에 이들을 언급했다. 『아날』에 실린 이들의 주장은, 모든 18세기 러시아사 연구자에게 중요하다.[28]) 또한 전체 3권으로 이루어진 부르드의 『18세기 프랑스의 농학과 농학자』도 중요하다.[29] 이 저서의 탄탄한 구체성과 풍부한 세부사항은 독자로 하여금 프랑스 농업의 효과적인 개혁에서 새로운 농경 기술이 실제로 얼마나 중요했는지 궁금하게 만든다. 마지막으로, 산업혁명 전야에 관념, 기획, 이념이 끼친 영향력을 두고 현재 영국에서 벌어지는 대논쟁에 기여한 저서들도 반드시 언급돼야 한다.[30]

윌슨의 책과 같이 17세기와 18세기에 관한 책들은 유럽의 다른 나라들에서 많은 학자가 이러한 길을 따라갈 것이라는 희망에 불을 지핀다.[31] 이 책들은 아주 잘 알려진 본보기들이며, 18세기 사회사 및 지성사가 어떻게 소생하고 활력을 얻었는지 충분히 보여준다.

　나는 이러한 역사가들에게 정말로 큰 존경을 표한다. 심지어 이들에게 어떤 질투마저 느끼기도 하고, 이들이 남긴 책으로부터 배움을 얻고자 하는 끊임없는 열망을 분명히 느낀다. 그러나 이 트리벨리언 기념 강연에서는, 백과전서의 정치사를 쓰고자 계획했을 때 품은 내 젊은 날의 포부에 충실하고자 한다. 감히 코반의 발자취를 따르지는 않을 것이며, 그의 제의대로 "근대사에서 계몽사상의 역할"을 논의하지도 않을 것이다. 그것은 그의 저서 『인간성을 찾아서』의 부제였다.[32](최근 그의 사망 이후 그의 책을 다시 펼쳐보는 것은 얼마나 감동적인 일인가.) 나는 분명히 발랴베크처럼 『서양 계몽사상의 역사』를 내놓으려는 것이 아니다.[33] 18세기의 사상사에 대해 나는 여기저기에 작은 불빛을 비추고 싶다. 나의 중심 관심사는 공화주의 전통이 계몽사상의 발전에 미친 영향이라는 문제를 정위시키는 것이다. 이는 우리를 유토피아와 개혁이라는 문제의 한가운데로 이끌 것이다. 이 문제를 나는 단 하나의 의미심장한 관점에서, 즉 '처벌할 권리'라는 관점에서 연구할 것이다. 결론에서는 18세기 유럽 계몽사상의 지리적 분포와 발전 주기를 엿보려고 시도할 것이다. 이로써 나는 희망컨대 이 문제들이 아무리 상이해 보일지라도 결국은 계몽사상의 정치사로 수렴한다는 점을 보여주고자 한다.

1장

17세기, 18세기의 왕들과 공화국들

공화주의 전통과 이것이 18세기 정치사상을 형성하는 데 수행한 역할의 중요성을 언급할 때면 우리는 단번에 고대세계로, 위대한 본보기인 아테네와 로마로 눈을 돌린다. 물론 고전주의의 전통이 중요했다는 점은 명백하다. 지금 나는 18세기 동안에 있었던 고전주의 전통의 강도와 중요성을 측정하거나, 계몽사상 시대에 고전주의 전통이 어떻게 이용됐는지 알아보려는 것이 아니다. 공화주의 사상이 페리클레스나 리비우스로부터 유래된 정도를 탐구하기보다, 나는 차라리 그것이 이탈리아, 플랑드르, 독일의 도시들과 네덜란드, 스위스, 잉글랜드, 폴란드가 겪은 경험에서 파생된 정도를 알아보고자 한다. 18세기가 물려받아 풍성하게 가꾼 공화주의 전통은 때때로 고전주의적인 색채를 지녔다. 하지만 공화주의 전통은 직접적인 경험에서 더욱 빈번히 탄생했으며, 그 경험은 당대에서 시간적으로 동떨어지지 않은 것이었다. 공화주의 전통은 16세기·17세기 절대주의 시대 및 왕정복고 시기 이후 다시 생명을 얻은 하나의 뿌리였다.

공화주의 사상의 고대적·고전적 형태가, 혁명기에 그것이 위험하게 끓어오르기 전인 18세기의 마지막 수십 년 동안 프랑스에서 특히 눈에 띈 것은 결코 우연이 아니다. 프랑스 역사에 공화주의적 영감을 발현한 전범으로 삼을 수 있는 경험이 전무했다는 이유로, 철학자·지롱드파·자코뱅파는 카밀루스와 브루투스에게로 눈을 돌렸다. 그들은 과거, 중세 도시들, 에티엔 마르셀 그리고 그들의 선조인 프랑크인의 자유에 대해 다시 생각해보고자 했다. 그러나 그저 덕성이 실제로 구현된 사례들뿐만 아니라 자유로운 조직과 그러한 헌정의 형태들을 찾는 것이 목적이었을 때에는 필연적으로 아테네와 로마로 눈을 돌려야 했다. 더욱이 이들은 18세기 내내 잉글랜드, 폴란드, 이탈리아, 네덜란드의 사례들로부터도 힘을 얻었다. 앞으로 살펴볼 것처럼, 프랑스인들에게도 몽테스키외부터 루소에 이르는 공화주의 사상의 뿌리들은 가까운 유럽적 경험에 깊숙하게 자리 잡고 있었고, 결코 신화적인 것이 아니었다. 그러나 이 사례들은 철학자·지롱드파·자코뱅파에 직접적으로 속하지는 않았다. 그 사례들은 덜 지역적이고 덜 "개인적"이었기 때문이다. 그들에게는 오직 신고전주의 모형만이 신화의 웅장함과 생명력을 가질 수 있었다. 따라서 고대적 형태를 유럽 공화주의 전통으로 복원한 주체는 바로 프랑스였다.[1]

이러한 사실은 18세기 말 이탈리아에서 매우 잘 드러난다. 1734~1789년 사이 계몽개혁가 시대의 정치사상과 18세기의 마지막 10년에 해당하는 혁명기의 정치사상을 비교하기만 하면 된다. 어휘에서, 그리고 감정 및 표현의 양식 면에서 균열과 차이가 금세 눈에 띈다. 18세기 이탈리아는 뿌리부터 반反로마적이어서 수도에 맞서 지방을 지지했고, 로마의 정복, 에트루리아인, 인수브리아인, 삼니움인 이전에 존재했던 이탈리아 사람들을 재발견해서 칭송했다. 18세기 이탈리아는 로마법 숭배에 맞서 싸웠으며, 교역이 아닌 정복에 기반을 두었던 경제체제를 강도 높게 비판했다. 18세기 이탈리아는 고대인의 자유와 당대인의 자유를 나누던 간격을 고맙게 여겼다. 프랑스혁명과 뒤이은 이탈리아 침공은 매우 다양한 층위에서 분출되던 이러한 비판적 소란을 덮어버렸다. 브루투스, 카밀루스, 그 밖의 사람들이 실제로 완전히 죽어서 묻혀 있었던 그 이탈리아 땅에서 다시 부활하게 되었다. 자코뱅의 선전은 단조로우면서 동시에 찬양적인 어조를 띠었으며, 공화주의 이상을 이탈리아에 불어넣었다. 그런데 그 이상은 공화주의의 경험이 이미 확고하게 뿌리 내렸던 이탈리아에는 어울리지 않았고, 고전주의 형태들은 이탈리아의 전통을 파괴하는 무기가 되었다. 이렇게 고대세계로 회귀했다고 해서 고대 로마가 다시 부활하지는 않았다. 그러나 제노바, 베네치아, 루카 공화국은 크게 변형되거나 사라져버렸다. 많은 공화국이 존재했고 내외부적으로 끊임없는 변화를 겪어왔던 국가에 단일의 불가분적 공화국의 시대가 도래했다. 중세와 르네상스에 뿌리를 둔 이탈리아와 유럽에서의 공화주의 전통을 되짚어보고자 한다면, 우리는 반드시 자코뱅파 및 신고전주의 지층 너머의 과거를 탐색해야 한다.[2]

이탈리아의 사례는 특별히 교훈적이다. 18세기 초 이탈리아반도는 유럽 전체의 축소판이었다. 교황의 신권통치가 이탈리아에 한정된 상황이었기 때문인지 몰라도, 독일마저 그토록 다양한 정치 형태와 변화무쌍한 헌정 구조를 제시하지는 못했다. 베네치아에서 산마리노까지,

이탈리아는 군주국·공국·공화국을 갖춘 진정한 정치 박물관이었다.

계몽주의 및 낭만주의 시기의 역사 서술은 이탈리아 공화국들이 갖는 본보기로서의 가치를 힘주어 지지했다. 시스몽디를 떠올려보라. 그 후 이탈리아 공화국들의 사회적·경제적 측면들에 관한 연구는 정치적·헌정적 경험에 관한 연구를 몰아낸 것으로 보인다. 그러나 경제사 및 사회사에서 권위자로 인정받는 레인은 이탈리아 공화국에 관한 완전히 새로운 연구 노선을 확정한 최근의 논문에서 정치적·헌정적 경험의 중요성을 지적했다.[3] 이탈리아에서 베네치아에 관한 논의는 최근 몇 년 사이에 다양해지고 풍성해졌다. 코치를 떠올려보라. 이 연구는 해외에서도 폭넓게 논의됐고, 최근 부즈마에 의해 선명하고 탁월하게 비판적으로 검토되었다.[4] 정치와 사회 사이의 관계는 베렝고의 저서 『16세기 루카의 귀족과 상인』에 아주 잘 묘사되어 있다.[5] 이와 대조적으로 제노바의 역사는 여전히 지역적 전통을 넘어선 관점에서 고려되지 못하고 있다.[6] 물론 피렌체와 토스카나는 이탈리아 코뮌들과 근대국가의 형성 사이의 관계를 이해하고자 하는 모든 사람에게 여전히 본보기다. 이에 대해서는 카보드, 바론, 스피니, 루빈슈타인의 연구들을 상기하고, 마빈 베커의 『과도기의 피렌체』에 포함된 최근의 논의와 참고문헌을 추천하는 것으로 충분하다.[7] 시스몽디와는 대조적으로, 이탈리아 공화국들을 다룬 이 저자들은 대부분 르네상스의 말엽에 글을 마무리하며, 약간의 차이는 있으나 르네상스를 17세기 초까지 연장시킨다. 공화국들이 17·18세기 절대주의 시대까지 존속했다는 주장을 "신화"로 간주하는 경향이 종종 발견된다. 그러나 공화국들이 계속해서 존속했다는 사실은 기억이나 신화로서의 중요성보다 더 큰 의미를 갖는다. 근대국가의 형성 및 성장은 승리한 군주국들의 관점이 아닌 끈질기게 살아남은 공화국들의 관점에서 살펴볼 때 더 분명히 드러날 수 있다.

전반적으로 절대주의 국가와 공화국 사이의 관계는 나머지 유럽에서 만연했던 관계와 동일했다. 제노바, 베네치아, 루카, 산마리노는 근대국가의 경계에서 살아남았다. 이 공화국들은 절대주의 국가들과 기이한 관계를 맺었다. 그 관계가 거의 기생관계처럼 보였을 수도 있으나, 그것은 이미 견고해져서 제거할 수 없었다. 물론 에스파냐가 네덜란드 연합주를 정복하려던 때와 마찬가지로 베네치아를 차지하려고 각고의 노력을 기울인 것은 사실이다. 사보이 공국이 제노바를 정복하기 위해 몹시 애쓴 것 또한 사실이다. 토스카나 대공국은 종종 루카 공화국을 정복하려는 유혹을 느꼈다. 교황국은 1739년까지 산마리노를 멸망시키기 위한 시도를 했다.[8] 그러나 환경의 다양성과 정치적 상황에서의 거대한 격차, 그리고 네덜란드 개신교를 포함한 소속 종교의 다양성에도 불구하고 베네치아의 사법권은 공화국으로의 개혁에 동조하는 경향과 복잡하게 얽혀 있었다. 절대주의 국가들은 대항 세력과 적대 세력, 즉 기이하고 고집불통인 제노바 같은 공화국들을 결코 말살시킬 수가 없었다. 고대 공화국들은 살아남았다.

16세기와 17세기 동안 공화국들은 독립된 외부 구조물처럼 행동했다. 당시 공화국은 귀족적, 과두적이고 부르주아적이며 자치적인 사회적 특징을 가졌다. 공화국은 당시 군주국들이 절대주의 국가 내부로 통합시키려 했던 다른 구조물과 닮았는데, 이 통합을 위해 군주국들은 프랑스와 다수의 지방 및 도시 자치령 그리고 특권을 누리던 옛 도시들에서 해체를 통해서가 아니라 복종을 이끌어내는 방식으로 고등법원·지방의회·도시귀족 통치·위그노의 정치 및 군사 조직들을 장악했다. 이와 같이 오랜 기간에 걸쳐 차이가 지속된 요소와 절충에 이른 요소들을 주의 깊게 관찰하면 전반적인 근대국가의 형성과정을 떠올릴 수 있다. 공화국은 절대주의 국가와 구조적으로 동일하지만 그 외부에 위치한 독립적인 정치체다. 공화국의 존재는 절대주의 국가 내부에 있는 정치 형태처럼 때때로 미심쩍으며 형식에 치중한 것처럼 보일 수 있다. 실제로 제노바는 에스파냐 세계에 포함돼 있었다. 스위스에서 과두적 성향을 보인 도시들은 때때로 프랑슈콩테나 프랑스에 흡수된 알자스 도시들과 크게 다를 바 없는 독립성을 지닌 것으로 보인다. 그러나 외부 구조물은 살아남아 유럽 대륙에서 공화주의 전통을 유지했다. 군주정의 대안 모형을 보존한 것도, 군주정의 최종적 승리를 정치적·군사적 차원뿐만 아니라 이념적인 차원에서 부정한 것도 바로 이 외부 구조물이었다.

　역사가들은 지난 20년간 그들의 논의에서 근대국가의 형성과 억눌리고 흡수되었던 사회적 구조물 사이의 관계를 재검토하는 데 관심을 두었고, 이는 실로 국제적이며 가장 중요한 논의였다. 하르퉁과 무니에[9]의 논문 그리고 비베스[10]와 몰나르[11]의 논문과 더불어 카펜가우스를 기리기 위해 드루지닌[12]이 편찬한 논문 전집을 읽어보라. 특히 17세기 중반의 절대주의 국가를 "통일성의 결과가 아니라 중화의 결과"로 고찰한 코스만의 책이 고무적이다.[13] "불만과 상호 모순적인 힘들의 합계가 서로 균형을 이루었다."[14] 그는 몽탕드레를 인용하며 당시 프랑스에서 "전염성이 강한 공화주의 정신"[15]이라는 위험이 어떻게 사그라지지 않았는지를 말한다. 그리고 보르도에서 느릅나무파 운동으로 일어난 희미한 공화주의 불꽃이 실제로는 지배계급 사이에서, 부르주아와 민중 사이에서, 다양한 사회적 세력과 외국 동맹국 사이에서 모습을 드러냈던 정치적 모순들로 인해 어떻게 금방 꺼져버렸는지를 언급한다. 코스만의 책은 공화주의적 대안, 즉 네덜란드라는 존재를 염두에 두고 그와 같은 사건들을 고려하게 한다는 장점을 지녔다.[16]

고대 공화국이 유럽 대륙에서 공화주의 전통을 어떻게 지속시켰는가 하는 문제는 에스파냐가 더 이상 수행할 수 없었던 전쟁을 루이 14세 치하의 프랑스가 새로운 힘으로 재개했을 때 극명히 드러난다. 프랑스가 1672년에 네덜란드와 벌인 전쟁과 1684년에 제노바에 가한 포격은 절대주의 국가와 고대 공화국 사이의 갈등에 새로운 장을 열었고, 이는 1748년 엑스라샤펠 조약으로 매듭지어졌다. 프랑스에게 재차 침략을 당했지만, 다사다난했던 시기가 지난 후 네덜란드 연합주는 확실하게 생존할 수 있게 되었다. 제노바 역시 저항과 험난한 전쟁을 겪은 후에야 사르데냐 왕국과 프랑스의 손아귀에서 벗어날 수 있었다.

17세기부터 18세기까지의 이 길고도 결정적인 단계(1672~1748)에 공화국은 다시 한번 유난히 취약한 모습을 보인다. 그들은 중립성과 보수성을 띠고, 정치 갈등에서 벗어나 상업 및 금융의 세계로 향했으며, 재정적인 이유로 군비 확장을 거부하는 한편 군주국의 출범에 저항하기에는 부족해 보이는 헌정을 유지하겠다고 결심했다. 이 모든 것이 확실히 공화국의 몰락을 초래할 것처럼 보였다. 그러나 그들은 몰락하지 않았다. 군주국의 출범 자체가 다시 공화국 내부에서 격변을 일으켰다. 네덜란드에서는 지배 세력과 오라녜 가문 사이에, 그리고 다른 여러 주 사이에 갈등이 일어났다. 네덜란드는 참화와 멸망의 고비에 봉착했다. 그런데 바로 그때 네덜란드 연합주 자체뿐 아니라 그 헌정의 핵심적인 부분들도 화를 면했다. 빌럼 3세와 빌럼 4세는 왕위에 오를 뻔했으나 결국 총독의 지위에 머물렀다. 1672년부터 1747년까지 항시 존재하던 위험은 그들에게 권력을 가져다주었다. 그들은 귀족과 군대, 민중의 지지를 얻었다. 그러나 과거로부터 물려받은 헌정적 틀은 무너지지 않았다. 과두 지배 세력은 계속 네덜란드 사회에서 주요 직위를 차지했다.[17] 종교에 대한 관용에는 어떠한 의문도 제기되지 않았다. 오히려 그러한 관용이 계속 유지되었기 때문에 벨을 비롯한 다른 프랑스 이민자들이 네덜란드를 세계적인 정치, 철학, 과학 사상의 중심지로 만들 수 있었다. 50년 후, 네덜란드의 레이는 프랑스 "철학자들"의 출판업자가 되었다.

　연합주는 공화국이었다. 정치적으로 연합주는 공화정 정부의 형태를 유지했다. 그런데 절대주의 국가에 둘러싸여 합병된 공화국들은 연합주를 점차 비정상적이고, 기이하며, 이해할 수 없는 정부 형태로 여겼다. 그러한 공화정 정부 형태의 다양성에 대한 인식은 갈수록 네덜란드에서 확고하게 자리 잡았다. 들라쿠르의 저서는 이러한 다양성을 가장 전형적으로 표현한 책이다. 『얀 더빗의 회고록』이라는 제목으로 출간된 이 책은 유럽 전역에서 읽혔다. 1671년에 출간된 독일어판은 다음과 같은 격언으로 시작된다. "평화는 모든 것 중에 으뜸이다. 네덜란드 공화국은 진정한 평화와 행복을 경험한 국가다." 이어서 연합주 정부의 경제 문제에 대해 단호하게 언급한다. "네덜란드 공화국은 산업과 노동으로 부유해졌다."[18] 군주정에 대한 반론은 명백하고도 활발하게 제기됐다. 영어판이 이에 대한 좋은 사례다. 영어판은 우리가 보게 될 것처럼, 공화주의 형태의 정부가 다시 한번 지지를 얻었던 1702년에 출간됐다. 공화국의 시민 복지에 대한 열망은 군주국의 팽창을 위한 힘에 대한 열망과 대비됐다. "최고 통치자 한 명이 다스리는 곳에서 살아가는 신민보다 공화국의 주민이 무한히 더 행복하다"라는 주장이 나오기도 했다. "성스럽거나 철학적인 공화국"이 플라톤이나 아리스토텔레스 혹은 "토머스 모어의 유토피아"의 모형과 유사하지는 않았다. 그러나 "서로 훌륭히 연계된 공동의 이익", 관용, 이주·교역의 자유, 독점 세력의 부재, 적절한 세금, 상당한 피해를 감수하더라도 평화를 유지하려는 의지에 기반을 둔 부국의 사례와는 유사했다.[19] 이탈리아인이 실천했던 국가이성이라는 심성은 거부당했다. 네덜란드인은 사자와 여우가 동일한 몫을 가질 수 있는 정책에 관한 이론을 세울 수 있었다. 그들도 이탈리아의 한 속담을 거듭 반복할 수 있었던 것이다. "사람들은 기술과 기만으로 반년을 살고, 기만과 기술로 나머지 반년을 살아간다." 이 속담은 공화국처럼 부유하고 인구가 밀집된 나라들을 위한 격언이 아니었다. 공화국은 크고 사나운 사자라기보다 날렵하며 신중한 고양이와 비슷했다. 그들은 오직 자신의 존재가 위협을 받을 경우에 스스로를 방어할 목적으로만 이빨과 발톱을 갖추고 있었다. "고양이는 겉으로 보기에 정말 사자와 비슷하다. 그러나 고양이는 지금도, 그리고 앞으로도 고양이다. 우리도 역시 그러하다. 태생적으로 상인인 우리는 군인으로 탈바꿈할 수 없다."[20] 전쟁은 공화국의 본질을 바꿀 수 없고, 바꾸어서도 안 된다. 총독은 군주나 왕이 아닌 상인들의 통제를 받는 방어 수단으로 계속 남아 있을 것이다. 세상을 지배하는 사자와 호랑이들에 에워싸여, 네덜란드라는 유별난 동물은 자기처럼 평화와 상업을 위해 존재하는 우방국들에 대해서는 자연스러운 공감을 표방하는 외교정책을 택하지 않을 수 없었다. 공화국들은 네덜란드의 타고난 동맹국이었다. 들라쿠르는 존경과 감탄을 표하며 베네치아를 언급했고, 다른 이탈리아 공화국과 독일의 공화국들을 흥미롭게 살폈다. 그러나 그는 공화국들이 군사적으로 너무 나약하다고 결론을 내려야만 했다. 반면 경제적인 측면에서 그들은 동맹 대상이라기보다는 경쟁자였다. 그들은 "모든 군주국이 공화국을 대상으로 품었던 선천적인 증오"에 맞서는 생존 투쟁에서는 쓸모가 없었다.[21] 그러나 이들은 무슨 수를 써서라도 반드시 피해야 하는 헌정상의 실수를 보여주는 좋은 사례로서는 쓸모가 있었다. 공화국의 행정관들은 무보수로 근무했다. 그들은 상인과 제조업자에게 분명히 급료를 받았으나 국가에게 받은 것은 아니었다. 장자상속권과 같은, 어떠한 법이나 특권도 그들을 옹호해서는 안 되었다. "이처럼 여전히 혹은 최근까지 베네치아, 제노바, 라구사, 루카, 밀라노, 피렌체 공화국에서의 사정이 그와 같았다."[22] 중심부나 도시 및 지방 행정부 어디에도 영구적인 지도자가 있어서는 안 되었다. 정부 체제를 변경하지 않겠다는 결심을 다른 모든 긴급 사태보다 우선시해야만 했다. 그렇지 않으면 경제적, 정치적 몰락이 자명할 터였다. 상인, 항해사, 제조업자는 이탈리아의 공화국들에 정착해 자유를 누리는 한 계속 머물렀다. "그러나 우리는 피렌체와 밀라노가 군주국과 총독령의 궁정이 되어 군주제가 정착한 동안에는 두 곳의 상업이 크게 쇠퇴했다는 것을 쉽게 알 수 있을 것이다. 피사를 비롯한 유구한 이탈리아 도시들은 자유 정부를 잃은 이후로는 모두 별 볼 일 없는 도시로 전락해버렸다. 반면 지리적인 이점을 충분히 누릴 수 없었던 베네치아와 제노바는 인도와의 교역에서 손해를 보고 결국 그 권리마저 박탈됐지만 그들의 자유 정부를 통해 굳건함을 유지하며 교역을 최대한 이어갔다. 작은 루카 공화국도 여전히 교역을 이어갔다."²³ 자유와 독립을 유지했던 한자 도시들의 운명도 비슷했다. 17세기 네덜란드의 전반적인 정치사상은 이러한 성질의 생존을 뒷받침하는 데 필요한 종교적·심리적·법률제도적 조건을 형성하려는 경향이 있었고, 규모가 작은 기타 유럽 공화국이 처한 비슷한 운명에 꾸준한 주의를 기울였다.²⁴

17세기와 18세기 초에 네덜란드가 상업과 제조업, 그리고 재정에서 겪은 우여곡절에 관한 근대의 연구와 18세기 연합주 쇠퇴의 성격과 의의를 다룬 최근 수년간의 열띤 논의 역시 경제적 관점에서 연합공화국의 특별한 성격을 점점 드러냈다. 연합공화국은 정치에서 국가이성을 거부했을 뿐만 아니라 경제에서는 중상주의를 거부했다. 연합공화국이 합병의 시대에 강대한 근대국가들에게 상인과 은행원으로 기능했다는 사실은 연합공화국이 연약하지만 필수적이고 기생적이면서도 없앨 수 없다는 점을 나타낸다. 잉글랜드와 대륙 국가들이 성장하고 발전하는 가운데 연합공화국이 정체되는 경향을 보인 것은 그들의 쇠퇴를 보여준다. 18세기 후반에 네덜란드가 변화하는 세계에 적응하는데 어려움을 겪었다는 점은 더욱 명백해졌다. 네덜란드의 경제는 정치구조만큼이나 개혁이 불가능했다. 1751년 빌럼 4세의 제안[네덜란드의 상업을 촉진하기 위해 자유항을 도입하자고 한 제안]은 받아들여지지 않았다. 1763년과 1773년의 은행 위기가 아무리 심각했더라도 네덜란드의 몰락을 초래하는 결정타는 아니었다. 네덜란드 역시 1780년대부터 잇따른 근대 혁명이라는 격변에 압도당했을 때 결국 몰락했다. 구체제가 지속되는 한 연합공화국은 계속 살아남았다.[25]

17세기부터 18세기까지의 과도기 제노바와 베네치아에 대한 역사가들의 분석은 아직 게일에서 윌슨과 코스만에 이르는 영국 및 네덜란드 학자들이 네덜란드를 분석한 것만큼 진행되진 않았다. 물론 쇠퇴기에 접어든 과두적 성향의 이탈리아 공화국들이 네덜란드 연합주만큼 정치적·지적·경제적으로 대단히 중요하지는 않다. 빌럼 3세, 얀 더빗, 렘브란트, 스피노자를 떠올려보라. 그러나 절대주의 국가가 지배하기 직전까지 그 경계에서 살아남은 이탈리아 공화국들과 그들의 자기보존 본능은 면밀히 살펴볼 가치가 있다. 이탈리아 공화국들 역시 어느 정도는 계몽사상가들이 지녔던 공화주의 사상을 형성하는 데 일조했다.

제노바는 1684년 프랑스에게 포격당했고, 1746년에 오스트리아에게 점령당했다. 이러한 두 사건은 16세기 이후로 이미 충분히 계층화되어 있던 제노바에 다시 사회운동을 일으켰다. 사보이 공작들은 제노바를 점령하기 위해 우선 민중의 빈곤을 이용하려 했다. 그들은 심지어 가난과 흑빵이 부족한 상황에 맞서 반란을 일으키라고 공공연하게 민중을 부추겼고, 지배 귀족이 경제적·재정적으로 점유하고 있던 독점 상태에 대해서도 마찬가지였다.

구체적으로, 카를로 에마누엘레 1세의 요원 안살디는 바케로의 음모가 벌어졌던 시기에 소책자 두 권을 발간했다. 첫 번째 소책자는 『제노바 정부에서 부당하게 배제된 인민의 편에 서서 기만행위로 이미 정부를 취했다고 믿는 폭군들에 맞서서 조사한 진실』[26]이고, 두 번째 소책자는 『제노바에서 부정과 불의를 저지르는 사람들의 오만한 콧대를 꺾고, 또한 그들에게 복수하고자 하는 모든 힘 있고 신앙심 깊고 관대한 사람들에게, 인사 및 주의』[27]다. 두 번째 소책자에서 저자는 공공을 통치하는 자들에게 말을 걸면서 질문을 던진다. "그들은 우리의 선조 없이 제노바를 세웠는가?" "우리 도시 정부는 진정 모두에게 귀속되어야 하지만, 그것은 언제나 가장 강력한 사람들의 손아귀에 있었다."[28] 제노바의 군주가 아니라 "보호자"가 될 사보이 공작의 도움으로, 귀족이 아닌 사람은 모두 반란을 일으킬 수 있었고 또한 일으켜야만 했다. "내가 여러 도시에 거주하는 15만 명의 사람들과 해안을 따라 거주하는 모든 사람이 여태껏 우리를 억압했던 소수에 맞서 최소한 스스로를 방어할 수 있어야 한다고 단언하는 것은 무리가 아니다."[29] 독일인과 코르시카인으로 구성된 용병 부대는 그러한 반란에 맞서기에 충분하지 않았다. "우리의 문제를 다루려는 데 많은 파벌이 필요하지는 않다. 도시의 상업 중심지에 가지 않겠다는 데에 모두 동의하자. 수공업자 계급이 동일한 날에 기꺼이 휴가를 얻을 수 있게 하자. 민중으로 하여금 썩어서 악취를 풍기는 빵을 먹으라고 건넨 사람들의 우두머리에게 그 빵을 던지자. 그리고 같은 날, 아마 우리는 어떤 무기도 들지 않고 새로운 국면을 맞이하게 될 것이다. 우리는, 자신이 속한 계급과 집단에 상관없이, 부당한 전쟁을 지원하고 우리를 부당하게 대우하는 수비대에 세금, 관세, 소비세 등 잡다한 것을 기꺼이 납부하고 우리를 형편없이 다스리는 사람들에게 봉급을 줄 만큼 우리가 무지하지는 않다고 말하는 것부터 시작하자."[30] 『두 번째 통보』 역시 흥미롭다. 이 소책자는 바케로와 그의 공범들이 처형당한 이후에 출간됐다.

우리는 이 책자에서 제노바의 종교적, 정치적 생활에 대한 흥미로운 정보를 발견할 수 있다. 이 책자는 다음과 같이 결론 내린다. "설사 오스만 튀르크의 지배하에 살아가고 있다고 해도 사람들이 어떻게 이보다 더 예속적일 수 있겠는가? 어떻게 하면 사람들은 독재자들이 그렇게 만든 것보다 더 빈곤해질 수 있단 말인가? 가난한 자는 쓰레기 더미나 뒤져 연명해야 하고 수공업자는 노예로 여겨진다."[31]

1680년대, 루이 14세 치하의 프랑스는 제노바를 분할하기 위해 혼신의 노력을 기울인 모험을 감행했다. 프랑스는 제노바의 상류 계층을 움직여 그들의 목적을 달성하려 했다. 예컨대 피에시가와 같이 아주 오래된 봉건 가문들을 이용하려 한 것이다. 동시에 그들은 부르주아, 즉 귀족이 아닌 상인(1576년 제노바 헌법 개정으로 나타난 '구체화' 이후 귀족적 특권의 그림자 안에서 계속 존재하며 성장했던 사회 계급)을 포함한 당시의 신흥 귀족을 설득하고자 했다. 프랑스는 자국 왕권의 근간을 이루는 힘을 가진 세력들, 즉 공직을 획득하고 콜베르가 추구한 중상주의 정책을 수단 삼아 절대주의 국가(프랑스)에서 지위를 유지하는 데 크게 성공한 모든 사람과 궁정에 흥미를 느낀 귀족들을 이용하고자 했던 것이다. 당시 제노바로 향하던 프랑스 대사 생톨롱 피두의 보고서는 그 평가대로 루이 14세의 절대주의 국가가 어떻게 교묘히 제노바 공화국 내부의 모순을 이용했는지 그리고 프랑스가 자국의 사회 세력과 여러모로 비슷한 제노바의 세력을 이용하여 어떻게 침투 정책을 수행하려 했는지를 보여준다. 이 침투 정책은 프랑스에서 여러 번 성공한 것과 똑같았다.[32]

내부 갈등을 이용하여 제노바 공화국을 점령한 방식에 관한 논의는 프랑스에서 1780년대 초에 격화됐다. 이 논의는 당시의 급송 전보와 기록들에서 찾아볼 수 있으며 다음과 같다. "공화국의 머리를 자르는 즉시 나머지 조직체는 파멸한다. 이는 군주국에는 해당되지 않는 일이다."[33] 1683년과 그 이듬해에 생톨롱 피두는 루이 14세 정부에 대해 "오래된" 귀족과 "신흥" 귀족 간의 투쟁에 너무 의존하지 말고, 적어도 일부 귀족 못지않게 부유하고 힘을 가졌음에도 정부로부터 배제됐다고 생각하는 부유한 상인들, 즉 제노바 부르주아를 포섭하려는 프랑스 귀족의 직접적인 노력을 특별히 신뢰해주기를 촉구했다. 민중과 노동자를 고려해서는 안 되었다. 그들은 에스파냐의 정책, 이베리아반도와 시칠리아와의 교역에 얽매여 있었기 때문이다. 아무리 가난하고 소란을 피웠을지라도 그들은 전통적인 제노바의 자유에 완전히 뿌리를 두었던 것이다.[34] 콜베르가 "제노바의 반란"을 두고 엄청난 증오를 표출한 것과 "제노바의 상업을 파괴하고 민중의 존엄성을 훼손해 끝내 자유를 억압하기로" 결심한 것은 파리에 파견된 제노바 사절단의 대표 마리니의 기록에 나타나 있다.[35] 마리니는 또한 프랑스에서 제노바 귀족에 대한 적대심이 커지고 있다고 언급했으며,[36] 1년 뒤 바스티유 감옥에서 복역하던 중에 프랑스가 "민중을 귀족 및 정부로부터 멀리 떼어놓으려고 시도한다"고 자국 정부에 경고했다.[37]

1684년의 폭력과 포격은 프랑스가 네덜란드를 상대로 벌인 전쟁만큼이나 좋지 않은 결과를 초래했다. 제노바는 에스파냐의 영향권 안에 머물렀다. 도제[이탈리아 도시 공화국의 최고 통치직. 제노바 도제의 경우 정식 라틴어 명칭은 '제노바 공작이자 인민의 수호자이며, 원래 종신 선출직이었으나 1528년 이후 2년 임기로 선출되었다] 레르카리가 머리를 조아리고 베르사유에 존경을 표해야만 했던 상황은 분명히 엄청난 굴욕이었다. 그러나 이것이 제노바 공화국의 멸망을 불러오진 않았다.[38] 이는 정확히 제노바 귀족이 원한 것이었다. 루이 14세의 이름으로 뒤켄 제독이 가한 포격이 그들의 도시에 어떤 피해를 입혔든 간에 말이다. 뒤켄 제독은 위그노 교도였고, 그가 행한 포격은 낭트칙령이 폐지되기 직전에 가해졌다. 어려움을 견디고 버텨서 살아남는 것, 이것이 제노바의 간절한 결심이었다. 공화정이라는 정부 형태가 그러한 정책을 가능하게 만들었고, 지배계급은 그 사실을 알고 있었다. 네덜란드인들처럼 그들도 도시귀족의 지배 및 도시 헌정의 본질이 변하지 않는 한 전쟁과 파괴를 견디고 살아남을 수 있다고 확신했다. 마라나는 "공화국이여 영원하라! 군주들이여 필멸하라!"라는 기록을 남겼다.[39] 무엇보다도 굴복하지 않는 것이 중요했다. 마라나는 『제노바와 알제의 대화』에서 제노바가 다음과 같이 말하게 했다. "인정하고 고백하노니, 나는 항상 깨닫는다. 내가 생각했던 것보다 나의 죄가 더 크고 나의 인민이 지쳤음을 깨닫는다. 부담금은 과도하고, 상업은 파괴되었고, 장인들은 아무것도 만들지 않으며, 도시 전체는 깊은 고통에 잠겼다. 하지만 용기를 내야 한다. 결코 비굴해서는 안 된다. 나는 누만시아처럼 내 폐허 속에 파묻힐 각오가 되어 있다."[40] 마라나는 제노바에서도 그 위험이 일부 사람들로 하여금 소수의 손에 모든 힘이 집중되는 것이 필요하다고, 즉 오랫동안 이어진 균형을 깨고 한 사람의 행정관이 다른 사람을 능가하는 힘을 갖도록 허용하는 것이 필요하다고 생각하도록 유도했음을 확인한다. 제노바는 이어서 대사를 읊는다. "내가 여러 차례 심사숙고해보았다. 국가조사관이라는 우리의 저 가공할 행정사법관에게 어떤 절차도 없이 누구든 원하는 대로 암살하거나 독살하도록, 즉 행동이나 말이 프랑스 편을 드는 것 같은 자들을 모두 죽음으로 인도하는 것을 허용하는 절대적인 권위를 부여할 것인지를 고민했다."[41] 마라나는 위험에 직면한 제노바 귀족이 꾼 불길한 꿈, 그러니까 마키아벨리적 구상이 루이 14세에게 격식을 갖춰 경의를 표해야만 했던 제노바의 도제 레르카리 때문이라고 했다. 그러나 이 계획은 전혀 실행되지 않았다. 어찌되었든 간에 도제가 재임하고 있는 동안에는 비상 대책이 여전히 유지되었다. 하지만 군주정으로 바뀔 독재의 그림자는 멀리 있지 않았다. "왜냐면 결국 자기가 다른 모든 사람보다 더 현명하다고 생각하는 사람에 의해 지배받는 것보다 더 큰 불행은 없기 때문이다. (…) 인민으로 말할 것 같으면, 인민은 우두머리를 갖게 되면 온갖 일을 할 것이다. 하지만 나 제노바가 안팎으로 불침번을 서고 있기 때문에 인민은 감히 그 어떤 음모도 꾸미지 못한다." 네덜란드처럼 제노바에서도 도제가 군주가 될지도 모른다는 위험이 불거졌다. 그렇지만 제노바는 이를 인지하고 있었고, 저항할 수 있었다. 사실 마라나는 공화주의자적인 자존심이 셌지만 오직 위기를 벗어날 탈출구만을 찾아다녔다. 그렇게 하지 않았다면 제노바가 강력한 이웃인 프랑스 곁에서 결코 평화롭게 지내지 못했을 것이다. "귀족은 공공의 안녕을 교란하고, 선량한 시민들의 적이며, 신의 법과 인간의 법을 위반하고, 이탈리아 전체를 죄에 빠뜨린다. 지금까지 몹시 오만하고 무지하고 부당하게 통치해온 귀족들을 영원히 추방하고 (…) 코르시카섬에 가둬서 그 땅을 경작시키고 인민의 종복이 되도록 해야 한다."[42] 이 계획은 아주 극단적이었다. 덜 극단적인 방법은 프랑스에 정중하게 경의를 표하는 것이었다. 이것이 바로 1672년의 끔찍한 전쟁 이후로 연합주가 택한 정책이지 않았던가? "지금 세계에서 가장 강력한 네덜란드 공화국도 한때 루이의 분노를 누그러뜨리는 데에 전념했으며 최강자에게 순종했다."[43]

마라나는 당시(17세기 말과 18세기 초) 가장 유명한 사람이자, 가장 널리 읽히는 글을 쓰는 언론인이며 관찰자였다.[44] 그는 내가 인용한 논쟁들을 온 유럽에 퍼뜨렸다. 후에 그는 자신의 생각에 새로운 형태를 입혀 이를 국가이성의 전통과 비교했으며, 루이 14세를 만족시킬 자신만의 담론을 강조했다. 마라나는 이미 훌륭한 통찰력으로 1672년의 위기를 『라파엘로의 음모』에서 검토했으며, 이 책은 10년 후 1682년에 출간됐다. 『제노바와 알제의 대화』는 뒤켄 제독이 제노바에 가한 포격으로 야기된 모든 투쟁을 검토했다. 곧 마라나의 『튀르크의 스파이』가 한 권씩 출간되기 시작했다. 마라나는 루이 14세를 위해 이 책을 이탈리아어로 집필했으며, 나중에는 프랑스어로 써나갔다. 그리고 이 책은 이내 여러 언어로 번역되었다.[45] 이 저서는 서간체 형식으로 표현된 17세기의 역사이며, 종교 및 정치 면에서 점차 관행을 따르지 않는 세계의 관례, 풍습, 헌정을 관찰하고 이를 정리한 책이었다. 마라나는 이전까지 루이 14세에 대해 더할 나위 없이 칭찬을 거듭했고, 자신의 입지를 다지려는 욕망을 숨기지 않았으며, 계급의 독점적인 특권에 더 이상 얽매이지 않는 위대하고 강력한 국가를 찬양했다. 그러나 '유럽에 체류 중인 튀르크인이 쓴 편지'라는 문학적 장치는 마라나를 사로잡아 그로 하여금 무의식중에 새로운 정치적 전망을 갖게 했는데, 이는 다양성을 용인할 뿐만 아니라 자연스럽고 이로운 것으로 받아들이는 것이었다. 고대로부터 공화정과 군주정이라는 두 정체를 대조적인 것으로 봐왔던 지적 전통이 마라나의 글에서는 부드러워져서 점차 회의적이고 너그러운 전망으로 바뀌었다.

이처럼 마라나는 고국 제노바와 루이 14세의 프랑스를 비교함으로써 어느 순간에 젊은 몽테스키외의 마음을 사로잡은 무언가를 만들어냈다. 주지하다시피 사실 『튀르크의 스파이』가 단지 문학적인 견지에서 『페르시아인의 편지』의 출간을 이끈 것은 아니었다.[46] 마라나는 철학자가 되었다. 18세기 초에 출간된 마라나의 저서 서문을 읽어보라. "그(마라나)는 반란과 전복의 원인들을 야만성에서 찾지 않고 교활한 정치와 현명한 철학에서 찾는다."[47]

17세기와 18세기에 베네치아의 상황은 확연히 달랐다. 산마르코 공화국은 파사로비츠 평화조약에 의해서 비로소 엄청난 국제분쟁에서 벗어났다. 산마르코 공화국과 달리 제노바는 재차 전쟁에 휘말렸다. 당시 제노바의 중립적 태도는 그곳을 지나가는 군대의 약탈로부터 자국을 보호하는 좋은 방법이었다. 그러나 실상 베네치아와 제노바의 상황은 매우 비슷했다. 18세기 내내 오스트리아는 베네치아를 고립시켜 상업을 박탈하려는 목적으로 고안된 체계적인 정책을 고수했다. 롬바르디아의 육로가 베네치아를 거치는 길을 대체하고, 트리에스테가 아드리아해에서 베네치아를 대신할 터였다. 주지하다시피 오스트리아는 나폴레옹이 초래한 격변을 이용할 수 있었던 시기인 18세기 말과 19세기 초에 끝내 베네치아를 점령했다. 그러나 베네치아는 서서히 진행되던 병합의 과정에 전형적인 공화주의적 반사작용인 현상 유지 정책으로 대응했다. 베네치아는 계획적인 보수주의를 추구한 것이다. 베네치아는 영속적으로 유지될 자국의 미래를 계획하기 위해 매일같이 일어나는 사건의 흐름에서 벗어나려고 했다. 16세기와 17세기, 완벽한 균형을 이룬 정치적 걸작품으로서의 베네치아 공화국의 모습에 영속적으로 실존할 수 있는 역사적 권리 개념이 덧씌워졌다. 그러나 1730년대부터 도처에서 베네치아 공화국의 정치적 취약성과 그 취약함의 본질을 알아차리기 시작한다. 위대한 학자인 마페이는 네덜란드와 프랑스에 대한 개인적 견문을 이용하여 베네치아의 근본적 취약함을 분석했다. 이 취약함의 본질은 지배적 위치에 있었던 베네치아와 탄압받고 착취당한 이탈리아 본토 도시들 사이의 여러 세기에 걸쳐 진행된 불행한 병합관계에 있었다. 1737년 마페이의 『정치적 조언』은 베네치아의 위기를 깨우치는 최초의 신호다.[48] 진취적인 원로원 의원 중 한 명인 트론 역시 타국에서의 사적인 경험을 활용할 수 있었다. 그는 고작 몇 달 동안만 정권을 유지하는 정부가 얼마나 위태로운지 잘 알고 있었다. 이런 정부에서의 정권 교체는 유능한 정부를 수호하기 위한 것이 아니라 단순히 지배층에 속하는 가문들 사이에 균형을 맞추고 그 자손들의 야망과 경력을 지키기 위한 것일 뿐이었다.[49] 그러나 트론은 베네치아 정부 체계에 비판적이기는 했어도 네덜란드의 상황이 더욱 나쁘다고 생각했다. 트론에게 1747년의 "위대한 혁명"은 "일부는 과두정으로 또 일부는 민주정으로" 이루어진 공화국을 일종의 "군주정"으로 바꾼 것처럼 보였다.[50] 따라서 자국의 문제에 다시 직면했을 때, 그는 자국의 전통적인 행정기관 중 하나인 '10인 위원회'에 점차 필요할 것이라 생각되는 권력과 정치적인 힘을 갖춘 특권을 부여하는 것 이외의 다른 해결책을 제시할 수가 없었다. 사람들에게는 이 제안이 거의 국가조사관을 기반으로 독재정치를 구축하자는 제노바의 메아리처럼 들렸을 것이다. 트론이 점점 더 명백하게 인식한 것은 바로 관료국가의 중핵을 이루는 기관이 고대 공화국에 결여되어 있다는 사실이었다. 이 빈자리를 무언가로 채우려 들었을 때 고대 공화국이, 군주국에서 당시에 일어나고 있던 점진적 변화를 생각하면서, 영주 시대에 자신들이 설립한 기관 중 하나로 마땅히 눈을 돌리게 된 것은 놀라운 일이 아니다.[51]

　베네치아의 시인인 포스카리니는 18세기 중반의 사려 깊고 세련된 지성인 중 한 명이었다. 그 또한 제노바의 생존 수단과 가능성을 검토하고 있었다.[52] 그는 명석한 정치적·역사적 분석을 통해 작업을 수행했다. 그는 "역사상 가장 유명한 공화국"에 대한 숭배 분위기 안에서 성장했다. 그가 오스트리아에서 대사를 역임했던 경험은 이러한 확신을 굳히게 만들었다. 1735년에 포스카리니는 "소수의 부도덕한 행위로 인해 소멸할 위험에 처해 있는 군주국들의 결점을 밝히기 위해"『신비로운 역사』를 썼다. 베네치아의 중립성은 그에게 일종의 도덕적 명령이 되었다. 베네치아를 갈등과 전쟁으로부터 보호하는 것은 전쟁의 두려움이 아니라 세상의 비열함에 연루되지 않겠다는 확고한 결심이었다. "도덕적 완벽함은 도덕적 행위를 실천하는 데 있을 뿐만 아니라 부도덕한 행위를 자제하는 데 있다. 침묵도 현명하게 사용하면 때때로 웅변이 된다." 베네치아는 단지 과거로 회귀하여 그곳에서 존재의 이유를 찾을 수 있을 뿐이었다. 솔직한 성정을 지녔던 포스카리니는 '국가이성' 정치 이론을 가차 없이 비난했다. 국가이성은 절대주의와 군주정의 도구였으며 동시에 이탈리아와 베네치아를 타락시키는 수단이기도 했다. 이제 중세에서 다시 시작해야 한다. "국가의 성격"에 관한 역사와 연구는 "공화국을 다스릴 시민적 능력의 주요 근원"이었다. 따라서 포스카리니는 "원칙으로의 회귀"라는 마키아벨리적 영감을 극복하도록 자신을 인도한 확고한 자세로 윤리학 그리고 역사에서 연구를 시작했다. 그가 품었던 생각은 더욱 틀에 얽매이지 않은 시야를 가진 역사 연구로 확대되었다. 그것은 국가가 분리되고 독립적으로 존재할 권리를 가졌음을 단언하기 위한 필수 요소로서의 역사 연구를 뜻한다. 1740년대에 포스카리니는 계속해서 피에몬테인의 유능함에 관심을 가졌다. 그는 "국가 산업이 없는 좁은 불모지"이면서 "가난에 자극받기보다 포기해버린" 국가를 "근면하고 검소한 사람이 가득한 곳"으로 개조한 피에몬테 공작들의 능력에 감탄했다. 그가 베네치아에 권고하고자 했던 행동의 방향은 분명했다. 베네치아는 현재의 법을 개정하기 위해 고대의 법을 다시 택해야 한다. 현재의 잘못과 결점을 바로잡기 위해 고대의 법규를 끄집어내야 한다. 포스카리니의 눈에는 과거와 역사가 현재의 급박한 문제들을 담아 모양을 만드는 무형의 틀과 같았다. 그 틀은 거의 정당성에 대한 판단을 보증하는 것 같았고, 필요와 요구에 의해, 그리고 일상생활에서 발생하는 압력에 의해 도입된 규정들을 신성하게 만드는 것 같았다. 1752년에 포스카리니는 『베네치아 문학 8권』이라는 장편을 펴냈다.(사실 이 장편은 정치적, 역사적, 법적, 과학적인 활동만을 다룬다.) 이 책은 로마법도 아니고 수 세기 동안 베네치아 공화국의 생존을 보장했던 키케로의 달변도 아니었지만, "베네치아인 고유의, 적법한 권리"이자 그들의 언어임과 동시에 다양하고 정교한 문화의 상징으로서, 다른 국가들과는 매우 다른 그들만의 것이었다.

포스카리니가 이상적인 인물로 삼은 사람은 인문주의자도, 국가이성을 지지한 인물도 아닌 사르피였다. 고대세계의 공화국 모형은 베네치아를 이해하는 데 도움이 될 수 없으며, 또한 베네치아가 생존하는 데에도 도움이 되지 않을 것이었다. 산마르코 공화국은 그 상업적 성격 때문에 베네치아와 달랐다. 이 공화국은 출범부터 부유했으며 과두정이었다.

포스카리니는 도제의 자리에까지 올랐고, 사르피의 사상과 정치를 되살리고자 많은 노력을 기울였다. 한 당대인은 당연하게도 사르피를 "조국의 자유의 교정자라기보다 수호자"로 평가했다. 그러나 18세기 후반의 계몽개혁가들은 사르피가 만들어낸 베네치아 공화국이라는 신화를 출발점으로 삼았다. 심지어 어떤 경우에 그들은 정성을 다해 쌓아올린 자유라는 요새에 갇혀 있었는데, 당시에 자유란 정치적으로 실현하고 쟁취해야 할 목표이기보다는 오히려 하나의 굳어진 관습이자 "국가의 특성"이 되어 있었다.

토스카나의 상황은 눈에 띄진 않았으나 상당히 중요했다. 16세기와 17세기에 이 대공국이 붕괴되는 와중에 정치 형태를 회복하고자 중세로 회귀하는 것이 가능했을까? 코시모 3세와 그의 자녀가 죽은 뒤에는 과연 무슨 일이 일어날 것인가? 메디치 가문의 국가가 작동을 멈춰버린다면 피렌체 공화국과 시에나 공화국이 다시 일어설 수 있을까? 이러한 질문들 또한 1720년대와 1730년대의 망상에 불과했지만 토스카나인의 정신에는 흔적을 남겼다. 토스카나 대공국의 마지막 군주 가스토네가 1737년에 사망했을 때, 많은 사람은 과거로 시선을 돌려 에트루리아의 세계에 관심을 보였다. 에트루리아 왕국이 공화제이면서 연방제였기 때문이다. 무엇보다 그들은 라미, 메우스와 같은 피렌체의 지식인들이 당시에 재발견·재평가한 위대한 '시민적 인문주의'의 시대에 흥미를 느꼈다. 고대 공화국의 행정관들은 군주와 대공의 그림자가 드리워진 박물관에 유물로서 존재했다. 무기력한 세월이 지나고 나면 이들이 되살아날 수 있을까? 메디치 가문은 르네상스 시기와 16세기 이탈리아 위기의 시기에 억압했던 자유를 다시 이 도시들에 불어넣을 수 있을까? 과거로부터 나온 이 그림자는 심지어 무라토리와 다르장송 후작 같은 인물들까지도 잠시나마 설득했던 것으로 보인다. 그 무렵 토스카나 대공국은 로렌에 할당됐고, 리슈쿠르는 표준화와 근대화를 위한 개혁의 초석을 다지기 시작했다. 이 개혁은 레오폴트의 대공국을 1765년부터 유럽에서 가장 성공적인 계몽전제군주정의 본보기로 만들었다. 그럼에도 공화주의 성격을 간직한 과거의 토스카나는 계속해서 그 존재를 이어갔다. 많은 지식인이 리슈쿠르에 반대했기 때문이었다. 이 반대 세력은 중세의 피렌체를 돌아보고, 잉글랜드의 자유에서 점차 자국의 모형과 이상을 찾아나갔다. 그들은 몽테스키외에게서 헌정 질서의 정의를 발견했고, 동시에 마키아벨리에게서 공화주의적인 면모를 재발견하고 있었다. 그랬기 때문에 전제정을 대상으로 한 지속적인 비판은 다양한 명암을 지닌 의견과 결합했다. 레오폴트의 토스카나는 개혁 국가의 사례로 칭송받기만 한 것이 아니었다. 토스카나는 이탈리아 입헌정치의 탄생지가 될 것이었다. 이 땅에서, 니콜리니에서 리스토리와 부오나로티에 이르기까지의 공화주의적 과거를 이용해 새로운 자유를 찾겠다는 갈망이 풍부하고 다양하게 고무되었다.[53]

이탈리아인 공동의 공화주의적 전통을 되살리려 마지막으로 격렬하게 타오른 불꽃은 1746년 제노바에서 터져나왔다. 그것은 이탈리아의 쇠퇴라는 잿더미에서 타오르고 있던 불꽃이었다. 제노바는 사르데냐의 왕 카를로 에마누엘레 3세에게 위협받았고, 마리아 테레지아의 오스트리아군에 정복당해 탄압받았다. 하지만 제노바는 오스트리아군에 저항해 그들을 쫓아냈다. 이후 각오를 다진 제노바는 그들의 성벽 아래에서 그리고 리구리아 지역의 알프스 산맥에서 지난한 전쟁을 시작했다. 그렇게 처음에는 스스로 자유와 독립을 다시 회복했고, 그후에는 프랑스의 도움을 받았다. 엑스라샤펠 조약은 제노바가 자유를 새로이 획득했음을 입증했다. 이 모든 과정은 이미 잘 알려져 있다. 우리가 제노바의 궁정과 가문 내부에서 그 과정을 다시 살펴볼 때에만 이 사건은 역사적 의의를 갖는다. 우리는 중세 이탈리아 공화국 역사의 마지막 장과 마주하고 있다. 봉기는 대중으로부터 비롯됐다. 그 봉기는 자신들의 도시를 방어하지 못한 귀족에 대한 경멸과 증오를 먹이 삼아 번져나갔다. 당시에 소위 "공화정"이라 불린 정부에는 오스트리아의 침입과 민중의 봉기라는 두 개의 불길이 붙었다. 제노바 정부는 갈팡질팡하며 머뭇거렸고, 독립과 특권을 모두 보존하려는 욕망 때문에 운신의 폭이 좁았다. 지배층의 단합은 와해됐다. 가난한 귀족은 정무 참여를 요구했다. 구 귀족은 신흥 귀족과 마찰을 겪었다. 각 가문마다 제 살길만을 찾았다. 제노바의 안정성을 보장했던 1528년과 1576년의 법령에 다시 한번 의문이 제기됐다. 정부 궁정 바깥에서 독자적인 권력이 형성되고 있었다. 그 권력은 초기에 민중의 총사령부였다. 이는 시간이 지나면서 무장한 사람, 도시 지역, 법인체, 이웃 마을 소작농들이 보낸 대표로 구성된 총회가 되었다. 이 의회는 선출된 관료들로 채워진 정부위원회를 보유했다. 민중의 수상도 존재했다. 의회는 광장에 모인 모든 사람에게 자주 보고하기 시작했다. 귀족정체의 구조 자체가 위태로워 보였다. 그러나 군사적 필요와 프랑스의 압박 덕택에 귀족 정부는 느리게나마 힘을 되찾을 수 있었다. 제노바는 마치 몇 달 만에 수 세기에 걸친 역사를 통과한 것처럼 보였고, 자신을 가장 폐쇄적인 과두제 공화국의 전형으로 서서히 만들어냈던 모든 과정을 다시 겪은 것처럼 보였다. 이 과정이 전도될 여지가 없다는 점은 명백했으나, 그 자체로 큰 충격이어서 당대의 많은 사람에게 강한 인상을 남겼다. 고대 공화국과 근대 공화국의 모든 문제점이 논의 대상이 되었다. 귀족과 평민 사이의 관계, 소수 과두정 내 귀족 권력의 한계, 직접민주주의 및 대의제가 취해야 하는 형태와 결부된 문제, 대표를 선출하고 퇴진하며 구성해야 하는 방식이 바로 논의의 주제였다. 지배하는 도시와 통치를 받는 배후지 영역―그 영역이 리비에라 해안 지역이건 코르시카섬이건―사이의 관계에 관한 논의도 있었다. 코르시카의 반란은 진행 중이었고, 지난 수십 년의 역사로 봤을 때 그 섬을 다시는 종속시킬 수 없을 것처럼 보였다.[54]

결국 이 모든 문제는 제노바 귀족이 소심하면서도 신중하게 원상복귀를 함으로써 일단락됐다. 그러나 당시 이탈리아는 물론 더 나아가 다른 국가들의 신문, 연대기, 역사서를 살펴보기만 해도 이 문제가 얼마나 광범위하고 활발하게 논의됐는지 알 수 있다. 제노바의 봉기에서 구심점이 부재했다는 점과 봉기의 전개를 둘러싼 불확실성은 당대인들에게 충격을 주었다. 이러한 현상은 몇 달 사이에 과두정부 인사, 교구 주민, 상인, 군인과 같이 전면에 등장한 세력들 내에서 봉기의 힘이 분산되었기 때문에 발생했다. 이 모든 세력은 단지 오스트리아나 피에 몬테에 정복당하지 않겠다는 결심 아래 한데 뭉쳤다. 그들은 고대의 자유를 수호하고자 단결했다. 그 자유는 그들이 전통적으로, 그리고 직관적으로 독립과 동일시했던 것이었다. 제노바에서도 역시 공화국 의 존재는 절대주의 국가, 즉 군주국의 공격에 직면해 본질적인 문제 로 남았다. 결국 내부 세력들과 그들의 조직과 정치적 힘의 작용은 태 초부터 내려온 생존의 필연성에 모두 종속되었다. 이에 대해서는 당시 에 신중하지만 호기심 많던 관찰자 아치넬리가 어쩌면 가장 명료하게 기록했을 것이다. 그는 중세에 이탈리아 공화국이 다수 존재했다고 적 었다. 그러나 그때의 공화국들은 폭군과 군주의 지배를 받고 있었거나 혹은 "타국의 정권과 영토를 강탈해 강대하게 성장한 자들의 오만함 에 굴복하는 것이 그들에게 더 현명한 것으로 여겨졌다". 제노바만이, 즉 "살아남은 공화국 중 고대의 전통을 가장 길게 이어왔고, 가장 극 심한 고통을 느끼며 또한 가장 교묘하게 핍박받았던 제노바만이 모든 어려움을 극복하고 본래의 자유와 영광을 유지했다고 자랑할 수 있었 다". 제노바는 네덜란드, 스위스, 베네치아, 루카 공화국보다 더 운이 좋았다. 18세기 중반 제노바의 국경은 탄탄했다. 이전 세기에 제노바 를 단단하게 움켜쥐었던 고삐는 1748년 이후로 느슨해졌다. 그 시대 특유의 낙관적 전망을 가진 아치넬리는 제노바가 정말로 평온한 미래 를 맞이할 수 있다고 확신했다. 제노바의 국경 안에는 더 이상 "살찌려 혈안이 된 강도 같은 독수리나 동물"이 아니라 "자신의 몫에 만족하는 부드럽고 온화한 군주들"만 존재했다.[55]

공화국에 관한 문제는 1740년대 말엽에 피사대학에서 벌어지고 있던 논쟁의 중심이 되었다. 제노바 이민자와 학생으로 이루어진 집단이 철학자 소리아 주변에 모여들었다. 이들이 벌인 논쟁의 결과에는 『알페의 밤』이라는 제목이 붙었으며, 오늘날 리보르노의 라브로니카 도서관에 보존돼 있다.[56] 제노바의 구조적 후진성은 아주 분명하게 나타났다. 제노바 공화국의 귀족 집단을 구성하는 가문의 이익을 넘어서는 경제정책은 전무했다. 코르시카의 봉기는 국가 조직이 뿌리부터 바뀌지 않는 이상 결코 잠잠해질 수 없었다. 문화 정책의 결여 또한 분명했다. 국가의 정치적, 경제적 문제점들을 논의하고 더 나은 지배층을 교육하기 위한 대학이나 기관이 하나도 없었다.

피사에서 이 논쟁은 18세기 후반의 계몽된 개혁으로 옮겨갔다. 제노바의 봉기와 네덜란드의 사건은 알프스산맥을 넘어 광범위하게 회자되고 논의됐다. 호기심과 관심은 프랑스, 잉글랜드, 독일과 더불어 특히 네덜란드에서 최고조에 달했다. 외교와 전쟁 양상의 극심한 변화는 네덜란드와 제노바를 국제 연대 지형의 양쪽 끝에 놓았다. 한쪽은 프랑스에 맞서는 합스부르크 제국 편에, 반대로 다른 한쪽은 프랑스 편에 서게 된 것이다. 그러나 양국의 문제는 그리 크게 다르지 않았다.

무엇보다도 두 국가가 중립을 택할 것인가 아니면 교전을 택할 것인가 하는 것이 논쟁의 핵심이었다. 이 논쟁은 활발하면서도 복합적이었지만 결론은 모두 같았다. 18세기 중반, 고대 공화국들은 오직 열강과의 갈등에서 발을 뺄 때에만 살아남을 수 있었다. 동맹도 전쟁도 없어야 했다. 네덜란드와 제노바는 결국 베네치아가 옳았다고 인정해야만 했다. 18세기 중반에 상업 국가들은 중립을 택해야만 했다. 고대 공화국의 사례는 그들에게 치명적이었다. 그것은 근대 공화국이 따를 수 있는 가장 나쁜 전범이었다. 당시 소책자 중의 하나에 서술된 것처럼, "야심은 공화국에 재앙을 가져오며, 시기심과 대립은 공화국의 파멸을 부른다. 고대 공화국들은 이 정념 때문에 멸망했다. 오늘날에도 분명히 마찬가지일 수밖에 없다."[57]

또 다른 근본적인 문제가 있었다. 절대주의 국가의 정책과 이들의 정복욕이 공화국 내에서 필수적인 내부 변화를 만들었는가? 제노바도 네덜란드처럼 총독이 필요했을까? 아마도 민중이 지도자를 세울 수 없었고 그래서 독재정체에 끌리지도 않았기 때문에 제노바가 다시 한번 귀족의 힘에 짓눌리게 된 것일까? 이를 비롯해 당대인들이 제기한 유사한 질문들에 대한 답은 대부분 그들의 정치적 편에 따라 결정됐다. 오스트리아 지지자들은 총독 직위를 칭송했고, 프랑스 지지자들은 제노바 귀족의 지배를 옳다고 여겼다. 그러나 이 논쟁이 전적으로 정치 연합에 의존한 것은 아니다. 예를 들자면 18세기의 대담한 작가 중 한 명인 구다르가 이 논쟁에 대해 기고한 글이 있다. 계층들 내부의 갈등은 비전문적 전쟁의 군사적 특징이라고 볼 수 있었다. 이 전쟁은 인구 대부분이 갈구하고 수행했던 전쟁이었다.[58] 구다르는 프랑스와 다른 유럽 국가들이 채택한 군주정의 사회적, 정치적 현실을 검토·논의·비판하고자 공화주의 모형을 이용했다. 제노바에서 직접 경험한 바를 자신의 첫 책인 『잘못 이해된 프랑스의 이익』을 집필하는 데 이용한 게 확실하다.[59] 그는 이 책으로 국제 논객으로서의 길고도 모험적인 삶을 시작했다.

국제적 차원에서도 책의 결론은 분명했다. 루이 15세의 프랑스는 이제 네덜란드와 이탈리아 공화국들의 현 상태를 유지한 동력의 하나였다고 이해해야 하며, 이 힘은 각 공화국 내에서 기존 통치자들을 지탱했다. 프랑스 외교정책은 공화국들이 변함없이 중립을 유지하기만을 요구했다. "프랑스와 국경을 맞대고 있는 국민들은" 더 이상 걱정할 필요가 없었다. 군주국과 공화국 사이의 갈등이 명확한 이념적 중요성을 지녔던 루이 14세의 시대는 지나갔다. 이제 프랑스는 "공화국들의 안녕을 방해하고 재산을 침범하려 하기는커녕 이들을 확고하게 지지한다".[60] 절대주의 국가는 공화국의 생존을 인정했고, 공화국은 변함없이 중립을 유지했다. 이 두 정치 형태 모두, 구체제가 18세기 중반에 이뤄낸 평화의 시기에 자신들이 이념적으로 중요하게 여기던 요소들 중 일부를 상실한 것으로 보인다. 태양왕이 시작했던 전쟁과 갈등의 순환이 종결되었다.

그러나 평형 상태를 유지하기란 어려웠으며 그래서 오래 지속되지도 않았다. 엑스라샤펠 평화조약이 일련의 무질서, 반란, 음모를 동반했다는 사실을 당대인들이 어떻게 깨달았는지를 알기 위해서는 『역사정치신보』를 읽어보라. 무질서, 반란, 음모의 형태나 중요성은 제각각이었을지 모르나, 이것들은 모두 당시 프랑스의 재무·재정 정책을 향해 있었다. 이는 세금징수업자, 소비세 징수관, 세관 공무원, 국가 부채에 반대하는 움직임이었다. 이것은 팔레르모에서 파리, 제노바에서 암스테르담 그리고 에스파냐와 베른에도 나타났던 어느 정도는 18세기 중반의 전형적 위기였다. 그때 많은 국가가 전쟁 이후의 재무·재정 정책의 개편과 합리화에 있어 매우 취약하다는 점을 스스로 드러냈다. 에스파냐의 엔세나다, 프랑스의 마쇼, 네덜란드의 빌럼 4세가 이 시기를 대표한다. 그들이 세제개혁을 더디게 진행할수록 사람들의 불만은 더욱 심각해졌다. 절대주의 정부는 고대 공화국의 귀족과 유사하게 보수주의를 피난처로 삼았다. 이 보수주의는 네덜란드, 베른, 제노바에서 위축됐으나 마침내 다시 한번 더 그 힘을 회복하고 유지하는 데 성공했다. 이와 비슷하게 특권이라는 오래된 구조물, 구성된 권력, 전반적인 군주정 체계는 특히 프랑스에서 재차 정착되는 국면에 접어들었다. 프랑스 각지의 고등법원들이 만들어내는 새로운 요구의 물결은 18세기 중반부터 시작된다. 계몽전제정이 수립되고 개혁을 시행하는 데 성공한 국가들에서만 이러한 움직임이 흡수·제어됐다. 오스트리아가 그 예다. 파리에서는 『백과전서』가 기존 권력의 보수주의와 충돌하기 시작했다. 그것은 점차 급진적인 비판을 가하는 수단이면서 동시에 더욱 광범위하게 퍼진 불안과 불만을 새롭게 해석하는 시작점이었다.[61]

몽테스키외의 위대한 책은 바로 이 시기, 즉 1748년에 출간됐다. 이 책에서 우리는 그간 논의해온 문제들에 관한 그의 풍부한 연륜을 알 수 있다. 그는 절묘한 균형 감각으로 공화국과 군주국의 공존을 위한 공식을 제시했다. 그는 근대 군주정이 직면할 헌정상의 진화를 명백히 지적했고, 또한 새롭게 태어날 공화주의적 신화의 형식과 내용을 예견했다. 물론 지금 이 지면에서 몽테스키외 사상의 중요성에 관한 논의할 것은 아니다. 이 논의가 심지어 섀클턴과 알튀세르처럼 상이한 접근법과 관점에서 끊임없이 재개되고 연구되며 해석되는 것을 보면 그 활력을 가늠할 수 있다.[62] 하지만 물론 여기서 문제는 몽테스키외 사상의 전반적인 해석이 아니다. 나는 단지 루이 15세의 시대인 1748년에 군주국과 공화국 사이에 존재했던 불일치 요소와 일치 요소들을

계몽사상의 유토피아와 개혁

고려하면서 『법의 정신』을 읽는 것이 얼마나 흥미로우며, 또한 우리가 그 시대를 이해하는 데 이 책이 얼마나 도움이 되는지를 생각해보고 자 한다.

책 곳곳에서 당대의 문제들이 드러난다. 공화국의 크기("공화국은 본 성에 따라 소규모의 영토만을 가져야 한다")[63], 연방공화국의 문제, 즉 "유 럽에서 영원한 공화국으로 간주되는"[64] 네덜란드·스위스·독일제국의 문제, 자신이 존속하는 대가로 일체의 팽창을 포기하고 "평화와 중용" 을 핵심으로 하는 공화국의 정신. 그는 고립된 도시 공화국을 지속적 으로 위협한 내적 위험들에 주목했다.("작은 공화국은 외국 군대 때문에 멸망하고, 큰 공화국은 내부 타락으로 인해 멸망한다.")[65] 이탈리아 도시들 이 만방에 확실히 보여준 것처럼, 공화국은 부패한다.("옛사람들은 법과 함께 자유로웠고, 지금 사람들은 법에 맞서 자유롭고자 한다 (…) 공화국은 낙엽이다.")[66] 이러한 정부 형태는 언제나 소수 귀족 집단의 손아귀에 들어가거나 민중 반란을 겪은 뒤 한 명의 지도자 아래 복속될 위험이 있다. 공화국의 핵심 원칙이 변질되면, 공화국은 "귀족들의 입장에서 만, 오로지 귀족들 사이에서만 존속하게 된다. 통치하는 정치체 속에 는 공화국이 있고 통치를 받는 정치체 속에는 전제국가가 있게 되며, 이로 인해 두 정치체는 서로 가장 큰 불균형을 이룬다."(이 관찰을 통해 봉기가 일어난 시기의 제노바에 관한 빠르고 정확한 밑그림을 그릴 수 있을 것이다.)[67] 나는 이런 식으로 "사치", 상업, 악법 등에 대해서도 계속 이 야기할 수 있다.

그러나 몽테스키외는 공화국의 원칙이 덕성이라고 생각했다. 그에게 는 공화정이 일반적으로 명예를 기반으로 삼은 군주정보다 틀림없이 뛰어난 정치형태였다. 사실 덕성이란 "습속" 그 자체로서, 스스로의 법을 결정하고 집행하는 능력을 말한다. 『법의 정신』에서 공화국의 이상은 그리스와 로마 세계를 떠오르게 한다. 덕성으로 무장한 그리스와 로마 세계는 밝고 매혹적인 유령의 모습으로 서서 근대세계에 맞선다. 그러나 우리는 몽테스키외가 보여준 고전주의의 빛에 기만당해서는 안 된다. 더욱 면밀하게 보면, 그가 그린 공화정 역시 근대 공화국이었음을 알 수 있다. 이는 당시 공화국들이 알아볼 수 없을 정도로 고대 공화국에서 일탈했음을 보여주는 본보기였다. 그러나 고대 공화국에 대한 기억은 잔존했고, 당시 공화국들은 그것을 얼마든지 원용할 수 있었다. 고대 공화국으로서 이 공화국들은 보편적인 직접민주주의에 기반을 두지 않은 "명사들의 공화국"이었다. 그들은 자신의 대표를 직접 선출하고 따를 인민의 능력에 기반을 두고 있었다. 이 정부 형태는 "군주들처럼 혹은 군주들보다는 오히려 참사회나 원로원의 지도를 더 받을 필요가 있다".[68] 요컨대 중요한 것은 구성된 권력기구들이었다. 전제정으로의 회귀, 즉 군주제와 공화제의 정부 형태에 대한 끊임없는 위협을 막으려고 노력한 것은 바로 이 구성된 권력기구들이었다. 이 기구들을 민주정에서처럼 선출을 통해 구성하지 않는 귀족정에서도, "통치자 가문들이 법률을 준수한다면, 이는 군주를 여러 명 둔 군주정이며, 본성상 매우 훌륭한 군주정이다".[69] 헌법이 파괴될 때, 즉 국가가 "전제군주를 여럿 둔 전제정"이 될 때 진정한 타락과 파멸이 시작될 것이었다.[70] 이는 정확히 이탈리아 공화국에서 일어난 현상이었다. 그곳에서 권력은 극소수 가문에 한정됐다. 공화국을 떠받치는 중심인 덕성은 세습 권리와 사치의 등장으로 인해 깨져버렸다. 그리하여 정부는 사실상 전제정이라는 깊은 심연에, 즉 구성된 권력기구, 규칙, 법이 휩쓸려 사라져버린 야생 상태에 빠졌다. 제노바는 그 정도가 더 심했고, 베네치아는 덜했다.

공화국에 대한 몽테스키외의 비판은 심지어 더욱 심각하고 근원적이다. 그것은 역사적인 비판이다. 고대 도시들의 참사회, 원로원, 인민 사이의 균형은 몇 세기 동안 깨져 있는 상태였다. 고전적 민주정체는 사라졌다. 네덜란드와 베네치아 같은 근대 공화정·귀족정은 역사적 중요성을 잃어버렸다. '여러 군주를 둔 군주정'이 시대착오적이기 때문이었다. 군주의 보호 없이도 구성된 권력기구를 유지하려는 시도는 점차 난관에 봉착했다. 따라서 이 공화국들은 외부로부터의 공격에도, 과두정의 강화에도, 또한 민중의 봉기에도 취약해졌다. 덕성은 여전히 최고의 정치적 이상이었다. 그러나 근대 공화국에 의해 제기된 역사적 문제는 오직 군주국 내에서만 해결할 수 있었다. 이는 오직 귀족, 시민, 사법부, 주권자의 구조 사이에서 이루어지는, 까다롭지만 유익한 타협을 통해서만 해결될 수 있었다. 이러한 타협은 프랑스의 형태를 차용한 것이거나 의심할 여지 없이 더 나은 잉글랜드의 형태를 따랐을 것이다. 프랑스에서 구성된 권력기구들은 중계자가 되었다. 잉글랜드에서는 그들이 삼권분립과 균형의 기초였다. 이는 잉글랜드에서는 가능했지만 베네치아에서는 불가능했다. 베네치아에서는 단일한 집단 및 계층의 손아귀에 권력이 있었기 때문이다.

잉글랜드에서는 결정적인 갈등이 그보다 한 세기 전에 일어났다. "지난 세기에 잉글랜드인들이 스스로 민주정을 수립하려고 무익하게 노력하는 것을 지켜보는 것은 좋은 구경거리였다. 사태에 개입한 자들이 어떠한 덕성도 갖추지 못했기 때문에 (…) 정부는 끊임없이 바뀌었다. 경악한 인민은 민주정을 찾아 헤맸으나, 어디서도 그것을 발견하지 못했다. 결국 숱한 술책, 충격, 혼란 끝에 그들은 스스로 쫓아냈던 그 정부를 되돌려놓을 수밖에 없었다."[71]

청교도혁명 실패의 원인을 덕성 자체의 결여에서 찾는 계몽사상 특유의 아이러니는 별개 문제로 남겨둔 채, 몽테스키외는 이런 방식으로 군주정과 공화정 사이의 논쟁이 17세기 중반에 잉글랜드에서 진정으로 판가름 났다는 자기의 확신을 다시 굳힌다. 우리가 만일 계몽사상이 싹트고 있던 시대에 공화주의 전통의 중요성을 이해하고자 한다면, 잉글랜드로 주의를 돌려야 한다.

2장

영국 공화주의자들

생각해보면, 앞서 인용한 몽테스키외의 평가, 즉 17세기 중반 잉글랜드가 민주정을 확립할 능력을 갖추지 못했으며 "숱한 술책과 충격, 혼란 끝에" 군주정이 복원될 수밖에 없었다는 평가는 첫인상에 비해 실제로는 덜 부정적이고 비난의 정도도 약했다. 영국이 "아무런 덕성도 갖추지 못한" 자들의 통치에 내맡겨졌다는 것은 사실이다. 그들을 제거하려는 영국인들의 노력은 진정 어수선하고 미약했다. 그러나 청교도혁명 이후 한 세기가 지난 시점에서 몽테스키외의 평가는 오히려 공평하고 절제된 역사적 관찰로 보였다. 사실 잉글랜드는 고대의 전범으로 돌아가기에는 너무 근대적이었고, 다시 공화국이 되기에도 근대국가에 너무 가까웠다.

당시 영불해협 양편은 모두 몽테스키외의 결론에 동의했다.[1] 18세기 중엽 유럽 대륙에서는 고대 공화국과 군주제 국가 간에 보수적 균형 상태가 확립되어 있었다. 영국에서는 그와 비슷하게 군주정과 의회,

도시, 계급, 헌정기구 사이에 타협이 이루어져 있었으며, 이 타협은 겉보기엔 대륙의 균형보다 더 안정적으로 보였지만 본질적으로는 비슷했다. 앞 세기의 커다란 갈등을 고려할 때, 1748년 직후 런던과 지방을 관통한 문제들, 이를테면 유대인 귀화 문제나 국가 부채 문제는 거대하고 고요한 바다의 수면에 이는 잔물결 정도로 보였다.[2]

그러나 이러한 민주주의와 덕성의 타협 또는, 몽테스키외의 표현을 따르자면, 포기는 신속하지도 수월하지도 않았다. 영국에서도 1660년 왕정복고 이후 공화주의 사상은 지속적으로 숙성되고 있었다. 그것은 일상적 정치생활의 가장자리로 밀려난 이후에도 계속해서 발전하고 성장하고 변화했다. 몽테스키외가 터무니없다고 평가했던 그 시도가 실제로는 계속해서 사상과 희망을 생성했고 여러 집단과 조직에 숨을 불어넣었다. 그렇게 해서 공화주의 사상은 18세기 유럽 전체의 도덕적·지적 삶에서 본질적이고 핵심적인 요소가 되었다. 최근 수십 년간의 역사 연구는 특히 청교도혁명과 계몽사상 간의 연관성에 주목했다. 예시를 몇 가지만 들어보자면 제라 핑크, 캐럴라인 로빈스(크리스토퍼 힐의 논평을 포함), 존 포콕, 페레즈 자고린, 버나드 베일린, 휴 트레버로퍼, 존 건의 책들이 우리에게 길을 제시한다.[3] 이런 문제들을 논할 때 반드시 출발점으로 삼아야 하는 책 중 하나인 존 플럼의 『잉글랜드에서 정치적 안정의 성장, 1675~1725』 덕분에 우리는 이 연구가 어디로 향하는지 알 수 있다.[4] 이 책은 매 쪽마다 당시 잉글랜드에서 정치적 안정의 획득이 얼마나 어려웠고 심지어 예측 불가능했는지를 잘 보여준다. 그리고 그 타협을 추동한 세력과 반대한 세력을 명확하게 보여준다. 이어지는 내용에서 내가 하려는 것은 플럼 교수의 정치적·헌정적 고찰 끄트머리에 이념적 주석을 첨가하는 정도다. 나는 월폴 재임기와 그 이후 영국이 획득한 안정기 동안 "민주주의와 덕성"을 향한 열망 중에서 살아남은 것이 무엇인지를 사상사의 맥락에서 살펴보려고 한다.

동시에 나는, 최소한 계몽사상사의 관점에서 볼 때, 영국에서는 자주 인정받은 것보다 그렇지 못한 것들이 훨씬 더 중요하고 생생하다는 말을 하고 싶다. 아마도 그것은 문학사가 때로는 사상사보다 우세하기 때문일 수도 있고, 어쩌면 거의 한 세기 전에 레슬리 스티븐이 18세기 잉글랜드 사상가들에 맞서 건립한 금지의 기념비가 아직 완전히 철거되지 않았기 때문일 수도 있다. 내가 파악하지 못한 다른 이유도 있을 수 있다. 분명한 건 이 분야를 겨냥한 상세하고 철저한 연구가 거의 없다는 점이다. 다른 유럽 국가들이나 미국에서와 마찬가지로 영국에서도 백과전서의 세계에 속하는 유명하지 않은 인물들에 대한 연구가 많이 출판되었다. 볼테르와 디드로의 가장 덜 알려진 친구와 동료들, 형형색색의 프랑스 계몽사상의 세계가 연구되었다.(그리고 이것은 결코 불평할 일이 아니다.) 그러나 내가 아는 한, 존 톨런드는 빼어난 사람임에도 그에 대한 일반적 연구가 존재하지 않는다. 게다가 콜린스나 틴달 등도 충분히 철저하게 연구되지 않았다. 이신론은 볼링브로크를 다룰 때에만, 즉 그것의 정치적 중요성이 바뀌는 때에만 흥미를 끄는 것 같다.[5] 슈투트가르트와 튀빙겐에서 1841년에 출간된 레흘러의 책은 여태껏 이신론을 다룬 역사서 중 가장 뛰어난 것으로 보인다.[6]

실제로 18세기 전반부에 잉글랜드에서 확립된 정치적 안정은 아직까지도 너무 인상적으로 남아 있다. 그렇기 때문에 그 안정에 맞서 싸웠거나 바꾸고자 했던 사람들 그리고 대립과 투쟁의 취지를 담은 전언을 새로운 세기에 넘겨주는 데에 성공한 사람들이 심지어 오늘날까지도 간과되고 있다.

그 전언이 없었다면 유럽에서 계몽사상을 상상하는 것은 불가능하다. 최근 연구들이 청교도혁명을 17세기의 카탈루냐, 프랑스, 나폴리에서 일어났던 유사한 운동들과 함께 고찰해왔고, 이러한 더 넓은 시각이 긍정적 결과들을 낳은 것은 사실이다. 그러나 영국혁명이 훗날 유럽의 모든 혁명에 동반된 이념의 급류를 대륙에서 일으키지 못했다는 것 또한 사실이다.[7] 수평파의 사상은 확실히 알려졌지만 이는 해협 너머에서 전혀 주목할 만한 정치 운동을 일으키지 못했다. 공화국 시기 잉글랜드에서 탄생한 사상은 오직 존 톨런드나 앤서니 콜린스가 부여한 철학적 형식, 즉 이신론, 범신론, 자유사상의 형태, 잉글랜드의 자유에 대한 예찬 또는 심지어 프리메이슨의 형태를 취한 다음에야 유럽 대륙에 도달할 운명이었다. 이런 방식을 통해서 비로소 수평파의 사상과 17세기 잉글랜드의 "고대 공화주의자들"의 사상은 세계시민주의적으로 변했고, 프랑스, 독일, 이탈리아에 뿌리를 내렸으며, 계몽사상을 유럽 전역에서 꽃피우는 강력한 자극제가 되었다. 디드로에게 "종교"와 "정부"는 떼놓을 수 없는 것이었으며, 철학 논쟁과 정치 논쟁은 서로 분리될 수도 없고 분리되어서도 안 되었다. 잉글랜드의 이신론은 이 양극 사이에 위치했고, 잉글랜드에 기원을 둔 이념으로는 최초로 대륙에서 강한 영향력을 행사했다.

공화국이라는 문제는 브리튼 제도에서 시작되어 훗날 대륙에 도달한 반란, 왕정복고, 혁명들의 미로에서 우리가 길을 찾는 데 도움이 될 것이다. 우리는 네덜란드와 베네치아의 사례와 더불어 고대의 전범들이 고전적 공화주의자들, 해링턴과 네빌, 밀턴과 시드니에게 얼마나 중요했는지 안다. 그러나 여기서 흥미로운 것은 공화국으로의 회귀가 점차 어려워지고 불확실해지는 상황 그리고 윌리엄 3세의 타협이 잉글랜드 땅에 점점 더 단단하게 뿌리를 내리는 상황에 맞서 고전적 공화주의자들의 계승자 및 추종자들이 어떻게 대응했는가 하는 문제다. 결정적인 시기는 17세기의 마지막 10년과 18세기 초, 말하자면 1685년부터 1715년까지다.

이 시기의 중간 정도부터 잉글랜드를 살펴보고, 이에 더해 대륙에서 잉글랜드를 바라보는 시각을 상정하기로 하는데, 나는 이러한 관점만이 문제들을 정확하게 볼 수 있는 시각을 제공한다고 생각한다. 1700년 가을에 하노버 선제후비 조피는 그와 같은 문제에 매우 관심을 가질 법한 입장이었고, 곧 가문과 자신의 신민이 될 수도 있는 사람들의 공화주의적 성향이 얼마나 강한지 궁금해했다. 같은 해 11월 21일 외교관 조지 스테프니는 그녀에게 이렇게 말했다. "찰스 1세와 제임스 2세 시절 잉글랜드인들이 겪은 불행은 특히 외국인들에게" 어떤 생각을 하게 만들 텐데, 그 생각은 영불해협 너머에서 "군주제 자체에 대한 혐오가 만연한 상황과 새로운 것을 반기는 자연적 성향이 우리로 하여금 크롬웰 같은 1인의 야심이 전복시킬 수 없을 만큼 탄탄한 토대 위에 공화국을 세울 방도를 찾도록 만들기 십상"이라고 말이다. 그러나 스테프니는 선제후비를 안심시키려고 노력했다. 자신들의 경험에도 불구하고 "잉글랜드인들의 성향은 공화주의적 원칙들에게 전혀 이끌리지 않으며, 우리는 아직도 1648년을 끔찍한 해로 기억"

한다고 그녀에게 말했다. 공화국은 내전을 의미하곤 했다. 잉글랜드인들은 그 의미를 잘 알았고, 내전을 되풀이할 의사가 없었다. 잉글랜드의 사회적·정치적 상황은 어찌 되었건 "상상 속의 공화국"에 적대적이었다. "귀족은 네덜란드에서처럼 민중이 자신들과 동등해지는 것을 견디지 못할 것이고, 평민은 베네치아의 모형을 따라 귀족이 전제적 폭정을 행하는 것을 결코 좌시하지 않을 것입니다. 이 두 신분을 혼합하고, 정부의 형상을 눈에 보이게 만들기 위해 총사령관 같은 직책을 두는 것은 문서상으로는 충분히 그럴듯한 기획이지만, 이를 우리에게 적용하려 든다면 그것이 불가능함을 깨달을 것입니다." 여기서 잉글랜드의 헌정 문제가 여러 공화주의적 모형과의 비교를 통해 매우 잘 묘사되어 있다. 이 공화주의적 모형들은 스테프니와 그 시기 많은 사람의 머릿속에 분명히 존재했다. 네덜란드, 베네치아, 해링턴이 제안했던 공화국의 변주 형태뿐 아니라 그 어떤 것도 잉글랜드에는 부적절하게 여겨졌다. 네덜란드에서처럼 상인들의 지배를 용납하기에는 잉글랜드 귀족이 너무 강력했다. 베네치아식의 과두정은 런던에서 불가능했다. 그렇지만 이 모형들은 당시의 여론 속에 있던 대안이었고, 잉글랜드에는 열정적으로 이에 대해 토론하는 사람들이 남아 있었다. 스테프니는 이렇게 덧붙였다. "우리 나라의 대다수 불안정한 지식인은 그 문제를 다룬 시드니의 『정부론』과 해링턴의 『오세아나 공화국』 같은 위험한 책을 어느 때보다도 즐겨 읽습니다. 『오세아나 공화국』은 한 교활한 인간이 반란의 시대에 쓴 것으로 잘 알려져 있으며, 마치 지금 시기가 그런 정서에 유리하게 작용하기라도 할 것처럼 최근에 톨론이라는 자유사상가에 의해 말끔한 인쇄본으로 출간된 것으로 유명합니다."[8]

그 직전 시기 "지식인들"의 들썩거림은 진정 주목할 만했으며, 자세히 살펴볼 가치가 있다. 당시 잉글랜드의 사회생활에서는 클럽이 점차 응접실이나 선술집을 대신하게 되었다.[9] 정부 및 종교의 제1원칙에 대한 토론이 런던뿐만 아니라 지방에서도 활발했다. 한 예로 1693년 12월 11일에 노리치의 험프리 프리도가 존 엘리스에게 쓴 편지를 보자. "이 지역의 공화주의자들은 무신론을 전파하는 데에 열심입니다. 그들은 커피하우스에 가서 맹렬하게 무신론을 옹호합니다."[10] 1697년에는 더블린 트리니티대학의 한 교원이 이렇게 말했다. "하찮은 교육을 받은 이 사람들은 비밀리에 클럽과 도당을 결성하고 도처에 밀사를 보내며, 이는 회비로 운영된다. 나는 모든 통치와 종교가 이성에 기초하고 있다는 점을 보여주는 것이 그들의 의도라는 데 어떠한 의심도 품지 않는다."[11] 17세기의 마지막 10년 동안 많은 핵심 문건이 집필되고 출간되었다. 그 문건들은 모두 공화주의 전통을 급진적인 종교 사상과 결합시키는 경향을 보였다. 1694년에는 로버트 몰즈워스의 『덴마크』가 출간되었다. 1696년에는 톨런드의 『신비하지 않은 기독교』가 출간되었다. 월터 모이얼은 『로마 정부의 헌법』의 집필에 착수했다. 섀프츠베리와 존 트렌처드, 틴달과 앤서니 콜린스가 이 시기에 부상했다. 상비군 문제에서부터 신교 왕위계승 규칙에 이르기까지 당대의 다양한 토론과 정치투쟁에 활발히 참여하는 집단이 형성되었다. 그들은 이 문제들에 지적·감정적으로 열렬히 투신했으며, 구체적 문제를 넘어 종교 및 자유에 관한 일반적 문제로 계속해서 나아갔다. 지금까지 이루어진 연구보다 더 멀리까지 그들의 활동, 관계, 주장을 따라 가보면 매혹적일 것이다. 그러나 지금 시점에서 유념해야 할 것은 그들이 스스로를 단지 정치가나 외교관이 아니라 철학자로 여겼다는 점이다. 그들은 스피노자, 로크, 뉴턴에게서 물려받은 문제들을 의회 논쟁이나 잉글랜드와 유럽의 외교정책 입안자의 문제들과 결합하고 뒤섞었으며, 이는 때로 격렬하고 예상치 못한 형태로 이루어졌다. 그들을 정의하기 힘든 이유는 이 때문이다. 높은 휘그와 낮은 휘그, 구 휘그와 신 휘그, 진정한 휘그, 휘그의 공화주의 분파, 이신론자, 자유사상가와 같은 용어들은 진실의 일부밖에 표현하지 못한다. 살짝 과장하게 될 위험을 감수하면, 그들을 자기 시대의 정치 문제를 다룬 최초의 계몽된 지식인·철학자 집단으로 간주할 수 있다.[12]

이런 관점에서 보면 존 톨런드는 분명히 그들 중에서도 가장 중요하고 특출난 사람이다. 그는 종교의 역사에 관한 가장 명석한 직관을 가졌으며, 잉글랜드 공화주의 전통을 다시금 강조하는 사람들 중에서 가장 활동적이었다. 그는 유럽 대륙과 가장 많은 관계를 맺고 결실을 거둔 사람이면서도 끊임없이 18세기 초 잉글랜드 정치에 적극적으로 참여했다. 그가 신교 왕위계승 문제를 둘러싼 투쟁에 참여했다는 점은 상당히 중요하다. 그는 또한 스피노자 철학의 유물론적 형태를 구상해냈는데, 그것은 예상대로 훗날 디드로, 돌바크, 네종의 관심을 끌었다.

이 집단의 정치사상을 귀족적인 것과 민주적인 것으로 나누는 방식은 부적절하다. 사실 그들의 사유와 투쟁이 흥미로운 이유는 잉글랜드와 대륙의 공화주의 전통 전체가 새로운 문제들에 직면해서 정치적 자유의 새로운 전망으로 서서히 전환해가는 모습을 보여주기 때문이다. 몰즈워스에게서 우리는 켈트 전통과 귀족적 반대를 발견하며, 유럽에서 자유는 고래의 것이고 전제정은 최근의 일이라는 확신을 발견한다. 오트망의 『프랑코갈리아』를 재발간하고 "어떤 의미에서는 온 유럽이 아주 최근까지 자유국가였다"라고 주장한 사람이 바로 그였다. 몰즈워스는 덴마크인이 1660년경에 자유를 상실하고 전제정 중에서도 최악의 형태로 몰락한 내막을 탁월하게 연구했다.[13] 이탈리아를 논할 때에는 낡은 옛 공화국의 형태가 살아남았다는 점에 충격을 받았다. 해링턴이 그랬던 것과는 달리 몰즈워스는 더 이상 고대 공화국의 형태를 모범이라 생각하지 않고 희망의 싹으로 간주하지도 않았다. 그러나 그는 언젠가 자유라는 새로운 숨결이 그들에게 영감을 불어넣을 것이고, 마찬가지로 로마 전통과 맞서는 투쟁이 언젠가는 이 정치적 형태에 생명력을 불어넣을 것이라고 믿었다. "마침내 황제, 교황, 에스파냐의 왕, 피렌체 공작과 기타 독재자들의 물결이 여러 작은 공화국으로 이루어진 이탈리아를 집어삼켰다. 그러나 유럽의 고대국가는 이탈리아에서 가장 잘 보존됐다. 인민의 자유가 침해받긴 했지만 말이다. 이는 아마도 나머지 유럽 전체보다 이탈리아에 훌륭한 공화국이 더 많아서 교회 세력을 적절히 통제할 수 있었기 때문이리라. 또한 신의 섭리와 좋은 기후가 그들에게 부여한 자연적 재치를 잘 활용해서 권력을 쥐면 온 세상을 쥐락펴락할 사람들을 통제할 수 있었기 때문이리라."[14] 하지만 몰즈워스는 이처럼 미약한 희망 외에도, 중앙집권화된 군주국 내부에서 헌정기구들이 지속적으로 반대를 표했음을 보여준다. 그는 당시 프랑스에서 태양왕에 대한 반대가 커지던 것과 같은 상황이 잉글랜드에서도 벌어졌다고 말한다. 당시 프랑스에서는 불랭빌리에, 보방, 부아길베르와 같은 인물들이 태양왕에 대한 반대 세력의 중심부를 형성하고 있었다. 잉글랜드와 프랑스의 상황이 달랐음을 알수 있게 해주는 대목이다. 프랑스 귀족식의 반대는 런던에서 공화주의적 전통과 이신론으로 인해 눈에 띄게 수정됐다. 프랑스의 사상가들에게서는 전제정을 극도로 혐오하고 자유는 열정적으로 사랑하는 몰즈워스의 모습을 찾아볼 수 없다. 몰즈워스는 이미 당대의 정치적 모순들에서 벗어나는 길을 철학과 교육 그리고 반反특권 투쟁에서 엿보았다. 따라서 몰즈워스의 정치적 주장은 이미 계몽사상의 사고방식에 물들었다고 할 수 있다. 그는 유럽에서 자유의 운명을 이와 같이 결론 내린다. "유럽 국가들이 자유롭던 시절에 그들의 정부를 성직자가 아닌 철학자에게 맡겼더라면, 그들은 분명 속박의 멍에로부터 자신을 지킬 수 있었을 것이다."[15] 당대인들은 항상 몰즈워스의 사상이 공화주의에 물들었다고 여겼다. 물론 파리에서는 이와 같은 일은 없었다. 그의 생각에 반대하는 한 사람은 1694년에 몰즈워스가 "인간 본성이 타락한" 끔찍한 사례일 뿐만 아니라, 덕망 있는 철학자의 이름을 성직자보다 높게" 칭송하는 "무신론파"를 개척하기도 한 인물이라고 기록했다. 몰즈워스의 계획은 "반反군주정 기획"이었다. 그가 보인 극단적 성향과 "폭군과 자의적 권력"에 맞서는 열정은 "성인들이 갱생의 대의를 칭송하기 위해 만드는 논리"를 떠올리게 한다. 몰즈워스의 반대자는 몰즈워스가 "왕과 인민 사이의 계약에 대해 많은 이야기를 하고, 이 계약으로부터 제멋대로의 결론을 이끌어내어 많은 사람을 즐겁게" 해주려 한다고 비판하면서, 그가 단지 "공화파 형제" 중 한 명에 불과하다는 말로 글을 마친다.[16]

모이얼과 톨런드는 고대에 대한 공화주의적 해석을 되살리고 활성

화시킨 인물들 중에서 가장 중요하다. 그들은 르네상스 시기 이탈리아의 시민적 인문주의로, 그리고 마키아벨리로 거슬러 올라갔다. 그들은 자신들의 대의에 최대한 많은 수의 라틴 작가들을 가담시키려고 했다. 무엇보다 그들은 우상숭배와 아우구스투스에 대한 관용으로 비난받던 리비우스를 구제하려고 노력했다. 이로써 그들은 17세기에 해링턴으로 막을 내린 오랜 전통을 18세기에 전해줬다. 그들은 우리가 여전히 "아우구스투스 시대"라 부르는 이 시기의 영국인 앞에서 공화주의적 전통을 다양한 방식으로 다시 긍정하고자 했다. 이러한 시대 명칭은 톨런드와 모이얼 같은 인물들이 당시에 겪은 패배를 보여주는 또다른 증거다. 이 패배는 지금까지도 그들을 짓누르는 듯하다.[17]

그럼에도 톨런드와 모이얼이 펴낸 책과 소책자들은 상당한 영향력을 발휘했다. 그들은 당시 사람들이 큰 흥미를 보였던 문제들을 재검토했다. 고대 로마의 민중 정부는 왜 몰락했을까? 모이얼이 키케로와 마키아벨리의 사상과 공식에 따라 설명하기로는, "고대의 덕성과 규율을 되살려서" 본래의 정부 형태로 회귀하려는 동력이 부족했기 때문이었다.[18] 또한 "오해된 자유"가 헌법에 예외를 허용했기 때문이었다. 그와 같은 타협보다는 차라리 노골적인 독재정이 나았을지도 모른다. "다수로 구성된 임시 의회가 법률의 틀 전체를 흔들거나 유예할 수 있는 곳과, 법률이 인민을 지배하는 대신 인민이 법률을 지배하는 곳에서는 어떤 헌법도 존속할 수 없음은 무엇보다 명백하다." 인민과 원로원의 권력 분담도 해결책이 아니었다. 그러한 권력은 누구의 손에 있건 그 자체로 위협이기 때문이었다.[19] 법의 힘은 위험할 만큼 약화되었다. 이러한 쇠퇴를 야기한 원인은 로마 헌법이 가진 몇 가지 명백한 결점들이었다. 불량한 호민관 조직과 검열 조직 그리고 인민의 도덕과 미덕을 유지하는 데에는 훌륭하게 활용되었던 제도들마저도 결과적으로 로마의 쇠퇴를 불러왔다.[20] 쇠퇴가 진행되자, 그 전까지는 자유라는 위대한 울타리를 수호하던 위대한 인물들조차 그 울타리에 맞서 투신했다. 결국 그들이 공화국을 '파괴'했다."[21]

앞에서 살펴본 문제점들은 쇠퇴하는 로마의 운명에 대한 논쟁에서 쉽게 찾아볼 수 있다. 이 문제점들의 범위는 원로원·귀족·인민 사이의 관계에서부터 모든 사람을 규제하고 결집시킬 힘을 한 행정관에게 쥐여주는 일이 필요한지의 여부에까지 이른다. 그렇기에 고대세계에 대한 모이얼의 사유에는 당시 영불해협 양옆의 두 국가에서 나타난 정치적인 고뇌의 색채가 입혀져 있다. 모이얼의 책은 몇 년 뒤에 프랑스에서도 출간되었다. 출간 시기는 혁명력 10년(1801년)이었다. 이 책의 번역자는 달랑베르가 몽테스키외의 『로마인들의 위대함과 몰락의 원인들에 대한 고찰』에 대해 했던 말을 모이얼의 책 『로마정부론』에 대해서도 할 수 있다고, 즉 "로마의 역사를 철학자와 국가 운영자들에게 유용하게 되불러올 수 있다"고 지적했다. 번역자가 다음과 같이 첨언한 것은 유난스럽지만 주목할 만하다. "정작 로마인에 의해 선조가 절멸당한 잉글랜드인이 로마제국에 대한 철학적 성찰을 집필하고 유럽에 심원한 개념을 제공한 최초의 민족이라는 점은 주목을 요한다. 이렇게 피정복자가 정복자의 판관이 되었다." 그는 모이얼이 최초의 판관이며, 이내 기번, 퍼거슨, 몬터규, 혹이 뒤를 이었다고 평했다.[22]

이러한 사상적 전통에 속한 인물들 중 계몽사상 철학자의 유형에 가장 가까운 인물은 톨런드다. 그는 박학다식했으며, 자유롭고 활동적이면서 열정으로 가득한 삶을 살았다. 혼동되고 모순돼 보일지 모르지만 톨런드는 정말로 민중과 함께 살며 사상을 전파해야 한다는 사명감이 투철한 인물이었다. 존 톨런드 안에서 공화주의적 전통은 삶의 방식이자 개인적 독립의 수단이었고, 철학적인 열정을 표출하는 방식이었다. 그는 동료들 사이에서 가장 가난했으며 글을 써서 생계를 유지했다. 보기 드물게 뛰어난 글을 썼고, 총서와 문학 통신의 간행을 기획했다.[23] 그는 또한 가장 세계시민적이었고, 순수학문의 세계에 틀어박히는 것을 단호히 반대하는 인물이기도 했다. 톨런드는 그러한 학자들을 "그들의 종이 낭비를 도와주는 벌레들처럼 쓸모없고 한심한 존재들"이라고 했다. 그는 항상 자신의 착상이 철학적·정치적이고, 자신의 모든 연구가 "사업과 사회, 특히 신과 조국에 봉사하는 데 적합하도록 의도된 것"이었다고 믿었다. 톨런드는 이를 이탈리아어로 작성된 다반차티의 돈에 관한 논문의 영역본에 기록했다. 그는 다반차티를 자신의 스승인 로크와 동급으로 생각했다.[24] 톨런드는 같은 해『신비하지 않은 기독교』를 출간하면서 자신이 "신과 조국에 대한 봉사"에 대해 부여하고 있는 의미가 무엇인지를 공개했다.[25] 이 책의 제목은 의도적으로 독자를 혼동시킨다. 제목에 명시된 기독교는 장차 이신론으로 알려질 종교를 의미했다. 태초의 그리고 원시적 종교는 신비로운 요소를 전혀 갖고 있지 않았다. 그러나 이교異敎와 유대교는 사정이 달랐다. 톨런드는 역사적 현상으로서 기독교가 어떻게 그리고 왜 "신비로운 종교가 되었는지"에 깊은 관심을 보였다. 어떤 과정이 기독교를 지구상의 다른 모든 종교와 유사하게 변하도록 이끌었는지에 대한 관심이었다. 기독교는 왜 두려움에 굴복했고, 진실을 숨기고 신비롭게 만드는 일에나 적격인 사람들의 속임수에 빠졌는가?[26] 이성은 어떠한 신비로움도 용납하지 않는다. "유한한 존재의 앎은 점차 진보한다."[27] 인간을 둘러싸고 있는 신비로움은 단지 습득하지 않은 앎의 영역이었다. 인간이 아직 밝혀내지 않은 경외감과 순종은 그저 미신이자 해로운 편견일 뿐이었다. 톨런드의 사유에서 계몽사상의 초기 정신이 이미 강하게 나타나는 것을 볼 수 있다. 그래서 톨런드는 종교를 그 내부로부터, 즉 단순히 교회 조직이 가지고 있는 권력의 구축물로서가 아니라 신비로움과 교리의 진화로서 이해할 수 있었다. 톨런드가 기독교 기원의 역사, 예컨대 에세네파나 고대 이슬람교와 기독교 사이의 관계에 대한 연구에 새로운 질문 양식을 도입했다는 점은 놀랍지 않다.[28] "어떻게 기독교는 신비로워졌는가"라는 제목을 붙여도 어울릴 법한 그의 책은 단연코 정치적인 저서이기도 했다. 톨런드는 청교도혁명에서 나타났던 민주적 의지를 철학적이고 종교적인 차원으로 격상시켰다. 그는 신비로움에 관해 다음과 같이 결론 내렸다. "일반 민중이 쉽고 명백하고 그들의 능력으로 이해할 수 있는 것보다 오히려 난해하고 이해불가하며 그들의 이성을 초월하는 것에 곧장 믿음을 갖는 것만큼 이상하고 놀라운 일이 있겠는가? 그러나 민중은 성직자와 율법학자들보다 좋은 조언을 해준 예수 그리스도에게 더욱 빚을 졌다. 예수 그리스도가 특별한 방식으로 그들에게 복음을 전파했기 때문이다. 민중은 예수 그리스도의 가르침을 성직자와 율법학자들의 신비로운 강론보다 더욱 잘 이해했던 것이다."[29]

동시대인들은 일찍이 톨런드의 저술이 소치니파와 같은 과거 이단의 조류가 부활한 것처럼 보일 수 있음을 인식했다. 그러나 실상 그의 저술은 새로운 무언가를 표현했다. 그것에는 "이성에 반하거나 이성을 넘어서는" 어떤 것도 수용하지 않겠다는 결심, 일반 민중을 고려하자는 요구, 그리고 정치적 측면을 포함하여 합리적으로 사회를 건설하자는 목표가 있었다. 새로운 이신론은 영국에서 여러 종파와 종교적 조류들과 더불어 존재하고자 했다. 이중 일부는 새로운 이신론을 지지하고 위로했지만, 이신론은 자신을 어떤 종교와도 완전히 동일시하지 않았다. 이신론은 결코 다른 종교들의 조직 형태를 채택하지 않았으며, 오히려 톨런드의 『범신론』에 나온 것처럼 새로운 형태를 추구했다. 이신론은 정식 운동이 될 수 있는 확고한 단계에 결코 이르지 않았으나, 과거로부터 물려받은 다양한 종교적 조류 속에서 꾸준히 이성적이고 "계몽된" 형태를 유지했다.[30] 동시대인들을 정말로 분노케 한 톨런드의 『클리토: 달변의 힘에 기댄 시』에서 이신론의 결의가 나타난다.

> 인간의 시야를 가리는 저 구름들을 걷어내고
> 영원한 빛으로 세상을 축복하라.[31]

바로 이어 톨런드는 정치를 말한다.

> 훌륭한 옛 대의의 승리를 노래하며,
> 민족의 활력을 모두 복원하고,
> 찬탈된 권력을 분쇄하여,
> 공화국을 건설하리.[32]

이처럼 이중적이지만 통일된 목표를 지향한 톨런드의 많은 저술 중에서 가장 성공적이고 효과적인 저작은 아마도 1698년과 1700년에 간행된 밀턴과 해링턴의 전기와 편찬물들일 것이다. 밀턴을 언급할 때, 톨런드는 특히 그의 정치적 삶에 중점을 두었고, 그가 말년에 더 이상 어떠한 종교 조직에도 가담하지 않았다는 사실을 강조했다.[33] 톨런드는 해링턴의 저작들을 편찬하면서 자신의 사상을 그림처럼 잘 보이게 그려냈다.[34] "자유를 신성하게 생각하는 나 톨런드, 1700년. 상업, 노동"이라는 서명 옆에 브루투스, 윌리엄 3세, 모세, 솔론, 공자, 리쿠르고스, 누마의 초상화를 배치한 것이다. 이 초상화들은 고전고대, 종교사에 관한 새로운 관심, 브루투스의 자유지상주의적 행위, 리쿠르고스의 평등주의를 공자의 사해동포주의, 윌리엄 3세 치하 영국의 자유 및 소유와 한데 묶는 기능을 했다. 그는 이 책을 런던 시장에게 헌정하면서 런던을 "세상에서 가장 거대하고 아름답고 부유하고 인구가 많은 도시"이자 그 중심부에 해링턴이 제안한 조직 모형에 따라 런던 영국은행이 설립된 도시라 불렀다. 런던은 "서방세계의 새로운 로마"라 불릴 만했다.[35] 런던에서 톨런드는 만방에 자유를 호소했다. 영국의 공화주의자들은 더 이상 하나의 비밀 종파나 음모 집단이 아니었다. 그들은 모두에게 숨김없이 그들의 사상을 설파했다. 톨런드는 이렇게 썼다. "유럽의 자유를 회복하고 지지하는 지금 이 자유로운 정부와 국왕 치하에서, 자신보다 앞선 어떤 이들보다 정치 지식이 훨씬 뛰어났던 저자[해링턴]를 내가 정당하게 평가하는 것을 기이하게 여길 만큼 극도로 멍청한 사람이 있겠는가?"[36] 그는 "해링턴의 『오세아나 공화국』이 가장 완벽한 공화국의 형태"라고 독자를 설득하고자 했다.[37]

에스파냐 왕위계승전쟁 시기와 그 이후, 유럽의 정세는 마침내 이러한 사상을 영국 밖으로 전파하기에 적당할 만큼 무르익은 것처럼 보였다. 그 임무에 몸을 던진 톨런드는 괄목할 만한 성과를 거두었다. 오스트리아에서 톨런드는 오이겐 대공과 더불어 유별난 외교관이자 자유사상가인 호엔도르프 남작 빌헬름의 관심을 끌었다.[38] 리쿠페라티라는 젊은 학자는 최근에 빈 국립도서관에서 톨런드의 원고들을 발견해서, 톨런드가 유력한 후원자 및 독자들에게 보낸 편지와 함께 그 원고들을 재검토했다. 그 원고들은 톨런드가 유대교와 이슬람교에 대해 써서 오이겐 대공과 빌헬름 남작에게 보냈던 것으로, 제목은 『편견의 기원과 힘』과 『두 개의 역사적·신학적·정치적인 문제』다. 이 원고들에서는 톨런드의 종교 및 정치 사상이 지닌 솔직하고 확고한 관점이 종종 눈에 띈다. 동시에 톨런드는 독일에서도 이와 유사한 친밀함을 얻고자 선제후비 팔츠의 조피 및 라이프니츠와 교류했다. 그는 루이 14세의 프랑스에 맞서고자 신성로마제국과 몇몇 독일 군주가 해상 세력과 맺은 동맹에 대해 이념적 의의를 부여하고자 했다. 그 최초의 결과는 독일에 있는 당대인들의 기록에서 살펴볼 수 있다. 예를 들어 라이프니츠는 톨런드가 밀턴 일대기를 쓸 때 "중용의 덕을 조금 더 가졌더라면" 좋았을 것이라 생각했다. "그는 패기 넘치고 박학다식하지만 감수성이 너무 멀리까지 나아간다."[39] 선제후비 조피는 "모든 것을 내 걸고, 자신에 대해 사람들이 뭐라고 말할지 조금도 걱정하지 않는" 이 사람에게 감탄을 금치 못했다. 그러나 그녀는 잉글랜드에서 톨런드의 평판이 조금도 호의적이지 않으며, 오히려 너무 적대적이어서 그가 잉글랜드로 돌아가는 것이 위험하다고 생각하지 않을 수 없었다. "그는 아르테미스 신전을 불태웠지만 그만 한 명성을 얻지 못했다."[40]

라이프니츠는 1702년 2월 27일에 버넷에게 쓴 편지에서 나름의 정치적 결론에 이르렀다. "지금 잉글랜드인들이 공화국을 세울 수 있다고 생각하는 것은 터무니없어 보인다. 프랑스 또는 부르봉 가문의 힘이 이토록 압도적인 상황에서 잉글랜드가 전제정부로 빠져들지 않는 것만으로도 다행일 것이다."[41] 사실 에스파냐 왕위계승전쟁이 다른 지역에 잉글랜드 이신론의 전파를 가능케 했지만, 공화주의 사상으로의 회귀를 가망 없게 만들기도 했다. 루이 14세의 팽창주의 정책이 지닌 위험은 너무나 컸다. 그래서 영국에서도 군주정은 필수불가결한 것처럼 보였고, 톨런드는 영국에 돌아왔을 때 이를 잘 인지했다. 그는 교회와 국가로부터 빗발치는 비판과 비난, 위협에 시달렸다. 그들은 톨런드를 두고 "거물 공화주의자"라고 집요하게 비난했다. 그는 이교도로 고발당하기도 했다. 곧 논란에서 정치적인 요소들이 중요해졌지만 그는 기분 상하지 않았다. 1702년 톨런드는 어느 때보다 힘찬 글을 담은 소책자 『자유의 대변인, 또는 하원과 그 밖의 기관에 맞서는 톨런드의 변론』을 출간했다. 그는 마치 종교 논쟁을 거의 포기하고, 고되지만 의미 있는 정치투쟁에 집중하려는 듯이 틸럿슨의 구절을 인용했다. "성가시고 짜증나는 논란과 종교에 대한 논쟁으로부터 벗어나, 나는 내 관심사에 더욱 잘 부합하는 무언가에 집중하려고 한다." 톨런드는 잉글랜드에서는 1689년 명예혁명으로 도출된 해결책 이외에 다른 방법이 없다는 점을 결국 인정했지만, 그래도 자신이 공화주의에 동조한다는 사실을 숨기려 하지 않았다. 또한 그는 공화주의자들이 항상 지키기 위해 싸웠던 기본 원칙들 중 일부를 윌리엄 3세 왕정이 반영했음을 인정했다. "나는 지금껏 또한 지금도 모든 정무관이 인민을 위해, 인민에 의해 만들어지며, 정무관을 위해, 정무관에 의해 인민이 존재하는 것은 아니라고 생각한다. 모든 통치자의 권력은 본래 사회가 합의한 데에서 비롯되며, 인민의 안전, 부, 영광의 구현에 국한된다. 그러므로 통치자들은 인민에게 책임을 지며, 한 명이건 여러 명이건 온갖 유형의 폭군들에 저항하고 그들을 처벌하는 것은 정당하다."[42] 이 말이 톨런드가 민주주의를 지지했음을 의미하진 않는다. 톨런드는 민주정이 항상 무질서 상태로 변질될 위험이 있다고 생각했다. 청교도혁명의 다난했던 변천사는 18세기 초에 그 대의를 다시금 천명하려고 했던 사람들을 여전히 강하게 짓눌렀다. 무질서와 독재, 크롬웰과 민주주의는 여전히 달갑지 않게 여겨졌다. 톨런드는 자신이 결코 민주주의를 옹호한 적이 없다고 말하며 "민주정은 공화정이 취할 수 있는 최악의 형태"라고 생각했다.[43] 그러나 그는 공화주의적 유산 및 전통 일체를 활용했다. 당연히 이것은 내적으로 민주정 및 귀족정의 문제로 나뉘었다. 공화주의는 무질서와 과두정의 형태를 모두 취한 바 있다. 그러나 공화주의 정신의 다양한 형태는 부차적인 문제일 뿐이었다. 전제정에 맞선 불굴의 반대가 무엇보다 중요했다. 민주정은 "공화정이 취하는 최악의 형태"일지라도[44] 여전히 "어떠한 전제정보다도 천 배는 나았다." 이처럼 공화정은 과거에 실재했던 역사적 형태로부터 분리되었고, 18세기 초에는 하나의 이상이 되어서 유럽 대륙에 전파될 수 있었음은 물론이고 잉글랜드 군주정과 같은 형태의 군주정 아래에서도 존속할 수 있게 되었다. 공화정은 영불해협 양편의 역사적 배경을 넘어서는 자유의 불꽃이 되었다. 그것은 계몽주의적 유토피아의 씨앗이었다. 여기에서 우리는 정치적·종교적 문제가 평행을 달렸다고 말할 수 있다. 벨은 미신보다는 무신론이 낫다고 말했다. 무신론과 이신론의 차이가 중요한 것이 아니라, 편견에 맞서는 투쟁이 중요했다.

이러한 이상이 윌리엄 3세, 그리고 앤 여왕과 조지 1세에 이르기까지의 군주들과 타협해야 했다는 점이야말로 가장 난해한 정치적 문제였다. 이 세 군주가 정말로 최상의 공화정을 대표했는가? 잉글랜드에서나 대륙에서나 많은 사람이 그렇다고 생각했다. 그렇다면 잉글랜드 공화주의자들은 잉글랜드의 자유와 더불어 민주정·귀족정·군주정이 뒤섞인 혼합정체를 찬미하는 선전의 극좌익이 될 운명이었나? 톨런드는 가능한 한 이러한 노선을 따랐다. 그의 동시대인 중 한 명인 웬트워스는 이미 1710년 8월 18일 동생에게 보내는 편지에서, 소책자 『정파를 통한 통치술』의 저자 톨런드가 "잉글랜드 왕국이 공화국이다"라고 뻔뻔하게 말했지만 생각해보니 그다지 심하게 역설적이진 않다고 적었다. 잉글랜드에서는 "전체의 이익을 위해서 계산된 바에 따라 국왕, 귀족, 평민이 서로를 견제하므로, 왕국보다 공화국이라는 명칭이 더 적절하다 할 수 있다".[45]

처음에는 에스파냐 왕위계승전쟁의 경과가 군주제 전통과 공화제 전통의 합류를 떠받치는 것처럼 보였다. 마치 네덜란드, 베네치아, 제노바가 여태 발견하지 못했던 공식을 윌리엄 3세가 제공한 것처럼 보였다. 그러나 곧 실망스러운 상황이 연출됐다. 브루투스와 윌리엄 3세의 동행 기간은 짧았다. 잉글랜드 공화파의 내분은 갈수록 심각해지고 공공연한 사실이 되었다. 1707년 12월 18일, 몰즈워스는 새프츠베리에게 편지를 보냈다. 편지에서 그는 일관된 정치사상을 형성할 능력을 갖추지 못한 "킷캣 클럽과 정치결사"의 모든 신입 회원이 지배권을 얻기 위해 툭하면 원칙을 바꾸기 때문에 과연 그들에게 자유국가를 맡겨도 될 것인지 의심이 든다며 심각한 우려를 표했다. 일상의 압력을 초월하는 것과 상당한 수준의 지적 독립이 필요했다. "양극단의 악마에게 굴복하지 않은 사람들이 다가올 행복의 초석을 다지는 계획을 수립할 수 있다면, 그것이야말로 영국에게 가장 좋은 일입니다."[46] 섀프츠베리는 분명히 몰즈워스의 호소를 경청했다. 하지만 그 역시 갈수록 정치적인 소란에서 빠져나와 자신의 내부로 들어갔으며 관념과 덕성의 세계로 빠져들었다. "약점이나 결점이라 할지라도 이는 제 성격입니다. 지금은 정말로 제 사생활을 지키고 싶고, 은퇴하고 싶습니다." 1701년 7월 21일 그는 로테르담에 있던 톨런드에게 이렇게 답장했다. 섀프츠베리는 톨런드의 소란스러운 행동에서 예리하게 위험을 포착했다. 톨런드의 사상에는 정치적 음모가 뒤섞여 있어 사상과 음모를 모두 망가뜨릴 위험이 있다고 감지한 것이다. 그는 톨런드가 유럽에서 "매우 귀중한 인물 중 한 명이며, 유럽의 이익이 그에게 달려 있다"고 생각했다. 그만큼 톨런드의 책임은 더욱 컸다. 섀프츠베리는 톨런드에게 "앞으로 당신의 행동에 따라 개신교 세계와 당신을 아는 자유로운 인민 사이에서 당신의 명성과 평판이 크게 달라질 것이다"라고 일깨워줬다. 톨런드와 섀프츠베리가 그 직후 갈라서서 각자의 길을 택했던 것 역시 정치적인 이유에서였다.[47]

그러나 톨런드와 동료들로 하여금 당시의 문화와 특히 정치생활에 공화주의 사상을 도입하는 것이 얼마나 중요한지를 점차 확신하게 만든 것은 18세기 초 네덜란드의 국제적인 성격이었다. 네덜란드에서 톨런드와 그의 동료들은 피에르 벨의 유산을 발견했다. 벨은 몇몇 면에서 자신의 것과 비슷한 삶의 전망을 위해 20년 동안 투쟁했다. 이 위대한 프랑스 망명객은 저항과 폭동의 형식에 맞추어 프랑스 종교전쟁으로 되돌아가는 것을 거부했다. 그는 쥐리외를 비롯한 모든 칼뱅주의·위그노파의 정치-종교적 광신주의에도 반대했다. 벨은 심지어 프랑스를 더욱 근대적인 국가로 만들어야 한다고 주장하여 동료 망명자들로부터 변절자라는 비난까지 받았다. 그는 전통적인 지방자치적·조합적·공화적인 형태보다 근대국가가 더 뛰어나다고 믿었다. 벨의 천재성은 관용이라는 관념을 프랑스와 유럽 대륙의 문화 및 정치의 근간으로 삼으려는 시도로 이어졌다. 그는 더 이상 어떤 개신교적 종교 부흥을 믿지 않았다. 오늘날 학자들이 벨이라는 인물에 많은 관심을 기울였다고는 하나, 그의 이러한 난해한 입장은 아직 제대로 이해받지 못했다. 그가 내밀하게 품었던 종교적 신념이 무엇인지를 밝혀내기 위해 대단히 많은 노력이 이루어졌다. 특히 벨처럼 명석하고 비범했던 사람에게서 그런 것을 끄집어내어 이해하기란 언제나 몹시 어려운 일이다. 그렇다고 해도 벨이 루이 14세, 잉글랜드, 제네바, 네덜란드에 관해 품고 있었던 생각의 중요성은 충분히 조명받지 못한 것 같다. 벨은 17세기 말과 18세기 초에 벌어진 전쟁들이 종교 갈등의 악순환을 다시 불붙이진 못할 것이라 믿었고, 역사는 곧 그가 옳았음을 보여줬다. 물론 낭트칙령은 복원되지 않고 폐지된 채로 남았고, 루이 14세는 망명자들의 귀환을 허용하지 않았다. 또한 네덜란드와 제네바는 살아남았지만 더 이상 정치적·종교적 부흥을 이끌지 못했다. 그러나 루이 14세가 죽자마자 가장 거대한 군주제 국가인 프랑스에서 파리를 중심

으로 관용 사상과 계몽사상이 터를 잡기 시작했다.[48]

1715년 이후에 유럽적 규모로 진행된 이 과정에 톨런드와 섀프츠베리는 근본적 층위에서 참여했다. 그들은 가톨릭교도, 세벤의 산악 민족, 교황파 신학자, 개신교도들이 보여준 종교적 광신에 맞서 싸웠다. 톨런드와 섀프츠베리는 벨만큼 명석하진 못했을지언정 그만큼 정력적으로 풍자와 정치적 열정이라는 무기를 휘둘렀다. 무엇보다 그들은 강력하고 자유로운 사회의 모형, 그리고 폭군정이 아니면서도 효율적인 국가의 모형을 제시했다. 톨런드의 바람처럼, 공화정에 필적하는 군주정을 전파하는 것은 불가능하진 않지만 몹시 어려운 일임에 분명했다. 브루투스와 윌리엄 3세는 유럽 대륙에서도 오랫동안 공존할 수는 없었을 것이다. 그러나 공화주의자들이 품고 있던 이 역설이 빛을 잃은 뒤에도 자유에 대한 강렬한 애착이 남았다. 그것은 잉글랜드의 공화주의적 전통이 싹을 틔운 자유, 유럽에서 군주제가 이룬 것들을 되돌리는 게 불가능하다는 깨달음을 통해 성숙한 자유였다.

이처럼 에스파냐 왕위계승전쟁 시기에 잉글랜드에서 성숙한 사상에 대해 많은 관심을 보인 곳은 프랑스뿐만이 아니었다. 사상은 주로 이신론과 범신론을 통해서, 심지어는 프리메이슨을 통해서도 침투했다. 우리는 앞서 톨런드가 오이겐 대공과 호엔도르프 남작과 교류했음을 보았다. 1712년 톨런드는 호엔도르프 남작에게 그리스도교 역사와 관련된 "새로운 착상"일 뿐만 아니라 "철학적 공식 혹은 예배문"인 『범신론』의 첫 번째 판본을 보냈다.[49] 빈에 머무는 기간 동안 톨런드의 생각은 1723년 이후에 그곳으로 이주한 잔노네의 사상에 큰 영향을 미쳤다. 잔노네는 『교황관』이라는 자신의 책에서 톨런드의 『나사렛』을 계속 생각했고, 톨런드가 말했던 리비우스와 로마의 역사, 그리고 정치와 종교 사이의 관계를 지속적으로 사유했으며, 이런 숙고는 훗날 토리노에서 수감생활을 할 때에도 마찬가지였다.[50] 18세기 초 이신론과 잉글랜드-네덜란드의 문화는 세기 중엽 제노베시와 디산그로의 시대에 남부 이탈리아에 깊숙이 침투했다. 그것들은 로마 교황청에 맞선 투쟁에서 국가 편에 선 잔노네와 다른 이탈리아인들을 거쳐 전해졌다. 톨런드의 이름은 전혀 잊히지 않았던 것이다.[51]

이 사상이 독일에 끼친 영향을 측정하고자 한다면, 트리니우스와 토르슈미트의 위대한 두 역작인 『자유사상사전』과 『자유사상총서』를 읽어보라. 그러면 독일 문화에서 잉글랜드 이신론이 갖는 중요성을 알 수 있을 것이다. 이신론의 영향은 괴팅겐의 새로운 종교문화 학파에서부터 다소간 스피노자의 가르침으로 채색된 범신론 논쟁이 시작되는 시점에 이르기까지, 또한 섀프츠베리가 끼친 위대한 영향에서부터 초기 프리메이슨의 성공에 이르기까지 드리워 있다.[52] 독일 계몽사상에서 언제나 그렇듯, 도덕적·미학적 유혹이 강했던 나머지, 정치적 자유에 대한 영국 사상가들의 요구는 어느 정도 경시됐다. 이 현상을 다룬 역사는 아직 기록되지 않았지만, 18세기 초에 독일에서 잉글랜드의 공화주의자들이 중요했다는 점만큼은 분명하다.

광신과 맞서는 투쟁에서 네덜란드가 중심지이자 사상의 토론장이 된 과정은 잘 알려져 있다. 번역서, 잡지 그리고 잉글랜드 및 다른 유럽 국가 출신의 방문자와 장기 거주자들은 연합주를 로크와 뉴턴 시대 직후의 철학적·과학적 문화의 중심지로 만들었다.

태양왕 사망 이후 프랑스에 이신론과 자유사상이 침투했음을 보여주는 예는 여기서 일반적인 그림을 제시하지 못할 정도로 너무나 많다. 그중 하나만 살펴보자. 1722년에 "에스파냐의 대귀족이자 해군 참사원 의장"인 데스트레 제독은 톨런드의 『범신론』에 호기심을 보였다. 결국 한 부를 구하고서 그는 자신의 사서인 카뮈자를 시켜 데메조에게 "이토록 훌륭한 선물"을 준 데에 감사의 뜻을 전하면서 톨런드의 생애와 저서들에 대해 더 알고 싶어했다.[53] "데스트레 제독 각하께서는 문예가들에 대해 아는 것을 매우 좋아하시며, 특히 잉글랜드의 이신론자들처럼 독특한 사유를 전개한 문예가들을 선호하십니다. 우리는 그들의 저서 일체를 수집하려고 합니다."[54] 카뮈자는 나중에 덧붙였다. "톨런드 씨의 사상은 너무나 비범해서 그의 펜 끝에서 나온 것을 모두 모으는 것은 분명히 큰 정성을 들일만 한 가치가 있다고 생각합니다."[55] 이것은 해협 건너편에서 잉글랜드 사상의 침투력을 생생하게 보여주는 흥미로운 사례다. 또 볼테르와 몽테스키외처럼 더 잘 알려진 사례들도 있다.

지금까지 계몽사상으로 돌입하는 유럽을 빠르게 훑어보았다. 이쯤에서 피에몬테 지방의 귀족인 파세라노 백작 라디카티에 대해 이야기해보겠다. 그는 잉글랜드 이신론으로부터 더욱 거칠고 논쟁적인 요소들을 받아들였다. 라디카티는 소유도, 권위도 없는 세상을 꿈꿨으며, 동시에 영국의 혼합정체에 대한 열의를 보였다. 그는 힘들고 고통스런 망명생활 중에 영국의 혼합정체를 경험했다. 그는 잉글랜드 공화주의자들의 온갖 다양한 요소들을 흥미롭고 독창적인 방식으로 결합했다. 이는 그가 이탈리아에서 절대주의가 가장 강했던 국가 출신이며 또한 자국에서 잉글랜드와의 외교정책에 가장 긴밀히 연관된 인물이라는 점을 떠올리면 더욱더 흥미롭다. 라디카티가 종교적·정치적 반란을 획책하고 곧이어 추방당하던 바로 그 시기에 몰즈워스의 아들이 토리노 궁정에서 잉글랜드 대표직을 수행하고 있었다. 이념적이면서 동시에 정치적인 이 사례의 모든 면면, 즉 이념적 측면과 정치적 측면 모두는 세기의 전환기에 잉글랜드에서 형성된 사상이 유럽 대륙에 침투한 모습을 특히 잘 보여준다.[56]

유럽 대륙으로 시선을 돌려 공화주의 사상과 18세기 관념들의 가닥을 다시 붙잡기 전에, 마지막으로 런던을 살펴보자. 이때 런던은 앤 여왕이 죽고 새로운 왕조가 시작되는 결정적인 시기를 맞이했다. 유명한 비평가·문헌학자·역사가인 벤틀리의 『최근 자유사상 담론에 관한 소고』의 프랑스어판에 실린 흥미로운 역자 서문이 이제 우리를 인도할 것이다.[57] 1738년에 이 번역자는 사건들을 어느 정도 거리를 두고 바라볼 수 있었다. 그는 자유사상의 탄생 문서, 즉 앤서니 콜린스의 저서가 1713년에 출간된 것을 역사가의 입장에서 관찰했다. "의회가 소집되었다. 다시 수도로 인파가 몰렸다. 사람들은 몹시 흥분한 상태였다. 휘그는 자유와 왕국의 종교를 염려했다. 토리는 반대파의 목을 짓밟을 수 있는 기회라면 아무리 사소한 것도 놓치지 않았다. 『사상의 자유』는 바로 이러한 결정적인 시점에 출간되었다."[58] 처음에는 톨런드가 이 책의 저자로 알려졌다. 라이프치히의 『학술지』에도 "소란이 아주 멀리까지 퍼져 외국에서 오랫동안 그 소리가 들렸다"라는 내용이 실렸다.[59] 나중에서야 콜린스가 저자로 인정받았다. 그에게 정치적 폭풍이 몰아쳤다. 콜린스는 휘그에게 강요된 신중함과 토리의 도발적 의도 사이에서 진퇴양난에 빠졌다. 뒤이어 네덜란드, 독일, 잉글랜드의 정치가와 학자들이 가세한 논쟁이 치열하게 전개됐다. 이 논쟁이 끝났을 때 트리니우스는 콜린스를 비판하거나 그의 사상을 논하기 위해 쓰인 책이 적어도 60권은 된다고 집계했다.[60] 콜린스는 일단 잉글랜드를 떠나 헤이그로 피신해야만 했다. 그곳에서 콜린스는 벨의 후계자격 제자인 르클레르 주변의 출판업자 및 작가들과 친분을 쌓았으며, 자신의 저서 『사상의 자유』를 번역하는 작업에 동참했다. "그토록 해로운 책이 외국에까지 알려지게 된 것은 무엇보다도 이 번역 때문이었다."[61] 보다시피 드라마의 극적 요소들은 여전히 마지막 장에 있었는데, 정치투쟁과 자유사상의 태동 사이의 긴밀한 관계, 공화주의 전통에서 계몽사상의 탄생으로 이어지는 통로에서 잉글랜드와 유럽 대륙 사이에 형성되고 있던 새로운 연계가 그것이다.

그리하여 잉글랜드의 정치 안정기가 시작됐다. 전통적으로 이 시대는 여전히 자신의 먼 기원을 드러내는 ["아우구스투스 시대"라는] 이름을 계속 쓰고 있다. 플럼 교수는 최근에 자신이 집필한 책에서 마지막 장의 제목을 "베네치아 과두정의 승리"로 지었다.[62] 좋은 제목이지만, 여전히 몇 가지 의문점이 남는다. 물론 1714년 이후, 특히 1719년 상원 관련 법안이 제출된 시점에 잉글랜드에서는 여전히 베네치아에 대한 논의가 있었다.[63] 그러나 사실 고대 공화국에 대한 논의는 점점 줄었고, 18세기가 지나는 동안 베네치아의 신화는 빛을 잃었다. 월폴 시대의 지배계급이 베네치아의 과두 세력과 일말의 공통점이라도 있다고 믿는 사람은 없었다. 한편으로는 사회 세력의 다양성과 이동성, 다른 한편으로는 정치적 자유라는 관점에서 잉글랜드의 '타협'은 베네치아의 경우보다 훨씬 더 자유롭고 열려 있었다. 그런데 왜 "베네치아 과두정"인가? 이 용어는 디즈레일리의 시대에 일반적으로 사용되기 시작했다. 그 용어에는 향수와 심지어 속물근성이라는 요소까지 가미되었다. 그러므로 "휘그를 18세기에 '베네치아 과두정'을 만든 집단으로 간주하는 디즈레일리는 기이하게도 자기 자신 또한 베네치아에 끌렸다. 그는 기쁜 마음으로 자신을 베네치아인의 후손이라고 생각했다. 또 그는 주인공을 베네치아에서 제일가는 명문가의 후손으로 설정한 『콘타리니 플레밍』이라는 소설을 썼다. 그리고 전기 작가 중 한 명이 말한 바와 같이 디즈레일리가 '낭만적인 화려함에 흠뻑 젖은 해상무역 제국이라는 전망을 얻은 곳'은 베네치아였다".[64] 그는 마치 보수화된 해링턴과도 같았다. 과거로부터 이어진 그림자가 잉글랜드를 18세기 내내 뒤덮었으며, 그 그림자가 활력 있는 새로운 요소들을 시야에서 가릴 위험이 있다. 공화주의 전통의 관점에서 우리는 베네치아 과두정의 경직성보다는 잉글랜드 공화주의자, 이신론자, 자유사상가들이 네덜란드, 독일, 프랑스, 이탈리아에 넓게 퍼져서 벌였던 혹독한 투쟁을 보아야 한다. 얼마 지나지 않아 분명해졌듯이, 공화주의의 유산에서 가장 역동적인 부분은 귀족적 요소가 아니라 자유지상주의적인 요소였다.

3장

몽테스키외에서 혁명까지

18세기 중반 무렵 고대 공화국들은 절대주의 국가들에 비해 주변적 위치를 점하고 있었을 뿐 아니라 역사 그 자체의 변두리에 있었다. 그들의 정치적 중요성은 감소했고, 경제적으로는 예전에 융성하던 상업·제조 중심지들이 돌이킬 수 없는 쇠퇴 단계에 접어들었다. 쇠퇴의 속도와 강도는 장소에 따라, 즉 네덜란드, 제노바, 베네치아, 루카에서 각각 상이했다. 낡은 옛 공화국들은 살아남았으나 점차 유럽의 활력 있는 중심지로부터 멀어졌다. 경제적·군사적 힘이 수렴·대립하는 중심지로부터 멀어진 것이다. 때때로 베네치아처럼 그들은 자신들의 연속성과 영속성을 확신하며 기억과 전통의 애매한 중립지대에서 살았다. 활동이 감퇴할수록 고대 공화국들은 자신들이 다른 유럽 국가들의 불화와 내적 변형을 초래한 난국의 바깥에, 그런 난국을 초월한 채 존재한다는 믿음 속으로 빠져들었다.

이념적으로도, 공화주의 사상은 정치적 차원에서 힘을 잃은 듯했다. 태동하는 계몽사상의 특징들을 몸에 입기 시작한 절대주의 사상·관행에 맞서, 공화주의 사상은 더 이상 대안이 되지 못했다.[1] 정치적 공간뿐 아니라 이론적 공간에서도 공화주의 사상은 당시 우세하던 자연법 체계의 맞수가 아니었다. 그럼에도 공화주의 사상은 살아남아서, 정치적으로는 힘을 잃었다 할지라도, 도덕성과 관습의 영역에서 계속 중요한 것으로 남았다. 공화주의 사상은 활동적이고 즉각적인 사건의 세계 바깥, 갈등과 전쟁 바깥에 있었지만, 몽테스키외가 1748년에 권위 있게 설명한 것처럼 군주국들이 만족시킬 수 없었던 독립과 덕성을 향한 강렬한 애착을 여전히 불러일으켰다. 세기 중반에 "공화국"이라는 단어가 많은 사람의 마음속에서 반향을 얻었지만, 이는 정치적 힘이 아닌 삶의 형태로서 그런 것이었다. 당시의 책과 잡지들을 뒤져보면, 과거가 호출되고 유토피아를 다시 일깨우는 씨앗이 파종되던 그 시기에 공화국이라는 단어가 어떤 의미를 가졌는지를 조사할 수 있다. 근면하고 자부심으로 가득하며 엄숙하고 자유로운 공화국의 상像에 대해서는 찬미와 희화화가 엇갈렸다. 국가조직 형태로서의 공화정이 낡아 보이고 썩어가는 폐허 속에 누워 있을지라도 공화주의적 도덕은 분명 존속했다. 세상은 변했지만 공화주의적 우정, 공화주의적 의무감, 공화주의적 긍지는 살아남았다. 이들은 심지어 군주국의 심장부에서, 절대주의 세계에 완전히 통합되어 있는 듯이 보이는 사람들의 내면 깊은 곳에서도 존재했을 것이다. 볼테르, 디드로, 달랑베르, 그리고 물론 루소까지 포함한 계몽주의 작가들의 마음을 끌었던 것은 공화주의 전통의 이러한 윤리적 측면이었다. 정치적 차원이 아닌 도덕적 차원에서 공화주의 전통은 세기 중반에 파리 백과전서파 사이에서 형성되고 있던 새로운 인생관과 뒤섞였다.

영감은 잉글랜드로부터 왔다. 잉글랜드 공화주의자들의 윤리관을 대륙에 전달하는 데 가장 많이 공헌한 작가는 아마도 섀프츠베리일 것이다. 그는 일찌감치 정치투쟁을 접었다. 사건들의 압력에서 해방된 그는 톨런드, 트렌처드, 몰즈워스 등 동료들에게 영감을 제공한 관념들을 철학적 수준으로 끌어올렸다. 섀프츠베리의 저서 『특징』의 가치는 여기에 있다. 모든 기성 종교에 맞선 그의 이신론적 논증은 동료들의 논증에 비해 덜 가혹했지만, 그렇다고 해서 그의 논증이 결코 덜 정력적이지는 않았다. 그는 혐오감 섞인 호기심을 가지고 종교적 열광의 전통적 형태 또는 광신적 행위를 관찰했다. 그는 그에 맞서 자신이 사회적 열광이라고 부른 새로운 형태의 열광을 지지했다. "사회적 열광"은 완전히 세속적인 사회의 윤리적 동력을 구성하며 전적으로 인간에게 행복을 가져다주는 방향을 지향했다. 그의 우정은 전통적인 것과는 매우 다르며, 사회의 맥락에 비추어 자연스러운 관계를 형성하는 데 목적이 있다. 이 경우에는 다른 많은 경우에서처럼 우리가 전통적 형태의 우정에 의해서든 아니면 카시우스, 브루투스, 에파미논다스, 펠로피다스에 대한 회고에 의해서든 결코 잘못된 길로 이끌리지 않는다. 이러한 우정이 놓여 있는 상황은 다르고 새롭다. 그 우정은 법과 종교를 초월한 곳에 존재하고, 국가·부·의례가 아무런 역할을 하지 못하는 현실 속에 뿌리를 둔다. 섀프츠베리의 애국심 또한 마찬가지로 특별해서 기독교와의 본질적 연결고리를 일체 갖지 않았다. 그의 애국심은 명백히 자선과 달랐고, 자신이 나고 자란 지역에 대해 느끼는 사람들의 본능적 애착에도 반하는 것이었다. 그는 이런 애착이 "편협한 정신"의 열정이고 "모체에서 뻗어나온 단순한 이상 생성물 또는 곰팡이"의 열정이라 보았다.[2] 새로운 애국심은 세계시민적이고 자유와 불가분하게 엮여 있었다. 이제 애국심은 자유 없이는 생각할 수 없는 것, 최소한 자유 없이는 매우 부조리한 것이었다. 오직 "진정으로 나라를 갖고, 자유와 독립을 보장하는 실질적인 헌법과 정책의 행복을 누리는, 인민이라 불릴 만한 것에 속한 사람"만이 애국심을 느낄 수 있다. 모든 종류의 절대 권력은 진정한 애국심의 기반 자체를 부정하고 파괴한다. "절대 권력은 공적인 것을 무화시킨다. 공적인 것이 없는 곳 또는 헌법이 없는 곳에서는 사실상 조국도, 민족도 없다. (…) 단일한 수장 아래 있을지라도 무력에 의해 모인 다중은 정식으로 통합된 것이 아니며, 그런 무리가 인민을 구성하지도 않는다. 공동체의 구성원들을 결합시키는 어떤 공동선 또는 공동 이익에 토대를 둔 사회적 맹약, 연합, 상호 합의가 인민을 구성하는 것이다."[3] 이제 열광, 정념, 윤리의 측면에서 볼 때 애국심이라는 단어는 고대 공화국에서 자신을 인민이자 민족으로 인식했던 사람들이 평등·자유라는 단어로 인식하던 것과 동일한 의미를 지니게 되었다. 정치적·헌정적 차원에서는 이제 주권의 소재·한계·구성에 대한 논의가 더 이상 중요하지 않게 되었다. 애국심이 자극한 독립·자유·평등의 감각을 느끼고 되살려내야 한다. 새로운 애국심에는 유구하고 풍부한 전통이 있으며, 그것은 누구나 이해할 수 있고 이해해야만 하는 방식으로 제시된다. 그것은 보편적으로 인간적이고 세계시민적이다.

영웅이란 무엇인가에 대한 섀프츠베리의 생각을 살펴보아도 비슷한 결론에 도달하게 된다. 그는 개인과 공동체의 완전하고도 즉각적인 동일시가 영웅주의라고 믿었다. 영웅주의와 박애주의는 점차 같은 뜻을 갖게 되었다. 위험에 처하거나 전쟁에 돌입하면, 우정은 희생을 수반한다. 그러나 섀프츠베리가 언급하듯이, 이 인류의 벗은 아주 쉽사리 고집불통으로 바뀔 수 있다. 해방자는 갑자기 압제자·파괴자가 될 수 있다. 새로운 열광은 낡은 열광으로 다시 추락할 수 있다. 새로운 세기로의 진입을 앞둔 사람들에게, 이것은 청교도혁명의 또 다른 교훈이었다.[4] 이처럼 섀프츠베리는 애국심, 우정, 영웅주의에 대한 그의 사상을 전파했다. 그것은 아이러니, 비판, 객관적 추론의 요소들과 섞여 있었다. 그는 이러한 다양한 형태들을 덕성을 향한 단일한 열정으로 묶어냈다. 덕성의 고전적·플라톤적 형태들에 눈이 가리어 그것의 근대적·정치적 내용물을 보지 못해서는 안 된다.

디드로는 1745년에 『도덕철학의 원칙들 혹은 우수성과 덕성에 대한 섀프츠베리 씨의 논고』를 출간했다. 그는 세기 초에 갑자기 유명해졌다가 점차 대륙에서 잊혔던 잉글랜드의 이신론자를 재발견했다. 또한 그는 영국 자유사상과 프랑스 백과전서주의 사이에 가장 단단하고 튼튼한 다리를 놓았다. 이는 1년 뒤인 1746년에 그가 『철학적 사색』을 출간할 즈음에 이미 명확해졌다. 이 글들은 저 잉글랜드 작가의 글 여백에 쓴 주석이라고 봐도 무방하며, 인간을 억압하는 모든 것으로부터 인간을 해방시키려는 열정에 강력하게 호소했다. 이리하여 디드로와 그 동료들의 글이 쏟아져나오기 시작했다. 이는 10년도 지나지 않아 루소의 『인간 불평등 기원론』에서 절정에 달한다.[5]

당대의 명석하고 독립적인 증인들 중 한 명인 다르장송 후작의 일기는 1745년과 1754년 사이에 프랑스에서 공화주의가 발효되고 있었음을 확인해준다.[6] 오스트리아 왕위계승전쟁 말기에 유럽 전반에 퍼진 불안에서 프랑스도 예외가 아니었다. 우리는 이미 제노바 봉기를 다루면서 이를 확인한 바 있다. 불안은 단순히 마쇼 다르누빌에 의한 유명한 재정 개혁 시도를 둘러싸고 군주와 헌정기구들 사이에 벌어진 갈등을 재개하고 강화하기만 한 것이 아니었다. 그것은 또한 더 모호하면서 잘 확산되는 성질을 가진 불만과 반란의 형태를 취했다. 다르장송 후작은 이를 묘사하려고 시도하면서 그것을 "공화주의적"이라고 부를 수밖에 없다는 사실을 깨달았다. 1747년 12월에 이미 그는 "요즘 사람들이 군주에게 거의 애착을 갖지 않는다는 점을 고려할 때, (⋯) 가난하고 버림받은 프랑스는 어떻게 될 것인가"를 염려하고 있었다. 따라서 프랑스 사회를 세밀하게 관찰하는 사람들의 놀란 시선들 앞에 하나의 가능성으로서의 새로운 실체가 모습을 드러내고 있었다. "공화제 정부를 향해 발걸음을 내딛자고 감히 제안할 사람이 있을까?" 그러나 여전히 그의 대답은 부정적이었다. "나는 민중에게서 어떠한 소질도 찾지 못했다. 예속 상태에 길들여진 귀족, 영주, 법원들은 공화제 정부를 결코 생각해본 적이 없으며, 그들의 정신은 그로부터 몹시도 멀다. 그럼에도 이 사상은 도래했으며 그 풍습은 프랑스인들 사이에 빠른 속도로 퍼져나간다."[7] 5년 뒤인 1752년 6월에 그는 이미 그런 견해들이 "잉글랜드의 이웃들에서" 얼마나 진보하고 있는지 관찰하고 있었다. "프랑스는 전제정치로 인해 강성해질 것인가, 쇠약해질 것인가?" 그는 프랑스가 성장하지 않을 것이라고 말하고, 프랑스가 자유와 "심지어는 공화주의를" 향해 진보하고 있음을 확신한다고 선언했다. "나는 내 생애 동안 왕정에 대한 인민의 존경과 사랑이 식는 것을 목격했다." 루이 15세는 폭군이 되는 법도, "공화국의 좋은 수장"이 되는 법도 몰랐다. "이 역할도 저 역할도 못한다면 국왕의 권위에 불운한 일이다."[8] 같은 해 9월, 모든 개혁 시도가 실패로 돌아간 후 그는 이제 자신이 다음의 사실을 확신한다고 말했다. "우리 절대군주제 정부에서 비롯된 모든 악은 마침내 프랑스 그리고 유럽 전체에서 절대군주제가 가장 나쁜 정부 형태라는 점을 보여주는 데에 이르렀다. 이를 믿게 된 철학자들은 무정부 상태가 차라리 더 낫다고 주장하는 말만 듣는다……."[9]

다르장송은 자기 나라와 유럽을 잘 알았다. 그는 『프랑스의 옛 정부와 현 정부에 대한 고찰』에서 프랑스와 다른 유럽 국가들의 서로 다른 정부에 대한 전체적인 그림을 그렸다. 이 글도 자필 원고로 남았다. 그의 일기들처럼, 이 글은 지배계급 사이에서 점점 더 심각하게 받아들여지고 있던 재평가에 관한 비밀문서였다.[10] 다르장송은 공화국들이 만들어내고 유지할 수 있었던 공공 정신에 대해 커다란 감동을 느꼈다. 그는 사적인 것이건 국가에 의한 것이건 공화국들의 뛰어난 경제적 성과에 주목했다. 그는 공화국들의 번영을 만들어낸 자치의 여건을, 프랑스가 민주적 군주제 형태에 도달하기 전까지 절대주의 국가들에 이식할 수 있고 그래야만 한다고 판단했다. 그는 크롬웰이 찬탈했던 국가 보호자의 자리를 국왕이 취해서, 국가를 국왕의 보호를 받는 공화국으로 탈바꿈시켜야 한다고 생각했다. 루소가 자신의 유명한 『인간 불평등 기원론』으로 상을 받은 바로 그 디종 아카데미 대회에 다르장송이 제출한 논고에 나오듯이, "삼부회 지방과 시 자치체들은 군주국 내에서 일종의 피보호 공화국들이다." 그들이 군주와 맺는 관계는 잘 구성된 모든 사회에서와 마찬가지로 "자유와 평등"의 관계여야 했다. 지적 자유는 필수였으며 평등은 정치적으로 더 중요했다. "따라서 입법자들이 평등 원칙을 채택한다면 대지의 모습이 바뀔 것이다."[11]

그러나 세기 중반에 어떤 힘이 나라를 그런 길로 이끌 수 있을 것인가? 다르장송은 두 가지 힘을 지적했다. 하나는 고등법원이었고, 다른 하나는 철학자였다. 실제로 양자 모두 수십 년 동안 이어지는 운동을 주도하게 된다. 헌정기구들과 새로운 지식인 세력은 서로 주도권을 잡기 위해 다투었다. 전자는 군주정의 구조 내부에서 주도권을 잡으려고 했고, 후자는 외부를 향해 더욱더 적대적 입장을 취했다. 헌정기구들이 다시금 왕국 고래의 신화적·법률적 헌법에 호소한 반면, 지식인 세력은 새로운 계몽사상 관념들로 더 큰 일관성을 갖고 스스로를 정당화하려고 했다. 이미 1751년 『백과전서』 제1권에 이 새로운 정치사상의 선언문이 들어 있었으니, 그것은 바로 디드로가 쓴 「정치적 권위」라는 항목이었다. 고등법원 내에 있던 반대 세력의 구성원들뿐만 아니라 사회에서 일정한 역할을 맡기 시작한 "계몽된" 여론의 제작자들까지 이것을 읽었다. 디드로는 군주정에 많은 양보를 했지만, 명백하게 잉글랜드 모형에 따라 다음과 같이 결론 내렸다. "군주들은 왕위·정부·공공의 권위의 이용자·수행자·보관자에 불과하며, 그것들의 진정한 소유자는 국민이라는 정치체다. (…) 어디에서나 국민은 자신이 맺은 계약을 그대로 유지할 권리를 갖는다. 어떠한 권력자도 그 계약을 바꿀 수 없으며, 만일 계약이 더 이상 존재하지 않게 되면 국민은 자신이 뜻하는 바대로 계약을 새롭게 체결할 권리와 완전한 자유를 가진다……."[12]

몇 년 뒤인 1754년에 루소는 『인간 불평등 기원론』을 펴냈다. 이 글은 당시 최신 사상과 공화주의 전통 사이에 새로운 관계를 탄생시켰다. 제네바의 탕아, 루소는 잃어버린 자신의 고향을 되찾은 듯 보였다. 그는 제네바로 눈을 돌렸고, 그 도시의 긴 과거와 자신을 공개적·과시적으로 연결했다. 그런 다음, 루소는 자신의 정치사상이 도달한 급진적 결론들을 전개했다. 그는 자신의 "공화주의적 열의"로 인해 제네바의 과거 중 일부만이 아니라 그 유산 전체를 받아들였다. 거기에는 제네바를 다스리는 특권적 도시귀족이, 즉 "관후하고 지극히 영광스러우며 지상권을 갖는 귀족들"이 포함되었다. 루소는 자신을 "제네바의 시민"이라 불렀고, 심지어 바로 뒤에 "덕성스러운 시민"이라 덧붙였다. 그는 자신이 정치권력을 보유하지 못하지만 그럼에도 애국적인 계급에 속한다고 밝혔다. 그는 제네바에서 태어나지는 않았지만 자신의 선택에 따라 그곳에서 살았다. "내가 내 출생지를 선택할 수 있었더라면." 그가 감응한 것은 자기 나라에 대한 사랑이 아니라 "모든 개개인이 서로를 아는 국가"에 대한 열정이었다. "서로를 직접 보며 알고 지내는 이 유순한 풍습은 땅에 대한 사랑보다 조국에 대한 사랑을 만들어낸다." 그가 찾는 것은 시민사회와 정부가 서로 구분되지 않고 통치하는 자와 통치받는 자가 같아서 "인민과 주권자가 동일한 사람인" 나라였다. 그 나라는 "현명하게 절제된 민주정부"이며, 법치가 이루어져서, 총독들 개인의 정치적 욕망이 통치하며 전통이 모든 것이고 개인은 아무것도 아닌 나라와는 대조를 이룰 것이었다. 사람은 공화주의자로 '태어나고' 공화주의자로 살아가는 것이지, 공화주의자로 태어나지 않은 사람이 공화주의자가 '될' 수는 없었다. "그래서 나는 내 조국으로 삼기 위해 아득한 옛날부터 존재한 행복하고 평온한 공화국을 찾았다."
이것은 공화국이 팽창하고 정복하려는 유혹, 국경선을 바꾸려는 유혹, 인민과 행정관들 간의 내부 대립의 위험을 감수하려는 유혹 등을 모두 뿌리칠 수 있는 유일한 방법이었다. "행정관들의 미덕"과 "인민의 현명함"은 "중용의 증거, 상호 존중의 증거이자 솔직하고 한결같은 화해의 징조이며 보증인인 법률에 대해 양 당사자들이 공통으로 보이는 존경의 증거다". 그래서 루소는 당시 한 제네바인이 "더없이 귀중한 서한"이라고 말했던 글을 계속 이어나갔다.[13] 그 글은 실제로 계몽주의 정치사상 자체의 핵심에 공화주의 전통을 삽입하려는 단호한 의지를 가장 기이하고 역설적으로 지지하는 증거 중 하나였다. 그 조우는 분명 쉽지 않은 일이었다. "옛 최고감독관"인 뒤팡은 이렇게 말했다. "사람들은 당신이 우리를 너무 과도하게 칭찬한다고 생각합니다. 당신은 우리의 현재 모습을 보여주는 게 아니라 우리가 되어야 할 어떤 것을 우리에게 보여줍니다."[14]

루소는 자신이 바친 찬사를 제네바가 정중하게 그러나 차갑게 받아들였다고 결론 내렸다. 그는 최고로 고조된 공화주의적 열광 속에서 재발견하기를 원했던 조국을 다시는 보지 못할 것이었다. 또 다른 동시대인인 포르메이는 루소가 제네바 쪽을 바라보았으나 실제로는 유토피아를 보았다고 평가했다.[15] 그러나 루소의 정치사상의 원천 중 하나는 바로 이 현실과 전망의 대조 속에, 즉 유구한 제네바 헌법이 살아남았다고 보고 거기서 이상적 공화국을 발견하려는 욕망 속에 있었다. 이것은 루소의 『사회계약론』과 『폴란드 정부론』의 정식화를 도왔다. 그 스스로도 말했다시피, 절대주의에 굴복한 나라에서 공화주의의 형태 및 감성을 소생시키는 것은 불가능했다. 프랑스에서 그러한 시도는 모두 역설적으로 보일 수밖에 없었다. 그러나 그 시도는 정확히 디드로 같은 사람들이 18세기 중반에 이루려고 했던 일이었다. 타락한 인민이 덕성으로 되돌아가는 것이 가능한가? 루소는 불가능하다고 답했다. 그는 자신이 절대주의의 지층들 아래에서 발견한 화석을, 희망을 불러일으킬 수 있는 이상적 모범으로서 제시했다. 그는 더 공정하고 더 자유로운 국가의 흔적이 그 화석에 보존되어 있다고 생각했다. 이론상으로는, 덕성으로 되돌아가는 것은 자연 상태로 되돌아가는 것만큼이나 불가능했다. 그러나 모두에게 친숙하고 프랑스 국경선에 접해 있는 가까운 사례가 있었으니, 바로 제네바가 공화주의의 이상이 소멸하지 않았음을 증명할 것이었다. 제네바는 군주와 정복자들의 정치적 의지에 대한 적수가 없지 않다는 점을, 여전히 대안의 가능성이 남아 있다는 점을 증명할 것이었다. "시민들의 행복을 위해 그리고 다른 모든 인민에게 본보기로서, 그토록 현명하고 행복하게 설립된 공화국이 언제까지나 살아남을 수 있기를 바랍니다. 형평, 중용, 가장 존경할 만한 의연함이 당신들의 발걸음을 이끌고 당신들 속에서 용맹하고 검소하며 자신의 자유만큼이나 영광도 소중히 여기는 한 인민의 전범을 전 세계에 보여주기 바랍니다."[16]

만일 루소의 이 호소의 의미를 이해하고 싶다면, 우리는 철학자들 사이의 관계를 살펴보아야 한다. 몇 안 되는 이 자유롭고 평등한 인물들은 인생의 가장 떠들썩하고 비옥한 나날을 살고 있었다. 1752년의 위기는 끝났다. 위대한 사전 편찬 작업은 재개되었다. 달랑베르가 그들을 유력자, 후원자 그리고 사회·정치 권력들이 가하는 외부의 위협으로부터 지켜주었다. 그들은 디드로에게서 영감을 얻었다. 이 집단을 이해하기 위한 실마리로, 고향인 가론을 떠나 파리에 도착한 지방 출신의 한 젊은이의 운명을 따라가보기로 하자.[17] 그는 위대한 동향인인 몽테스키외의 추천장을 소지했다. 그는 매우 독실한 신자였으나 종교적 위기를 겪고 난 뒤 철학자들의 사상을 흡수하려는 열정을 품게 되었다. 들레르는 22살에 "다른 도시들의 최하층과 최상층이 모두 공존하는 이 도시에 도착했다. 파리의 군중은 끔찍한 고독에 잠겨 있는 무명의 이방인에게조차 불쾌하게 느껴졌다. 파리에서는 혐오, 권태, 우수가 무일푼의 시골뜨기를 기다리고 있었다".[18] 파리에 대한 반감 그리고 그를 둘러싸고 있는 부패에 대한 두려움과 경멸이 그로 하여금 마치 살아가는 게 가능한 유일한 세계인 이상적인 도시를 향해 걸음을 옮기는 것처럼 철학자들을 향해 걸어가도록 만들었다. 거기서 그는 "인간 불평등 기원론을 쓰고 있던" 루소를 만났다. 그는 루소가 "가장 심원한 슬픔 속에 잠겨서 한순간 스피넷으로 다가가 조율을 하거나 비장한 곡조를 잠시 연주하는 것을 보았다. 그러고서 루소는 자신의 악기를 눈물로 뒤덮고, 영혼의 낙담에서 해방되어 일어났다".[19] 들레르를 디드로에게 소개시켜준 사람은 루소였다. 디드로는 『백과전서』에 들레르의 글을 두 편 실었다. 그 글들은 몹시 특징적이었다. 하나는 애덤 스미스에게 분업 묘사의 가장 유명한 사례를 제공한 「핀」이었다. 다른 하나는 「광신」으로, 이 글은 모든 형태의 기성 도덕률에 대한 섀프츠베리와 디드로의 반대를 더욱 발전시켜 반反종교적 감성에 정열적으로 호소했다. "만인의 행복을 바라는 당신, (…) 당신은 땅 위에 인류의 정신을 뿌립니다……." 들레르는 종교적 광신을 "애국자의 광신"에, 그리고 시민적 덕성을 교회법상의 덕성에 대립시켰다. "고도의 열정 없이는 위대한 것을 만들어낼 수 없다. 열정은 목표를 키우면서 희망 또한 부풀리고, 그 가치와 의연함이 놀랄 만큼 굉장한 천재들을 낳는다." [20] 1755년에 그는 베이컨에 대한 "계몽된" 해석인 『국새상서 프랜시스 베이컨의 철학에 대한 분석』을 출간했다. 1년 뒤 그는 『프레롱 씨의 기사에 대한 비평』에서 디드로와 루소의 사상을 재치 있게 옹호하며 덕성과 사회에 관한 디드로와 루소의 대화를 이어나갔다. 이처럼 들레르는 백과전서파 집단의 활동적이고 신념에 찬 일원이 되었다.

디드로와 루소의 대화가 투쟁으로 발전하여 결국 말다툼이 되었을 때, 이것이 들레르에게 어떤 의미였을지는 누구나 알 수 있다. 주변의 모든 것이 무너져내린 것처럼 보이는 순간, 그가 어떻게 살 수 있었겠는가? 『백과전서』가 그에게 제공했던 반란과 진보 사이의 접점, 폭력과 설득 사이의 접점이 사라지고 있었다. 그의 눈앞에서 "우애의 숭고함"은 상호 비난이라는 쓰라린 폭력으로 변해버렸다. 들레르는 1758년 10월 28일에 루소에게 설명했다. 그 둘은 이제 철학자들이 자유롭고 평등한 인간들로 이루어진 이상적인 인간 사회를 체현할 수 없다고 판단했고, 철학자 집단에 대해 그들이 느낀 이런 실망이 이제는 주변 세계에 맞서는 그들 공통의 반란의 원인이라고 말이다. "왜 다시 철학자들을 맹렬하게 비난할까요? 제가 몇 차례 독신자들과 신학자들을 비난했던 것과 같은 이유에서입니다, 그렇지요? 즉 당신도 저처럼 틀렸다는 겁니다. 친애하는 시민이여, 바로 그 사실이 저를 죽이는 것입니다. 만일 당신이 올곧고 정의로운 영혼을 찾을 수 없다면 대체 누가 그런 영혼을 만날 거라고 자신할 수 있겠습니까?" [21]

가능한 길은 오직 망명뿐이었다. 들레르의 비관론은 점점 더 심해졌다. 그는 10년 동안 새로운 길을 모색하며 유럽을 떠돌았다. 그는 오스트리아에서건 이탈리아에서건 자신이 부닥치게 된 상황들을 비판함으로써 자신이 탐구하고 있는 것을 표현했다. 그는 떠오르고 있던 반란 모형들을 칭송했다. 그가 파르마에서 보즈웰에게 이야기한 파올리의 사례도 그중 하나였다. 루이 15세 재위 말기에 모든 프랑스 지식인을 사로잡았던 [코르시카 반란이라는] 위기에 들레르도 참여했다. 게다가 그는 이 감정과 생각을 다수의 동시대인보다 더 효과적인 정치 형태로 표현하는 데 성공했다.[22] 1756년에 이미 그는 디드로가 「정치적 권위」 항목에서 너무 많이 양보했다고 생각했다. "이 글은 시작과 끝이 서로 들어맞지 않는다. 자신이 적절하게 다룰 수 없는 문제를 건드리면 안 된다." 그는 디드로가 "야심차고 정의롭지 못하고 폭력적인 왕들에 맞설 해결책이라고는 순종과 탄원뿐이라고" 쓴 것을 더 이상 용서할 수 없었다. 그는 "강건한 정신이 나약함을 보여줄 때, 그 정신은 자신의 작품을 해친다"고 결론지었다.[23] 우리는 이로부터 적어도 일부 백과전서파 인물들에게서 정치적 급진화 과정이 빠른 속도로 진행되고 있었음을 알 수 있다. 절대주의 전통에 대해 경의를 표하는 것은 1751년에만 해도 정상으로 보였으나 1756년에는 의분을 불러일으켰다. 2년 뒤인 1758년에 자발적 유배 상태에 처해 있던 들레르는 『백과전서지』에 「이 세기의 습속에 대한 한 공화주의자의 생각」이라는 글을 기고했다. 이 글은 그가 도달한 결론이 드러난 진정한 선언문이었다.[24] 그의 사회적 항의는 도덕적 항의와 긴밀하게 연결되어 있었다. "당신은 내게 궁궐, 입상, 해석된 예술, 완벽에 가까워진 과학을 보여준다.

그러나 나는 한숨 소리를 듣는다. 불행한 사람 10만 명이 이 헛된 지복의 외양에 근거해 자신의 불행을 거부한다. 그렇다면 우리의 철학은 무엇이란 말인가?" 들레르는 동전의 뒷면을 보았다. 그는 사치를 점점 더 증오하게 되었다. 사치는 단지 불의일 뿐만 아니라 자유에 대한 점증하는 위협이었다. 종국에는 부자가 빈민을 짓뭉갤 것이었다. "시민적 예속 상태는 곧 정치적 예속 상태로 이어진다." 예나 지금이나 폭군에 대한 반란은 말할 나위 없이 정당했다. 포르세나에서 브루투스까지, 고전 시대의 회고가 그의 기억을 가득 채웠다. 인민을 전쟁과 재난으로 몰고 간 것은 왕들이었다. 그렇다면 어째서 그들이 그 결과에 대해 몸소 책임지지 않는단 말인가? "혹시라도 내 조국이 포위당한다 치면, 나는 내가 저 용감한 무키우스를 흉내 낼 용기를 갖추었다고 결코 단언할 수 없지만, 감히 그렇게 하는 사람을 마땅히 매우 위대하게 여길 것이다."

들레르는 프랑스의 군주를 직접 자신의 손으로 어떠한 망설임이나 주저함도 없이 칠 운명이었다. 그는 국민공회에서 루이 16세 사형에 찬성표를 던졌다.[25] 그날 그는 이렇게 말했다. "왕들은 사회성이 없고 자연의 외부에 있는 존재들이다. 직접 그들의 말을 들어보라. 그들은 자신의 권위를 신에게서 끌어낸다. 왕들이 자신을 다른 종이라고 생각하는 한, 그들을 당신과 같은 부류로 간주하지 마라." 국왕과 인민 사이의 싸움은 조금도 법률적·형식적인 것이 아니었다. 디드로와 루소가 가르쳤듯이, 들레르에게는 그 싸움이 전능한 자연과 인간의 비열한 날조 사이의 충돌이었다. "뭐라고! 지구를 측량하고 천체를 계량하던 사람이, 바람을 길들이고 바다를 건너던 사람이, 즉 자연계 전체를 지배하던 사람이 자기 종의 가장 저열한 존재의 발아래 굽신거릴 정도로 낮아졌다고!" 그의 삶 전체가 이 연설과 저주에 요약되어 있다. 심지어 젊은 촌뜨기로서의 경험도 녹아 있다. "파리여, 황금과 피의 도시여, 너는 언제 벽돌이 되려느냐?"

1758년부터 1793년까지, 「한 공화주의자의 생각」에서부터 단두대까지 35년이 흘렀다. 들레르의 고독한 여정은 한 단계씩 따라가볼 가치가 있다. 우리는 철학자를 자코뱅으로 변모시킨 저 사유의 축적을 보아야 한다. 그의 반감 또는 반란을 볼 때, 그의 애수 또는 단념을 볼 때, 그의 경험 하나하나가 우리를 백과전서파 세계의 숨겨진 길모퉁이로 이끈다. 우리는 루소와 디드로 사이, 『사회계약론』의 프랑스와 베카리아의 이탈리아 사이의 차이·모순과 만나게 될 것이다. 이는 혁명의 발발로 이어졌다. 성난 감수성과 세계시민적 문화로 무장한 들레르의 사례는 당대에도 보기 드물게 강렬한 변화과정을 보여준다.

들레르는 항상 "억압 한가운데로부터 자유가 탄생할 것이라고" 믿어 의심치 않았다.[26] 폭정은 종국에는 지식인들의 사상만 가격하고 상처주는 것이 아니라, 그보다 훨씬 더 깊고 넓은 어떤 것, 즉 보통 사람들의 가장 기초적인 감정들을 해칠 것이었다. 그날이 오면 폭정의 편에는 아무런 희망도 남지 않을 것이었다. 덕성이 문제가 될 때, 절대주의가 분노를 느낀 자들의 원한을 마주하게 될 때, 보통 사람들의 반란이 시작될 때, 그 어떤 것도 전제정을 구하지 못할 것이었다. "왜냐면 덕성은 잔혹성에 이를 때까지 격해지고 분노하기 때문이다. 카토와 브루투스는 덕성스러웠는데, 그들은 자살 또는 카이사르의 죽음이라는 두 가지 위해 중에서 하나를 선택하는 수밖에 없었다."[27]

들레르는 루소에서 상퀼로트로 이어진 심리적 기제를 탁월하게 묘사한다.[28] 이는 특히 그가 경제적 삶의 영향 아래 당시 덕성이라는 관념 자체가 변하고 있음을 잘 알고 있었기 때문이다. 고대 공화주의적 절제의 시대는 갔다. 바야흐로 시대는 새로운 도덕성, 그 바탕에 최우선적인 욕구로서 새로운 이익에 대한 욕구가 깔려 있는 그러한 도덕성을 요구했다. "공화주의자들이 덕성으로 실천하는 검소함을, 제조업자들은 탐욕으로 지켜야 한다."[29] 고대적 도덕성과 새로운 도덕성, 전통적 관습과 근대적 관습의 이러한 뒤섞임은 점차 더 많은 사람에게서 그 어느 때보다도 통렬하고 폭력적인 반동을 초래했다.

혁명이 터졌을 때, 들레르는 새로운 상황과 철학자들의 사상이 공통점이 많다고 느낀 사람들 중 하나였다. "자유는 무덤의 문을 두드리러 갔다. (⋯) 몽테스키외, 볼테르, 루소, 디드로가 깨어났다. (⋯) 보라, 프랑스와 세계를 밝힌 불빛들이여, 여기 그대들이 예견하고 준비했던 쇄신의 시대가 왔다. (⋯) 그대들이 알지 못하는 사이에 그대들을 위해 그들이 획득한 이 자유를 지키기 위해, 단 하루만에 무장하기라도 한 것처럼 동시에 무기를 든 저 수천 명의 사람들을 보라. (⋯) 세계사에서 유일무이한 이 기적을 축복하라."[30] 초기의 커다란 회의에도 불구하고, 그리고 루소가 그 가능성을 부정했음에도, 공화주의적 덕성은 절대주의 프랑스에 뿌리를 내렸다. 들레르가 1797년에 사망하자 『철학순보』가 낸 부고의 표현대로, 그는 "감성에서도 원칙에서도 공화주의자였다". 그는 백과전서파 선배들로부터 흡수한 사상에 점점 더 정치적이고 열정적인 형식을 부여했다.[31]

18세기 중엽 파리에서 들끓던 감수성과 태도가 혁명에서 정점에 이르기까지, 우리는 들레르의 사례를 따라 먼 길을 걸어보았다. 그러나 철학자들과 공화주의 전통 사이의 관계는 분명히 다른 차원에서도 살필 수 있고, 살펴야 한다. 잃어버리고 상처받았다가 회복한 덕성의 차원이 아니라, 헌정적 형태의 차원, 계몽주의 정치사상과 18세기 후반에도 잔존하던 공화주의적 제도 사이의 접촉·대립의 차원에서 그 관계를 살펴야 한다. 따라서 우리는 '평등'과 제네바 도시귀족 사이의 화해를 추구한 루소에게로 돌아가야 한다. 우리는 1760년대 초 제네바의 기존 지배 세력인 도시귀족 '거부파'와 새로운 질서를 추구한 부르주아 '대표파' 사이의 투쟁에서 루소가 수행한 역할로 되돌아가야 한다. 이는 잘 알려진 이야기이며, 최근에 캉도가 루소의 『산에서 쓴 편지』를 소개하는 글에서 탁월하게 재검토한 바 있다.[32] 루소의 역설은 이념적 전선에서 열매를 맺기 시작했다. 도시귀족과 부르주아 사이의 대립에 의해, 공화주의 전통 그리고 제네바의 현실 속에서 사회계약·평등·민주주의 관념은 처음으로 실재하는 구현체를 찾았으며 정치적 실체를 갖게 되었다. 『사회계약론』을 읽을 때 제네바를 염두에 두는 것이 좋다. 물론 루소의 정치적 전망과 '칼뱅의 도시'의 현실을 등치시킬 수는 없다. 그러나 이상과 사실 사이, 희망과 현실 사이에 더 가까운 관계가 수립되고 있었음을 발견할 수 있을 것이다. 물론 『산에서 쓴 편지』를 읽고 루소가 제네바 공화국 내부 투쟁을 어떻게 해석하고 해결하려 했는지를 살펴보는 것은 그보다 더 흥미롭다.

크게 보면, 이 갈등은 잘 알려진 모형을 따른다. 그 모형은 우리가 다루는 시기의 모든 공화국에 공통적인 것이다. 갈등은 1707년에 시작됐고 1734년에 재개되었다가 1760년대 초에 또다시 발생했다. 도시

귀족의 정치적 독점은 다수 시민에게, 즉 부르주아지를 구성한 이들에게 권력과 세력을 주려는 시도에 의해 저지되었다. 갈등은 아무런 해결책·절정·결과 없이 지속됐다. 그것은 외부적으로는 국경 지대 강대국들의 간섭을 초래했고, 내부적으로는 민중의 정치적 주장을 전면에 부각시켰다. 민중이란 곧 도시귀족도 부르주아도 아닌 자들로서, 제네바에서 '거주민'과 '출생민'으로 불리는 사람들이었다. 귀족과 민중이라는 양극단은 부르주아지에 맞서 규합하는 경향을 보였다. 그러나 그것은 위태로운 동맹이었고, 균형을 다시 확립하는 데 도움이 되지 못했다. 종국에는 다들 외부로부터의 간섭을 바라게 되었다. 이렇게 하여 소小공화국 내부에서 갈등은 계속 일렁이며 깊어졌다. 오직 제네바가 속해 있는 국제적 상황만이 그 갈등에 한계선을 그었다. 이 시기 제네바의 역사는 전범이 된다. 18세기 후반 공화주의적 현상의 순수하고 완벽한 경험들 중의 하나라고 말할 수 있다. 여기에는 네 가지 이유가 있다. 첫째, 볼테르의 말처럼 이 긴 "제네바 내전"의 경우에, 외국의 간섭은 신중하고 조심스러웠다. 그것은 네덜란드에 대한 프로이센·프랑스·잉글랜드의 간섭과는 매우 달랐고, 폴란드에 대한 러시아·오스트리아·프로이센의 간섭과는 더 크게 달랐으며, 베네치아·제노바·루카·라구사에 대한 나폴레옹의 간섭과도 아주 달랐다. 둘째, 제네바에서는 군주정을 도입하는 방식으로 내적 갈등을 종식시키려는 유혹이 거의 존재하지 않았다. 네덜란드에서처럼 독재자 또는 총독을 받아들이거나 폴란드에서처럼 국왕의 중재인을 받아들일 의향이 일체 없었다. 셋째, 그 시대의 중요한 사상가들 모두의 관심이 빠른 속도로 '칼뱅의 도시'에 집중되었다. 이는 루소 외에 달랑베르와 볼테르만 떠올려보아도 명백하다. 그들은 이 소규모 투쟁에 보편적 의의를 부여하는 데 성공했다. 제네바는 좀더 불행한 네 번째 의미에서도 전범이 된다. 18세기 후반 고대 공화국들은 개혁이 되지 않았다. 귀족, 부르주아지, 민중 사이에 반복되는 갈등을 방지할 수 있는 정치적 기제를 아무도 발견하지 못했다. 이 갈등을 정식화해서 제도화할 방법 또한 발견되지 않았다. 갈등은 만성적으로 변했고, 결국에는 언제나 공화국의 존재 자체를 위협했다. 제네바에서도 바로 이런 일이 일어났다.

제네바에서는 1768년에 타협이 이루어졌다. 타협은 부르주아지에게 유리해 보였다. 타협을 통해 '출생민'은 약간의 양보를 얻어냈지만, 도시귀족의 권력이 손상되지는 않았다. 반동은 1782년에 일어났다. 주변 군주국들의 간섭은 한층 더 심해졌고, 주지하다시피 일련의 갈등이 발발하여 결국 제네바를 프랑스혁명의 소용돌이 속으로 몰아넣었다. 거기에는 네덜란드와 이탈리아 공화국들의 운명에 대한 어떤 예언과 암시가 있었다. 각자는 나름의 방식대로 내부 문제를 해결할 능력이 없음을 스스로 드러냈다. 그러다가 어느 날 그들은 다른 공화국, 즉 프랑스 공화국을 마주하게 되었다. 프랑스 공화국은 형태와 모습이 매우 달랐고, 그들은 그것에 압도당했다.

세기 말에 그날이 왔을 때, 공화국 시민들은 루소의 글을 번역·독해·재독하기 시작했다. 그들은 자기들을 끌어들여 압도해버린 사태를 설명할 방법을 찾으려고 했다. 그들은 실망하지 않았다. 루소의 글에는 제네바 내부의 대립을 해석하려는 시도가 들어 있었으며, 거기에는 제네바 헌정사가 처음부터 끝까지 새롭고 풍부한 시각에서 서술되어 있었다. 루소는 『산에서 쓴 편지』에서 "유럽에 하나의 견본으로 제시할 정치제도의 모범으로서 제네바"를 고려했다고 썼다.[33] 그런데 실제 결과는 그것과 정반대였다. 그는 제네바에서 일어나고 있는 일에 대해 유럽적 의미를 부여한 것이다.

무엇보다도 루소는 그것이 제1원칙으로의 회귀라고 생각했다. 제네바도 진정한 정체에 걸맞게 스스로를 개혁해야 했다. 제네바는 공화국의 기원으로, 심지어는 종교개혁 시대로 되돌아가야만 했다. 거기에서 제네바는 16세기에 소수 귀족 가문의 지배 아래서 상실했던 정치권력의 정당한 분할을 다시 발견할 것이었다. 루소는 이 제1원칙으로의 회귀에서 공화주의 사상 자체의 뿌리를 재발견했다. 그리고 그는 새로이 떠오르는 민주 사상과 중세 코뮌의 시대 사이의 유효한 접점을 정립했다. 실제로 한동안 그는 이 전통으로부터 자유롭지 못한 것처럼 보였다. 이는 제노바에서 암스테르담에 이르는 공화국들에서도 마찬가지였다. 중세적 과거가 평등과 자유라는 더 근대적인 관념들을 집어삼키는 듯이 보였다. 루소가 비록 『사회계약론』에서 권력의 분립 및 균형을 일체 거부했지만, 『산에서 쓴 편지』에서 그가 내린 최종 결론은 "최상의 정부는 그 안에서 모든 분파가 서로를 견제하면서 완벽한 균형을 이루는 정부"라는 것이었다. 루소의 권위는 고대 공화국들의 바로 그 부동성의 기제를 떠받치는 기능을 했다. 부동성의 기제는 그들로 하여금 가문, 집단, 특권, 계급 등의 투쟁에서 벗어나지 못하게 방해하고, 더 근대적인 정치투쟁에 돌입하는 것도 방해했다.[34]

그러나 루소의 굴복은 일시적이었다. 실제로는 루소가 생각한 방식대로의 주권 개념이 공화주의 사상에 새로운 기반을 제공했다. 루소의 공헌은 매우 중요했지만, 단지 장기적인 관점에서만 중요했다.

1760년대에는 루소의 공헌이 결정적인 힘을 갖지 못했다. 그것은 갈등들에 일반적인 의의를 부여했으나, 해결책이 되지는 못했다. 루소 자신도 이를 깨달았고, 논쟁에서 물러났다. 자기 조국과의 이렇게 새로워진 정신적 접촉 이후에 그는 개인적 위안만은 보존했다. 그가 1763년에 제네바 시민권을 포기해야 했을 때, 그는 "내 조국이 내게 외국이 될지언정 내 관심사 바깥으로 밀려날 수는 없다"고 말했던 것이다.[35] 그는 오랜 전통 속에 덕성이 뿌리내린 도시라는 상像을 결코 버리지 않았다. 그의 예는 더 많은 동시대인에게 영감을 제공했다.

피터 게이는 이 갈등에서 볼테르가 수행한 역할을 명쾌하게 보여주었다. 이는 무엇보다도 그 노쇠한 철학자가 보여준 명민함과 융통성 때문에 두드러진다.[36] 볼테르는 귀족에서부터 출발해서 부르주아의 편으로 넘어갔고, 나중에는 민중의 대의를 지지했다. 그는 완전히 어느 한쪽의 편을 들지도 않았고, 그렇다고 완전히 접촉을 끊지도 않았다. 언제나처럼 그는 비범한 총명함을 드러냈지만, 출구나 균형을 발견할 수 있는 정도는 아니었다. 종국에는 그 역시 『공화주의 사상』과 대화편 『A.B.C.』에서 일반 원칙들로 피신할 수밖에 없었다.[37] 그는 제네바 정치에서 자유, 관용, 심지어는 평등 관념으로 옮겨가려고 노력했으나, 결코 완전히 성공하지는 못했다. 볼테르의 정치사상 중 가장 뛰어난 부분이 여기서 발견된다. 그러나 제네바 갈등의 본성, 즉 공화국의 계급·특권들의 고대적·역사적 권리 주장을 해석하고 흡수하려는 노력은 여전히 이루어지지 못했다. 제네바는 계속해서 자극제, 즉 볼테르의 사고의 실마리로 남았지만, 그의 사고의 방향을 근본적으로 바꾸지는 못했다. 볼테르의 시선은 파리에 고정되었다. 즉 고등법원에 맞선 투쟁, 루이 15세 치세 말기의 위기, 점차 더 촘촘해지는 철학자 집단을 중심으로 여론을 조직하려는 시도 등에 고정되었던 것이다. 그는 절대주의의 근원인 저 위대한 프랑스 군주정 내부, 즉 파리가 계몽사상가들의 결정적인 싸움터가 될 것임을 알았다. 하지만 공화주의 전통과 그 문제들의 무게가 그를 무겁게 짓눌렀다. 그래서 그는 자신의 정치 개념들을 토대부터 재검토해야만 했다. 그는 특히 대화편 『A.B.C.』에서 그 작업을 수행했다. 이 대화편은 근본적으로 우리가 지금까지 다룬 문제들의 반영이다.[38] 그것은 일견 무엇보다도 잉글랜드에 대한 찬사, 잉글랜드의 자유와 휘그 전통에 대한 찬사로 보인다. 알파벳 A로 지칭되는 발화자가 이 부분을 지탱하고 묘사한다. 동시에 A는 전통적인 귀족 개념을 공격하고 싶어한다. 발화자 C가 그것을 체현한다. "나로 말할 것 같으면, 나는 귀족만 좋아한다. (…) 나는 내 가발을 만드는 사람이 입법자가 되는 것을 견디느니 차라리 가발을 쓰지 않겠다. (…) 베네치아의 정부가 가장 좋다. 베네치아의 귀족이 유럽에서 가장 오래되었기 때문이다. 그 다음으로는 독일 정부가 좋다. 나를 베네치아의 귀족으로 만들거나 제국의 백작으로 만들어달라. 단언하건대 그 두 상황 중 하나에 속하는 경우가 아니고서는 나는 즐겁게 살 수 없다." 세 번째 발화자인 B는 잉글랜드 군주정이냐 과거의 공화정이냐 하는 진퇴양난에서 벗어나고 싶어한다. 이 갈등을 극복할 수 있게 해주는 것은 계몽사상이다. 계몽사상은 인간에게 자신의 시대에 대한 믿음을 준다. 계몽사상은 현시대를 고대·과거보다 더 나은 시대로 생각할 수 있도록 해준다. 철학자는 인간 본성 개념에 새로운 뜻을 부여하고, 미신에 맞서 싸우고, 노동하고 생산하는 자라면 누구나, 심지어 가발 제조인이라 할지라도 자유롭고 정치적으로 능동적인 역할을 할 수 있는 사회를 받아들이도록 인간을 설득한다. 잉글랜드의 자유는 여전히 하나의 전범이지만, 그것은 아득한 곳에 있고, 언제나 위험에 처해 있다. 그 자유를 지키기 위한 싸움은 언제나 필요했다. 이제는 아메리카 식민지들에서 일어나기 시작한 내전으로부터 위험이 생겨난다.("어머니와 딸들이 서로를 때리는 일이 벌어지지 않도록, 식민지들과 잘 합의하시오.")[39] 그러나 무엇보다도 그것은 근대세계가 성숙시킨 것으로 보이는 새로운 민주주의의 감각을 북돋우는 문제였다. "사실대로 말하자. 나는 민주정부를 충분히 달게 받아들일 수 있다. (…) 나는 자유로운 사람들이 마치 거처를 만들듯이 그들 스스로를 지킬 법을 만드는 것을 보고 싶다. (…) 민주정에서는 어떤 농부도, 어떤 장인도 억압당하고 멸시당할까 두려워할 필요가 없다. (…) 자유롭다는 것은, 즉 모두가 평등하다는 것은 참된 삶이며, 인간의 자연적인 삶이다."[40]

이것이 제네바의 경험으로부터 볼테르가 도출한 결론이다. 그는 루소보다 멀리 나갔다. 그는 부르주아지에 맞서 '출생민'을 옹호하는 데까지 나아갔다. 그러나 그는 루소만큼 제네바에 연루되어 있지 않았기에 그럴 수 있었다. 루소는 할 수 있는 한 제네바와 그 공화주의적 전통을 옹호했다. 볼테르는 외국인이었고, 외국인처럼 행동했다. 그는 인맥을 통해 프랑스 외교 부처의 정책과 연결되어 있었고, 독자적으로건 지원을 받아서건, 상황 때문에 제네바 도시의 문제에 개입할 수밖에 없는 처지에 빠진 외국 열강의 입장을 취했다. 그러므로 볼테르의 공헌은 더 민주주의적이었고 덜 공화주의적이었다. 루소가 제네바에서 덕성을 찾으려는 동기를 발견한 반면, 볼테르는 그곳에서 계몽사상의 확증을 발견했다.

제네바 논쟁이 계속되던 중에, 두 인물은 공화주의 전통과 쇄신된 덕성의 이상이 다채롭게 뒤섞이는 또 다른 사례를 마주했다. 코르시카는 특히나 호기심을 끌었다. 들레르를 위시한 많은 사람이 코르시카 문제에 골몰했다. 그에 관한 루소의 글은 유명하다.[41] 제노바 귀족에 맞선 이 반란을 그와 그의 동시대인들이 어찌 주목하지 않을 수 있었겠는가? 그것은 반식민주의 반란이었으며, 부패에 맞선 순수의 갈등, 부자에 맞선 빈민의 갈등, 도시 인민에 맞선 농촌 인민의 갈등, 멀리서 다스릴 권리를 내세우던 자들에 맞선 피억압 민족의 갈등의 모습을 띠었다. 어떤 면에서는, 그것은 코르시카섬과 제노바를 갈라놓은 바다의 폭을 넘어섰다. 그 반란은 1746년에 갑작스레 재발한 귀족과 민중 사이의 투쟁의 연장선상에 있었다. 제노바 봉기 이후 화해가 시도되었지만, 결국 일체의 혁신은 좌절되었다. 1760년대가 되면 오직 파올리와 그 추종자들만이 투쟁을 이어나갔다.[42] 세기 중반까지 프랑스의 정책은 귀족에게 유리했다. 이제 프랑스는 잉글랜드와 경쟁하고, 이 기회를 이용하여 자신의 힘을 강제하고자 했다. 프랑스는 코르시카섬을 병합하려 했고, 결국 1769년에 성공했다. 한마디로 코르시카는 18세기 유럽 고대 공화국들 내부 갈등의 항상성을 보여주는 극단적이고 인상적인 사례였다. 그런 점에서 코르시카의 사례는 계몽 시대 인물들의 관심을 끌 수밖에 없었다.

부타포코[부타포코 백작(1731~1806)은 코르시카 귀족이다. 루소에게 코르시카 헌법안을 써달라고 부탁한 인물이다. 1789년에 삼부회 귀족 신분 코르시카 대표로 선출되었다]는 코르시카가 프랑스의 보호를 받는 귀족적

"혼합정체 공화국"이 되길 바랐다. 그러나 루소는 이번에도 세습 귀족 없는, 즉 특권 신분을 인정하지 않는 헌법에서 출발했다. "당신네 제도의 기본법은 평등이어야만 한다."[43] 이것이 내적 구분이 전혀 없으리라는 것을 뜻하지는 않았다. "우리는 출생과 귀족 신분을 인정하지 않으면서도 어떻게 인민 속에서 서로 다른 여러 등급을 만들 수 있는지 보게 될 것이다."[44] 그는 평등사회로, 그러나 서로 구분되는 정치적 임무를 수행하는 사람들 사이에 차별을 생성할 수 있는 종류의 평등사회로 전통적인 신분 구분을 대체하려고 했다. 코르시카는 "세 계급으로 나뉠 것인데 그 경우 언제나 인신적인 불평등이, 기쁘게도, 우리가 폐지하는 지방적 봉건제도에서 기인했던 혈통이나 거주지에 따른 불평등을 대체할 것이다".[45] 후보, 애국자, 시민이 바로 그 세 단계였다. 정치적 참여의 세 단계 구분은 어떤 종류의 세습 권리도 인정하지 않고 오직 나이, 재산, 사회적 기능에 따라 이루어진다. 그것은 고래의 신분 질서가 해체된 폐쇄된 자급자족 농업사회가 될 것이었다.

한 세대 뒤의 코르시카를 보기만 해도, 제노바의 귀족과 제노바의 지배에 맞선 코르시카 반란군의 투쟁의 결과로 나타난 이 평등주의가 얼마나 중요했는지 알 수 있다. 프랑스혁명기에는 정부가 파올리와 화해하려고 시도했지만, 파올리는 점차 섬의 독재자가 되어갔고, 섬의 파당·집단·가문들 간에 벌어지는 투쟁의 불가결한 중재자가 되었다. 반면, 반反파올리 세력 안에서 규모는 작지만 활동적인 자코뱅 집단들이 점차 평등주의적 신념을 갖고 힘을 키우고 있었다. 바뵈프의 벗 부오나로티는 코르시카에서 정치적 교육을 받았다. 그는 이를 통해 자신의 "실질적 평등" 관념에 대한 최초의 영감들 중의 하나를 얻었다.[46]

비슷한 관념들의 진화를 추적하면, 우리는 제네바와 코르시카로부터 폴란드, 아메리카 식민지, 네덜란드, 스위스 등으로까지, 심지어는 총재정부기에 프랑스가 이탈리아 공화국들과 맺은 관계들로까지 나아갈 수 있다. 그러나 만일 그렇게 한다면, 우리는 18세기의 마지막 30년의 역사를 재검토해야 하고, 파머의 책 제목을 따오자면, "민주주의적 혁명의 시대"의 상이한 단계들을 추적해야 한다.[47] 이 매혹적인 두 권짜리 책은 바로 이를 효과적으로 해낸다. 그래서 나는 세기말 혁명들을 예고하는 표지가 아직 적고 드문드문한 새 시대의 문턱에서 멈추려고 한다. 그렇지만 17세기 청교도혁명에서 시작해 지금까지 우리가 살펴본 것들 또한 "민주주의적 혁명의 시대"를 이해하는 데에 유용하고 중요하다고 충분히 말할 수 있다.

심지어 그것은 파머의 관점을 변경시킬 수도 있을 것이다. "민주주의적"이라는 단어는 분명히 제네바의 혼란, 바스티유 함락, 요제프 2세에 맞선 벨기에의 반란, 폴란드의 혁명들, 미국의 탄생을 모두 아우르는 넓은 개념이다. 그러나 이 목록이 보여주듯 그것은 너무 일반적인 단어이기도 하다. 이 단어는 서로 너무 이질적인 현상들을 한데 묶는다. 민주주의는 정치사상의 한 일반 범주다. 그것은 과거에 뿌리를 두고 새로운 현실을 향해 개방되면서 자신의 모든 내적 모순을 드러내는, 역사적으로 작동하는 힘이 아니다. 나는 18세기 말 민주주의 사상의 대두를 검토하는 것보다 공화주의 전통의 진입·수정·분산을 살펴보는 것이 더 유익하다고 확신한다. 프랑스혁명이 터지기 전까지 '민주주의'는 세력이라기보다 개념이었고, 정치적으로 실효성 있는 내용물을 갖추지 못한 정치적 형태였다.

이런 관점에서 보면 폴란드가 특히 중요하다. 최근에 18세기 폴란드의 개혁 시도, 반란, 전쟁, 외세의 간섭, 계몽사상의 영향력을 더 명확하게 이해하는 데 도움이 되는 탁월한 연구가 수행되었다. 파브르, 레스노도르스키, 로스트보로프스키, 그 밖에도 여러 연구자가 근대 유럽사 서술에서 가장 가슴 뛰는 장들을 썼다. 그 시대에는 죽어가는 조직체의 단말마와 구제 불능인 무질서의 혼란스러운 징후들밖에 없었다는 뿌리 깊은 편견을 극복하고, 이 학자들은 너무 오랫동안 주목받지 못하고 버려져 있었던 문제와 사건들을 다시금 되살려냈다.[48] 이 역사가들의 글을 읽어보면 바로 알 수 있다시피, 18세기 폴란드에서 오래 이어진 비극은 계몽 시대 유럽에서 공화국들이 겪어야 했던 운명과 닮은 점이 많다. 사르마티아 시대의 헌법은 그것이 수정되거나 개혁될 수 없다는 뿌리 깊은 신념의 지배를 받았다. 북부에서 전쟁이 일어나는 동안 폴란드는 평화롭고 정적이었으며, 점차 스스로의 정책에 대한 통제권을 상실했다. 황금색 자유는 살아남았다. 레슈친스키가 말했듯이, "나의 본질은 자유다".[49] 그 자유의 토대는 실질적인 권력을 쥔 큰손들 그리고 어떠한 운동이나 변화도 가로막을 수 있는 자신들의 능력에 점점 더 많이 의지한 귀족들이었다. 이 부동성으로부터 벗어날 수 있는 길은 잉글랜드를 전범으로 삼는 헌법 또는 "계몽된 자유"를 향해 나 있었다. 후자는 계몽 시대 유럽의 영향을 받은 폴란드에서 점차 입지를 넓혀가고 있었다. 또 외부로부터, 특히 예카테리나 2세가 다스리는 러시아로부터의 계몽전제군주정을 받아들이는 길이 있었다. 낭시에 망명 중이던 레슈친스키는 이 모든 길과는 다른 또 하나의 길을 말하려고 했다. 그것은 바로 전제정에 맞서 유럽의 모든 공화국이 동맹을 맺는 것이었다. 그리고 그는 프랑스가 선의를 가지고 이를 지원하리라 생각했다.[50] 1763년 즈음에 그는 이렇게 썼다. "유럽은 두 종류의 정부로 나뉘어 있지 않은가? 하나는 군주정으로서, 이탈리아의 도시 국가들과 게르만적 정치체들로 구성된 독일의 소국들을 빼더라도 프랑스, 에스파냐, 포르투갈, 나폴리, 사르데냐, 덴마크, 프로이센, 러시아가 있다. 다른 하나는 공화정으로서 영국, 네덜란드, 스웨덴, 폴란드, 베네치아, 스위스, 제노바가 있다. 이 공화국들의 참된 이익 속으로 들어가보면, 우리는 정복의 정신이 그들을 움직이지 못한다는 점과 그들은 이미 가진 것을 보존하는 것, 즉 정부 형태와 자유의 완전한 향유를 지켜내는 것을 최우선 목표로 삼는다는 점을 깨닫게 된다. 그리고 무엇보다도 이 공화국들이 서로에 대해 어떠한 권리 주장도 내세우지 않고 있음을 고려할 때, 평화를 유지하고 특권을 보존하기 위해 영원한 동맹관계를 수립하는 것은 과연 어려운 일인가?"[51]

그러나 그것은 하나의 유토피아였다. 폴란드의 상황은 사실 보수주의, 러시아의 전제주의 또는 귀족들의 내적 변화에서 기인했다. 귀족들은 특권을 지키기 위해 루소, 마블리, 베카리아, 필란지에리의 사상을 자주 활용했다. 그러나 결국 그들은 독특한 문화를 만들어냈으니, 그것은 바로 "폴란드 자코뱅"의 도덕적·지적 세계였다. 그들은 모두를 조정하고 지배할 행정관직을 신설하고, 무질서를 낳는 '자유거부권'을 폐지하자고 요구했다. 그것은 우리가 이미 베네치아, 제노바, 네덜란드에서 목격한 것과 같은 길을 따라 폴란드의 문제를 해결하려는 시도였다. 그들은 이번에도 프랑스의 영향을 받아, 전형적인 "입헌적" 사상을 발전시키는 데에 이르렀다. 그러나 외세의 압력은 여전히 지배적인 요소였다. 폴란드는 18세기 유럽에서 고대 공화국을 개혁하려는 시도, 종국에는 그들 모두를 부동성에 빠뜨린 헌정적 교착 상태에서 벗어나려는 시도 중 가장 참신하고 원기왕성하고 총명한 시도를 보여주었는데, 그 시도가 외세의 압력에 압도당하고 결국은 뭉개진 것이다.

레슈친스키의 선전은 몹시 흥미롭다. 그것은 18세기 중반 프랑스의 위기 한가운데에서 그 공화주의적 성격 때문에 레슈친스키의 사위인 루이 15세에게 상당한 부담을 주었다. 우리는 쿠아예 신부의 글을 다시 살펴보아도 된다. 그는 공화주의 사상에 새로이 활력을 불어넣고 폴란드의 과거를 찬양했을 뿐 아니라, 프랑스의 절대주의에 맞서 개혁을 주장하기도 했다. 그러므로 마땅히 우리는 폴란드 계몽사상가 및 자코뱅들의 발전·저술을 모두 세심하게 살펴보아야 한다. 예를 들어 콜라타이의 글에서는 전통적인 사상·생각이 서구 계몽사상의 최전선에서 도출되어 나와서, 위태롭고 매혹적인 균형 상태를 유지하는 것을 발견할 수 있다. 이로써 살아남기 위한 폴란드의 필사적 노력이 갖는 지적·도덕적 가치에 대해 생각해보고 내적 전환의 한 사례를 취할 수 있다. 그것은 이웃 열강의 난폭한 충격 속에서 끝났기도 했지만, 대귀족, 선출된 국왕, 사회구조 등이 극복하기 어려운 갈등을 야기했기 때문에 실패로 귀결됐다. 영웅적인 노력에도 불구하고 폴란드는 유럽 고대 공화국들의 최종 위기를 극복하는 데 실패했다.

네덜란드는 총독의 권한과 전통적인 도시귀족의 특권 사이의 모순들을 해결하려고 시도했는데, 그 시도는 훨씬 더 소규모였으며 종국에는 실패했다. 마지막 순간까지도 연합주의 통치자, 부르주아, 민중은 비록 17세기 중반부터 새로운 형태를 취하긴 했으나 고대의 모형에 따라 반응했다. 외세의 간섭, 즉 프랑스가 '애국파'의 편에서 개입하고 독일 국가들이 총독의 편에서 개입한 것은 전혀 놀라운 일이 아니었다. 주지하다시피 외세의 간섭이 너무나 맹렬했기에, 국내 정치 세력들이 독립적으로 발전할 수 없었다. 그토록 순식간에 진압당한 혁명을 이해하기란 분명히 어려운 일이다. 그러나 이 사건들을 미래가 투사된 것으로, 즉 프랑스혁명의 예고·준비로 보지 않고(그런 해석이 정당하다 할지라도), 절대주의 시대 유럽의 고대 공화국들의 역사적 뿌리를 향해 회귀한 것으로 본다면 아마 더 효과적인 해석이 가능할 것이다. [52]

바스티유 함락 이전 혁명 중에 성공한 것은 확실히 아메리카 식민지에서 잉글랜드의 정착민들이 일으킨 것뿐이다. 미국 헌법은 공화국들의 역사에 새 장을 열었고, 내가 지금까지 검토한 일련의 문제들에 종지부를 찍었다. 그러나 매사추세츠를 비롯한 여러 식민지에서 일어난 사건들에 대한 최근의 논의를 읽어보면, 그 문제들이 우리가 지금까지 검토한 것들과 그리 무관하거나 다르지 않다는 점을 알게 된다. 보수적 혁명? 전통적 특권 옹호? 청교도 정신 또는 계몽주의 사상? 여기서도 정치사상사가 기여할 수 있는 바가 있다. 베일린의 탁월한 저서 『미국 혁명의 이데올로기적 기원』만 봐도 우리가 올바른 길 위에 있음을 알 수 있다. 잉글랜드 공화주의자들, 특히 트렌처드와 고든과의 연결고리가 입증됐다. 유럽 계몽사상의 중요성이 확립되었다. 운동은 적어도 처음에는 제1원칙으로의 회귀의 형태를 띠었다. "혁명운동의 지도자들은 급진파였다. 그러나 그들은 18세기의 급진파였다. 그들은 18세기 잉글랜드 급진파와 비슷했다. 그들은 사회질서를 개혁하려 하지도, 경제적 불평등과 계층화된 사회의 불의를 해결하려 들지도 않았다. 그보다 그들의 목표는 타락한 헌법을 정화하고 눈에 띄게 커지는 특권 세력을 격퇴하는 것이었다."[53] 이 출발점으로부터 미국 헌법이 형성된 과정, 또 제네바인, 폴란드인, 네덜란드인, 스위스인을 가로막았던 것과 비슷한 장애물들에도 불구하고 '신대륙'이 새로이 다른 해결책을 발견한 과정에 대한 이야기는 물론 완전히 다른 역사적 주기에 속한다. 하지만 과거의 유산은 현재의 풍부함과 함께 섞여 있다.

4장

처벌할 권리

1756년 가을 아브루초 지방의 한 신사가 리미니의 자기 친구에게 편지를 썼다. 그 신사는 스털리히였다. 그는 이름은 비록 독일식이었지만 나폴리 왕국의 아브루초 지방의 문화를 전형적으로 대표하는 인물이었다. 반면 그의 친구는 이름이 비앙키였는데, 너무 흔한 이름이었기 때문에 그는 일부러 라틴어 표기인 야누스 플란쿠스를 더 즐겨 썼다. 그는 교황국의 리미니 지방에 사는 교양 있는 의사·과학자 중 한 명이었다. 스털리히는 그에게 자신이 어떤 프랑스 책을 구해서 아주 흥미롭게 읽었다고 말했다. 그 책은 『자연의 법률 또는 진정한 법의 정신』이었다. "그 책은 재화의 소유를 폐지하고 모든 것을 공동체로 되돌려줘야 한다고 주장하더군."[1] 그것은 모렐리가 쓴, 지금은 잘 알려진 책이다. 그 책은 18세기 프랑스 공산주의가 최초로 표출된 것이었으며, 바뵈프의 음모에 이르기까지 18세기 내내 디드로의 이름 아래 광범위한 영향력을 발휘했다.[2] 키에티의 한 신사[스털리히를 가리킨다. 키에티는 아브루초 지방의 도시]가 그 책을 출간 1년 전에 이미 소지했다는 사실은 놀랍지 않다. 비슷한 시기에 나폴리의 제노베시와 그리말디도 『자연의 법률』을 소지하고 있었다. 풀리아에서는 팔미에리가 그 책을 갖고 있었다. 알미치가 자연법 및 만민법에 대한 푸펜도르프의 저서를 출판하기 좋도록 삭제 편집해서 냈는데, 그 책에서 알미치는 『자연의 법률』을 인용하고 논의했다. 알미치는 푸펜도르프의 저서를 가톨릭 정통 교리와 부합하도록 다듬어 1757년과 1759년에 베네치아에서 출간했다.³ 이보다 덜 중요한 중심지들에서도 모렐리에 대한 논의와 연구가 진행되었음을 쉽게 입증할 수 있다. 내가 아는 한 이탈리아에서 최초로 모렐리를 언급한 사람은 스틸리히였다. 그리고 이탈리아에서 최초로 모렐리를 반박한 사람 역시 그였다. "불가능한 것을 요구하는 자들은 사실은 아무 것도 원하지 않는다. 유용한 인간이 되고자 한다면, 바로잡을 수 있는 것들을 바로잡는 데 만족해야 한다."⁴ 유토피아와 개혁에 관한 대화가 탄생했으며, 18세기 후반 내내 유럽의 모든 길모퉁이에서 흘러넘쳤다.

    섀프츠베리의 표현대로 사회적 열광은 유토피아에 새로운 활력을 불어넣는 데 일조했다. 그것은 백과전서파의 초기 논의를 통해 널리 알려졌다. 이는 『백과전서』 제1권에서 디드로가 쓴 「정치적 권위」의 앞뒤 항목들만 보아도 명백하다. 디드로는 스키타이 민족인 「아비족」에 찬사를 퍼부었다. "측정할 수 없을 정도로 높은 품성의 고조와 지극한 정의·형평 속에서 그들은 서로를 찔렀다." 「바키온족」도 마찬가지였으니, 그들은 "그들 사이에서 '네 것'과 '내 것'이라는 해로운 구분을 금지한 뒤로는 더 이상 분란을 일으킬 만한 소지가 사라져서, 인간이 누릴 수 있는 최대한의 행복을 누리게 되었다". "의사도 법률가도 갖지 못한「베두인족」또한 "자연적 형평 외에는 법이 없었고, 늙음 외에는 질병이 거의 없었다".[5] 저 위대한 사전의 첫 두 권이 나오는 시기에, 그리고 루소가 학문, 예술, 불평등에 대한 그의 논고들을 두고 사색하던 시기에, 이렇듯 유토피아의 씨앗은 풍부했다. 모렐리의『자연의 법률』은 1755년에 출간됐다. 그 출발점은 몽테스키외였으며, 종착점은 세기 중반의 조금 더 성숙한 공산주의였다. 계몽사상의 새로운 충동은 이후에도 영향력이 있었다. 모든 철학자 집단에는 내 것과 네 것의 치명적 구분이 존재한 적이 없거나 또는 폐지된 세계에 몰래 동조하는 사람이 적어도 한 명은 있었다. '재화의 공동체' 관념에서 영감을 얻은 사람의 수가 늘어났다. 로비네, 카라, 브르통의 레티프 그리고 이탈리아에서는 마사 또는 롱가노가 그들이었다.[6]

더 위대한 철학자들의 정신에서는 내 것과 네 것의 구분이 없는 세계라는 전망이 결코 사라진 적이 없었다. 이는 디드로가『백과전서』를 편찬하는 어마어마한 긴장에서 벗어나자마자『부갱빌 여행기 보유』를 쓴 사실만 봐도 알 수 있다. 과거에 공산주의라는 관념은 산발적이고 고립되어 있는 듯이 보였다. 이번에는 최초로 그것이 한 사상적 조류의 기원이 되었다. 공산주의는 이제 유럽 계몽사상에서 내적으로 가장 다종다양한 집단에서 구체화되었고, 모렐리가 말한 것처럼 "그 속에서 살아가는 인간이 타락하거나 악해지는 것이 불가능한 어떤 사회를 발견하려는" 욕망의 영속적 형태 중 하나가 되었다. 그 사회에서는 선악 개념이 철폐될 것이었다.[7] "마음과 정신의 반란"이라는 수단을 통해, "문명화된 우리의 현재 상태의 공포와 광증" 너머에서 그들은 데

샹이 말했듯이 "우리의 낙원을 우리가 옮겨놓을 수 있는 유일한 장소인 바로 이곳, 이승에" 옮겨오는 데에 성공할 수도 있었다. "도덕적 불평등과 소유권 위에 도덕적 평등과 재화의 공동체를 수립하는 것만으로도, 인류를 지배하는 도덕적 악을 모두 지우기에 충분하다."[8]

18세기 공산주의적 이상의 이 같은 구체화를 더 상세하게 살펴보는 것은 확실히 재미있는 일이다. 이 땅 위에 낙원을 만들겠다는 결단, 평등주의적이고 자유로우면서 전적으로 인간에 의한 사회를 만들겠다는 결단, 바로 이 전형적인 계몽주의적 결단 아래서, 전통적인 유토피아는 확장되고 바뀌었다. 만인을 위한 공동체적 삶의 체계가 성인이건 승려건 선택받은 소수를 대신할 것이었다. 데샹이 여전히 말했듯이 "형이상학적·도덕적 수수께끼"는 마침내 단지 이론의 차원에서만이 아니라 실천의 차원에서도 풀리게 될 것이었다. 유토피아에서 이상으로 그리고 개별적 꿈에서 공산주의적 정치 운동으로 나아가는 이행의 역사는 분명히 몹시 흥미롭다. 이를 빼놓고는 계몽사상 전체를 이해할 수 없다. 아무리 그것이 때로는 주변적으로 보일지라도, 공산주의는 18세기가 19세기에 넘겨준 성과물 중에서 진정으로 가장 불가역적이고 불변하며 영속적인 것이다. 일단 고정되고 모양을 갖추기만 하면, 그것은 길고 힘겨운 시도·투쟁을 거치지 않고서는 그리고 지난하고 복합적인 역사적 과정을 거치지 않고서는, 절대로 굴복하지 않을 정신적 형태 중 하나다. 소유권 폐지가 인류 사회의 기초를 바꾸고 모든 전통적 도덕과 과거에서 물려받은 일체의 정치 형태를 바꿀 수 있다는 생각은 18세기 중반 이후 결코 다시는 사라지지 않았다.[9] 그러므로 모렐리와 데샹의 글에서 이 사상의 기원을 찾아보는 것은 손에 땀을 쥐게 하는 일이다. 모렐리에 대한 코의 연구와 데샹에 대한 바치코의 연구는 이 문제에 대한 논의를 재개했고, 아무리 단순해보일지라도 사실은 매우 복잡한 다음 문제에 답하려고 시도했다. '근대 공산주의 사상은 어떻게 탄생했는가?'[10]

이 관점에서 볼 때 데샹의 사상이 아주 중요하다는 점은 확실하다. 나는 1930년대에 이 베네딕트회 수도사의 수고를 읽었을 때의 놀라움을 아직 기억한다. 당시에 온 세계에 퍼져서 세계를 바꾸고 있었고 현실과 접촉하면서 스스로를 깊은 곳부터 수정하고 있던 바로 그 사상을 이 글의 매 쪽에서 발견했기 때문이다.[11] 발과 바치코는 데샹의 철학과 사상에 대한 해석을 제공했다.[12] 우리는 바치코가 쓰기로 약속한 것, 즉 물질적 질서와 도덕적 질서의 문제에 대한 일반적 검토와, 계몽시대 사상에서 그것이 유토피아 및 악惡과 맺은 관계에 대한 일반적 검토를 기다리기만 하면 된다.

그러나 나는 계몽사상의 이념적 측면뿐만 아니라 여러 다양한 측면에 대한 정치사를 제공하기로 약속했다. 18세기 중엽 공산주의 사상이 어떻게 더 완전하고 자신만만하게 그리고 그 전에는 갖지 못했던 보편성을 갖고서 정식화되었는지를 이해하는 것은 중요하며, 나는 그 중요성을 부인할 생각이 없다. 가장 동떨어진 민족들의 정신 구조를 이해하기 위한 노력, 또 가장 원시적인 심성의 진화를 이해하기 위한 노력, 심지어는 문명의 형성 자체에 동반된 깊숙이 숨겨진 기제들, 즉 근친상간 및 혈족관계를 혹은 레비스트로스의 표현에 따르면 "날것과 익힌 것, 꿀과 재"를 재구성하기 위한 노력이 요즘에는 너무나 많다. 반면 우리에게 훨씬 더 중요한 사상들, 예를 들면 공산주의 같은 사상의 기원을 이해하려는 노력은 너무 적다. 사실 나는 개인적으로 이 상황에 언제나 어안이 벙벙하다. 이는 원시적인 것의 철학, 우르의 철학으로의 회귀다. 그것은 자주 우리가 더 가까운 "정신적 구조들"을 보지 못하도록 방해한다. 이 주제에 관한 최고의 연구들이 폴란드에서 기원하고(바치코) 프랑스혁명 전야의 사회주의 사상 또는 푸리에와 바뵈프의 사회주의 사상에 대한 최고의 연구가 러시아에서 기원하는 (고르돈, 질버르파르프, 달린 혹은 이오안니시안) 이유는 명백하다. 18세기 유토피아의 탄생과 변형이라는 문제는 이 두 나라에서 계속해서 살아 있을 수밖에 없었던 것이다. 비록 최근에 그에 대한 논의가 감소하긴 했지만 말이다.[13]

그러나 이는 여기서 내가 다룰 문제가 아니다. 내가 지금 펼치려는 것은 오히려 정치사상의 역사다. 그것은 섀프츠베리를 인용하자면 "사회적 열광", 즉 "형이상학적·도덕적 수수께끼"를 풀 수 있는 인간 사회에 만개하고 있는 유토피아적 힘들과, 과거로부터 물려받은 사회들의 이런저런 측면을 바꿔서 실질적인 변화를 일구려는 확고한 결심 사이의 관계다. 말하자면 유토피아와 개혁의 관계다.

이러한 계몽사상의 양극과 모두 만나는 문제를 살펴보도록 하자. 그것은 '처벌할 권리'라는 문제다. 이는 명백하게 개인과 사회의 문제와 연관이 있을 뿐만 아니라, 이와 동시에 방법·사례·도구·관행·소(小)변화 등에 관한 더욱 세부적인 역사와 밀접하게 연결되어 있다. 따라서 한편으로는 원칙에 관해 논의해야 하고, 다른 한편으로는 구체적 문제들을 고려해야 한다. 문제의 이러한 양면적 특징 때문에 '처벌할 권리'는 계몽사상을 이해하는 데에 특별히 중요하다. 아마 하나의 사례가 그 문제의 주된 요소를 보여주기에 충분할 것이다. 우리는 베카리아의 저서 『범죄와 형벌』이 유럽에서 어떻게 수용되었는지를 추적할 것이다.[14] 그 책은 도처에서 범죄 자체의 존재 문제와 그것을 억누를 방법들로 관심을 집중시켰다.

1760년대 초 밀라노에서는 젊은이들로 이루어진 작은 집단이 형성되고 있었다. 그 집단은 반쯤 농담으로 '주먹학회'라 불렸다. 얼마 지나지 않아서 모든 계몽주의적 운동에 공통된 내적 긴장이 움텄다. 10년 전 파리에서 가장 특기할 만한 본보기는 루소와 디드로 사이의 불화였다. 밀라노에서는, 위 집단의 『사회계약론』의 이해 방식, 그들이 가족들과 벌인 지속적 논쟁 그리고 사회적·정치적 환경 등이 역시 그들의 내부적 논쟁에 활기를 불어넣었다. 이 논쟁들로부터 이탈리아 계몽사상에서 매우 중요한 저서들 중 일부가 탄생했다. 베리의 『행복론』과 『밀라노 무역론』, 베카리아의 『범죄와 형벌』, 또 이 두 사람과 그 집단의 다른 구성원들이 1764년부터 1766년까지 2년 동안 함께 간행한 신문 『카페』가 그것이다. 진정한 대화에서라면 언제나 그렇듯이, 베카리아와 베리는 입장을 바꿔가며 토론했다. 그러나 끝에 가서 베카리아는 루소를, 베리는 볼테르를 각각 대변하게 됐다. 비록 우호적이고 온화한 분위기 덕분에 그 어조는 부드러웠지만, 밀라노에서도 역시 유토피아와 개혁은 1760년대 인물들의 주의를 양극화시켰다.[15]

수천 년 동안 종교적, 도덕적 죄악과 위법행위, 범죄행위와 사회에 대한 위해는 얽히고설킨 매듭으로 묶여 있었다. 베카리아는 그 매듭을 단칼에 잘랐다. 교회는 원한다면 종교적, 도덕적 죄악을 다룰 수 있었다. 국가의 임무는 오직 법률 위반이 개인 및 사회에게 야기한 손해를 측정하고 바로잡는 것뿐이었다. 효용과 비효용의 정도가 모든 인간 행위의 척도였다. 처벌은 속죄가 아니었다. 판사는 오로지 교란된 조화를 회복시키는 일만 해야 했다. 형법은 일체의 신성한 내용물을 상실해야 했다. 베카리아의 급진적 사유는, 암묵적이지만 단호하게, 악에 대한 모든 종교적 개념화를 거부했다. 그것은 일체의 원죄를 인정하지 않았으며, 도덕 문제에 관한 공적 제재를 부정했다. 그의 공리주의는 이성과 계산에 입각한 사회를 창설하려는 욕구 그리고 과거로부터 물려받은 일체의 편견과 장애물을 파괴하려는 욕구에서 나왔다. 벤담은 언제나 베카리아의 책이 자신이 받아들여 발전시킨 사상을 가장 고무적인 방식으로 체계화한 것임을 인정했다.

그러나 그와 같은 사회에서 어떻게 처벌하고 심지어는 사형에 처할 권리가 존재할 수 있는가? 아마도 루소가 했으리라 예상되는 방식으로, 베카리아는 범죄자에게 모든 법률·억압에 맞선 자신의 항거·반란의 이유를 제시하도록 만든다. "내가 존중해야 한다는 이 모든 법률이 도대체 무엇이기에 나와 부자들 사이에 이토록 커다란 간격을 남겨놓는가? 누가 이 법률들을 만들었나? 부자와 권력자들이 만들었다. (…) 이 치명적 연결고리를 끊자. (…) 불의를 그 근원에서 공격하자."[16] 베카리아의 논증의 기저에는 "어쩌면 불필요한 것인지도 모르는 소유권"에 관한 그의 의혹이 깔려 있다. 이 의혹은 그가 그리는 미래의 바람직한 사회상에 대한 전망에서 비롯되었는데, 그의 표현을 따르자면 사회에서는 평등이 더 이상 법적 추상으로만 존재하는 것이 아니라 경제적 실질이 되어 있다.[17] 처벌할 권리에 대한 베카리아의 개인적 혐오는 뿌리가 깊었다. 그는 폭력이나 잔인함에 대해 소름끼치는 공포를 느꼈을 뿐 아니라, 그의 내면 깊은 곳의 존재는 그것들을 위한 이론 또는 정당화를 만들려는 일체의 시도를 거부했다. 그는 국가·사회·법의 폭력 사용을 일관되게 거부했다. 그의 글에서 사형과 고문을 다룬 부분은 처벌할 권리 자체를 받아들이는 것의 이중적(사회적·개인적) 난관과 그것이 필연적으로 수반할 결과들로부터 나왔다. 그는 입법자와 법률가가 "두려움을 갖고서 인간의 생명과 운명을 규정해야 한다"고 단언했다.[18] 그는 정말로 자신이 내린 모든 결정이 동료 인간들의 운명에 영향을 미치게 된다고 확신했다.

베카리아는 18세기 유토피아의 문턱에 서 있었다. 그는 그 사실에 엄청난 매력을 느꼈다. 그는 논리와 감성에 의해, 인간으로 하여금 선악 문제를 "근원에서" 해결할 수 있도록 해줄 해결책에 이끌렸다. 하지만 그는 문턱에서 멈췄다. 그는 자기 안의 평등주의적이고 자유지상주의적인 충동이 아무리 강할지언정, 그것들을 이성과 계산이 지배하기를 바랐다. 사회가 무슨 권한으로 처벌할 권리를 요구할 수 있는지 의심할 수는 있었지만, 그것이 사회 자체의 해체나 법률에 대한 부정으로 이어져서는 안 되었다. 그는 엘베시위스와 루소의 사상을 결합했다. 베카리아가 제기한 문제에 대한 자신의 대답은 유토피아가 아니라 자유롭고 평등한 인간들의 사회였다. 실천적 의미에서, 오직 엄격하게 공리주의 개념에 부합하는 사회만이 평등의 달성을 가능케 할 것이었다. 만일 어떤 범죄로 인해 손해배상이 필요하다면, 누구나 그 임무를 수행할 권리·의무를 가질 수 있다. 신분·집단의 모든 특권은 정의의 앞길을 가로막는 방해물이었다. 사회의 부의 경우에서도 마찬가지로 공리주의적 계산만이 평등에 도달할 유일한 방법이었다. 베카리아는 스코틀랜드 철학자들에게서 가져온 것으로 보이는 공식을 사용했다. 베리도 이 시기에 그것을 사용했다. 모든 사회는 "최대의 행복을 최다의 숫자로 나눈 값"을 향해 달려가야 했다.[19] 그것은 유토피아적 반란에 맞선 개혁 기획을 위한 합리적 공식이었다.

베카리아의 책은 1764년 여름에 리보르노에서 익명으로 출간됐다. 밀라노에서 책의 출간을 도운 그의 친구들은 공포에 떨며 기다렸다. 베카리아 자신도 걱정했다. 그러나 한동안, 이 얇은 책에 담긴 루소의 영향은 이 책이 느리게 그리고 점진적으로 읽히는 것이 아예 불가능할 정도로 너무 강력해 보였다. 파리에서조차 당대 최고의 비평지인 『유럽 문예』가 그 책에 대해 "사회계약론의 주요 원칙들을 모아놓은 것에 불과하다"고 평할 정도였다.[20] 이탈리아에서 『범죄와 형벌』을 맞이한 것은 놀라움이 아니라 거친 비난이었다. 무명의 탁발 수도사인 파키네이는 베네치아에서 출간된 글에서 그 책을 비판했다.[21] 그는 베카리아의 책을 읽고서 자유롭고 평등한 인간들의 사회라는 생각은 단순한 유토피아가 아니라 위험한 유토피아라고 확신했다. 그런 망상에 이끌리는 것은 단순한 실수가 아니라 죄라고 했다. 장군을 때린 자와 짐꾼을 때린 자를 어찌 똑같이 처벌한단 말인가? 모든 인간 사회의 도덕적·종교적 기초인 질서 그 자체를 교란시킨 범죄를 어찌 순수하고 단순한 '효용'이라는 기준만으로 판단할 수 있단 말인가? 파키네이는 예로부터 내려온 삶의 박자가 바뀌는 것만을 두려워한 게 아니었다. 그는 또한 종교의 보호를 박탈당하고 혼자가 되는 것을 두려워했고, 점차 더 끔찍하고 잔인한 사회 현실과 마주하게 되는 것을 두려워했다. 교회와 전통이 수 세기에 걸쳐 베풀어왔던 오래된 위안이 사라질 수도 있었다. 베카리아를 비판하는 파키네이의 무겁고 피로한 글을 읽다 보면, 『범죄와 형벌』이 제시한 개혁안들이 그 시대의 심리와 정치를 얼마나 깊이 찔렀는지 이해하게 된다. 파키네이는 사회의 오래된 기둥들이 제거되면 동란과 파멸이 뒤따를 것이라고 생각했다. 그 기둥들이란 고문, 종교재판, 사형, 고래 법률의 확고한 권위, 판사와 법정에 대한 절대적 존경이었다. "이 책은 비록 아주 작지만 입법자들, 교회 및 세속의 통치자들, 특히 성스러운 종교재판소에 독설을 장황하게 퍼붓는다. 이 책은 신성모독이 지금까지 주권과 기독교에 맞서서 가장 불경한 이단자들과 고대 및 근대의 가장 반反종교적인 사람들의 입을 통해 제시한 온갖 엄청난 오류를 모두 품고 있다."[22]

베카리아는 종교 비판에서 사회 비판으로 이행했고, 종교재판소에 반대하며 주장을 펼치다보니 처벌할 권리 자체의 모든 토대에 의문을 제기하게 되었다. 파키네이는 이런 베카리아를 비판하기에 적절한 단어를 단 두 개밖에 찾지 못했다. 하나는 "이탈리아의 루소"였고 다른 하나는 "사회주의자"였다. 지금까지 우리가 살펴본 바를 생각하면, 첫 번째 단어는 전혀 놀랍지 않다. 그런데 두 번째 단어는, 아마 이것이 근대의 언어가 '사회주의자'라는 단어를 처음으로 사용한 경우라는 점을 인정해야만 하는 독자들에게 여전히 매우 놀랍다. 뮐러는 최근에 단어·개념의 역사에 관심을 가진 사람이라면 누구나 반할만 한 책에서 이 문제를 재검토했다.[23] 그에 따르면 '사회주의자'라는 단어는 18세기 중반에 최초로 사용되었고, 처음에는 라틴어로, 후에는 곧 이탈리아어로 쓰였다. 이 단어를 처음 사용한 사람은 독일인 베네딕트회 수도사인 데징인 것으로 추정된다. 푸펜도르프와 컴벌랜드에서 유래하는 자연법의 조류는 인간의 사회적 본성인 '사회성'을 모든 자연법의 근간에 놓았는데, 데징은 이 조류를 지칭하는 데 '사회주의자'라는 단어를 사용했다. 이 가톨릭 논객에 따르면 그 사상가들, 즉 "사회주의자들"은 자신들의 사회 전망에서 종국에는 모든 종교적 요소를 제거하고야 말았으며, 계시·종교·교회를 무시하고 모든 인간 행위를 철저하게 사회라는 관점에서만 고려하는 지경에 이르렀다. 데징은 이것이 "사회주의자들"로 하여금 "자연주의자들" 또는 심지어 홉스주의자들을 닮게 만들었다고 믿었다. 비록 홉스주의자들은 '사회성'의 존재를 인정하지 않았지만, 그들 역시 오로지 현세의 복리만을, 즉 "이승에 유용한 것"만을 고려했기 때문이다.[24] 데징은 '사회성' 개념을 비판하면서[25] "자연적 사회주의자들", 즉 푸펜도르프와 컴벌랜드 자신들도 기독교가 "진정한 사회를 설파한다"는 점을 인정했다고 주장했다. 그렇다면 그들은 왜 그들 학설의 중심에 그것을 놓지 않은 것인가?[26] 현실에서 "푸펜도르프의 사회는 머리, 즉 신을 결여하고 있다".[27] 모든 "자연주의자들"에 대해서도 똑같이 말할 수 있다.[28] 그들과 "사회주의자들"은 헛되이도 자연법과 계시를 구분하려고 노력한다. "사회주의자는 실로 종교조차도 사회적 목적에 종속된다고 주장한다."[29] 따라서 데징은 "사회주의적 주장은 인간을 정의롭게 구속하기에는 부적절하다"고 결론 내렸다.[30] 반대로, "사회주의적 교설은 오히려 이미 태어난 사회를 파괴할 수 있다".[31] 홉스처럼 그들은 자연법이 오직 "노골적으로 이승의 이익을 보존하는 것"에만 봉사해야 한다고 생각했다.[32] 사실 데징은 섀프츠베리나 사회적 대의를 위한 그의 열광에 대해서 아는 바가 없었다. 하지만 데징이 쓴 "사회주의자"라는 단어는 잉글랜드의 저 철학자·이신론자[섀프츠베리]를 통해 세속적·도덕주의적 개념으로 변모하여 표현된 바로 그 사상 조류를 가리켰다. 똑같은 단어가 라틴어에서 이탈리아어로 옮겨와서 최초로 1765년에 베카리아를 가리키는 단어로 쓰인 것이다. 그 단어는 더 이상 단순히 사회성을 인간이 가진 성분적·근본적 요소로 간주하는 사람을 가리키는 데 그치지 않았다. 그 단어는 불가피하게 자유롭고 평등한 인간들의 사회를 바라는 작가, 그리고 루소에게서 영감을 얻는 작가를 뜻하게 되었다. "이 저자가 제안하는 것은 모두 (…) 철저하게 터무니없는 거짓 원칙 두 가지에 기초하고 있다. 그 원칙은 인간은 자유롭게 태어났다는 것과, 자연적으로 서로 평등하다는 것이다."[33] 빈자와 부자, 온순한 사람과 반항적인 사람, 강자와 약자를 보건대 인간은 전혀 자유롭지도 평등하지도 않았으며, 바로 그 이유 때문에 인간은 그들을 지도하고 처벌할 권위를 필요로 했다. 이 권위가 효과적이려면 고문과 사형이 필요했고, 정당화를 위해서는 최고 권위의 종교적 승인이 필요했다. 권위, 강제, 복종, 종교 없이는 어떤 인간 사회도 상상할 수 없었다. 자연 상태와 비교해보기만 해도 명백했다. "원시적·자연적 자유"의 상태에서조차 각자의 생명을 지키기 위한 살인은 정당했다. 파키네이는 "모든 사회주의자가 여기에 동의했다"고 확인했다. 법률이 제정되면서 이러한 제1의 권리가 소멸했다고 누가 상상이나 할 수 있겠는가? "인간 본성의 현재 상태 및 조건에서는, 어떤 이유로든 타인을 죽일 수 있을 만큼 사악한 사람이 아무도 없는 사회를 구성하는 것"은 불가능했다. "사회주의자가 그것이 불가능하다는 점에 동의하지 않으리라고는 믿지 않는다."[34] 범죄를 억제할 필요가 없어질 만큼 사회적 본능이 압도적으로 우세해지는 일은 결코 없을 것이었다. 심지어 사회주의자들조차도 그런 해석을 받아들여야만 했다. 즉 데징이 볼 때 유토피아는 불가능했다.

그러나 사형은 왜 존재해야 한단 말인가? 베카리아도 사회적 본능, 즉 '사회성'이 유토피아에 이르는 것을 거부했다. 그러나 교수대를 마주했을 때, 그는 그 문제에 대해 다른 해결책을 제시했다. 1765년에 그가 그려서 출판업자에게 인쇄를 의뢰하며 보낸 그림 초안에는 미네르바의 특징들을 갖춘 정의의 여신이 그려져 있다. 법과 지혜를 합친 것이다. 정의의 여신의 형상은 망나니가 그녀에게 건네는 잘린 머리들을 보며 공포에 질려 뒷걸음질 친다. 동시에 그녀는 삽이나 톱과 같은 노동 기구들을 향해 인자한 시선을 보낸다.[35] 사형은 중노동으로 대체되어야 했다. 오직 이 방법으로만 사회가 법적 살해를 저지르지 않는 동시에 범죄자가 사회에 빚을 갚을 수 있었다. 오직 이것만이 사회적으로 유용한 개과천선의 방법이라고 본 것이다.

베카리아의 저서에 대한 토론이 유럽 전역에 퍼져나갔는데, 이 토론의 와중에 그와 같은 해결책의 사회적 함의가 점차 밝혀졌다. 중노동이 범죄에 대한 적절한 처벌인지 자문하는 것은 중노동이 잠재적 법 위반자들을 두렵게 만들기에 충분한지를 묻거나 단지 중노동이 현실적인 해결책인지, 즉 그것이 범죄성 억압이라는 매우 중대한 요건에 부응하는지를 묻는 데 그치지 않았다. 『범죄와 형벌』에 대한 가장 의미심장한 답변들은 기술적인 형벌의 층위에서 전개되지 않았다. 베카리아가 단지 법률을 인간화하고 개선하는 문제만이 아니라 인류 사회의 핵심 그 자체에 대해서 고민했다는 점이 곧 인지되었다. 그가 제안한 개혁안들을 통해서, 그가 출발점으로 삼은 잠재적 유토피아를 쉽게 추적할 수 있었다. 파키네이 신부는 중노동이 자유노동과 매우 다른 경우에만, 그리고 도형수의 상황이 먹고 살기 위해 일해야 하는 사람의 상황과 비교할 때 본질적으로 달라야만 중노동을 통한 처벌이 의미가 있으리라는 점을 진즉에 깨달았다. 파키네이는 주변을 둘러보기만 해도 이 차이가 존재하지 않는다는 점을 잘 알 수 있다고 말했다. 가난한 노동자의 상황은 베카리아가 중노동에 처해진 사람들의 상황으로 제시한 것과 별반 다르지 않다는 것이다. "상상 속의 살인자가 살아갈 삶과 (⋯) 노예의 삶 사이에는 단 한 단계의 차이조차 존재하지 않는다. (⋯) 우리는 지금 가장 고된 노예생활보다 더 고된 삶을 자유롭게 살아가는 매우 많은 사람의 사례를 목전에 두고 있다."[36] 도형수의 삶과 가난에 허덕이는 사람들의 삶 사이에서는 일체의 구분이 사라지는 경향이 있었다. 빈민을 그들이 살고 있는 조건들 속으로 밀어넣은 것은 판관이 아니라 사회 그 자체였다.

모렐레가 1766년에 『범죄와 형벌』의 프랑스어판을 출간하고 베카리아가 철학자들의 찬사를 받으러 파리에 가면서부터, 논의는 매우 다른 차원을 획득한다. 프랑스에서 이 책이 야기한 활기차고 다채로웠던 기술적 논의들을 지금 다룰 생각은 없다. 모렐레, 디드로, 볼테르, 돌바크 같은 사람들의 근본 관심사는 기술적인 데 있지 않았다. 중요한 것은 유토피아냐 개혁이냐 하는 진퇴양난의 궁지에 대한 그들의 대응이었다. 그들은 모두 이 궁지가 베카리아의 책에 함축되어 있다고 각자의 방식으로 느꼈다. 다른 많은 이처럼 달랑베르도 이 책이 논리와 정확성을, "그리고 동시에 감수성과 인간성을", 이성과 감정을 함께 엮어내는 방식에 감탄했다.[37] 그것들은 모든 독자에게 충격을 안겨준 극단이었고, 사회에 대한 베카리아의 입장, 즉 그의 "사회주의"와 공리주의가 지닌 가장 눈에 띄는 특징이었다. 그림은 밀라노의 이 저자가 논지를 전개함과 함께 점점 더 강렬하고 급박하게 외치던 호소에 귀를 닫지 않았다. 그림은 이 책 이후로 "우리 재판소의 냉혹하고 법률적인 야만성을 치유하는" 것이 필수불가결하다고 말했다.[38] 모렐레는 『범죄와 형벌』을 번역하면서 그 책을 하나의 진정한 논고로, 즉 새로운 형법전의 기초가 될 만한 사법 체계로 변모시키려고 애썼다. 베카리아는 확실히 자신의 "인류에 대한 애정"과 "온화한 감수성"으로 "독자들의 영혼에 감격을" 불러일으키는 능력을 갖고 있었다. "인류의 이익에 대해 아무런 열정 없이 말할 수 있는 냉정한 인간들에게 불행이 있으라, 단, 이 열정이 논증의 견실함을 전혀 해치지 않는다는 가정하에, 그리고 매혹적인 언변의 생동감에 자신을 내맡기면서도 진리로부터 멀어지지 않는다는 가정하에."[39] 모렐레는 베카리아가 바로 이 실수를 저질렀다고 주장했다. 베카리아의 책은 더 논리적이고 고전적이며 체계적인 구성을 갖추도록 재편돼야 했다. 모렐레는 이 작업을 수행했고, 디드로는 그가 책의 핵심 정신을 죽여버렸다고 비난했다. "철학적이고 생생하고 열렬하고 떠들썩하고 과장된 관념들이 매 순간 저자를 열정으로 이끄는, 단편들에서 드러나는 방법론의 관습." 그렇다면 저자가 "광란에서 안정으로" 옮겨가고, 그 다음에 다시 이성에서 열정으로 되돌아가게 만든 이 "도덕적 부조화"를 번역과정에서 존중해서는 안 될 이유가 무엇이란 말인가?[40] 이 저서의 문체에 대한 논의는 당시 알프스산맥 양편에서 널리 이루어졌다. 이런 검토가 베카리아의 사상과 개성의 깊이를 드러내는 데 일조했다는 점 또한 의심의 여지가 없다. 당대인들은 그가 자신의 생각을 표현하는 바로 그 방식에서 루소와 엘베시위스를, 즉 감정과 계산을 모두 투명하게 볼 수 있었다.[41]

볼테르는 자신이 그토록 찬미했던 책의 기원을 추적하기에는 고등법원들의 불의와 잔혹함에 맞서 투쟁하느라 너무 바빴다. 설사 그가 추적할 수 있었더라도, 그는 그 책의 원천들을 그다지 좋아하지 않았을 것이다. 유토피아의 유혹과 흥분은 그에게 어울리지 않았다. 볼테르는 베카리아가 기존 지배 질서가 제정한 법률이 야기하는 무질서와 공포에 맞서 말한 것들을 통해 그를 이해했다. 볼테르는 브장송의 법률가 생클로드에게 이 책의 좀더 기술적인 부분을 검토하고 발전시키는 일을 맡겼다. 그 부분은 프랑스의 상황에 맞게 조정되었다. 책에 활기찬 논쟁이 담긴 페이지가 두툼하게 추가되었고, 볼테르는 이것을 1766년에 『논평』이라는 제목으로 급히 출간했다. 그 책은 세계적으로 유명해질 운명이었다.(여담이지만, 이 책은 아메리카 식민지에서 출간된 볼테르의 첫 번째 책이었다.)[42] 『범죄와 형벌』을 다 읽은 뒤에 『논평』을 여러 판본을 통해 다시 읽어보는 것은 흥미로운 일이다. 그 판본들은 이 두 권의 책을 공통의 운명으로 이었다. 다시 읽는 행위를 통해서 우리는 1760년대 중반에 계몽주의 인물들 사이의 공통점과 차이점을 명확하게 알 수 있다. 사형에 대한 볼테르의 다음 글은 특히나 특징적이다. "평생 공공사업에 투입되어 노동하도록 선고받은 힘센 도적 20명이 형벌로써 국가에 봉사한다는 점은 명백하다. 그리고 그들의 죽음은 오직 공개적으로 사람을 죽이고 돈을 받는 형리들에게만 좋은 일이라는 점 또한 명백하다." 문제의 사회적 함의는 외면당했고, 대신 노동의 가치에 대한 일반화된 신뢰가 그 자리를 차지했다. "인간에게 노동을 강제하라. 그러면 그는 정직한 사람이 될 것이다."[43] 볼테르에게 있어 악과 불의에 맞선 투쟁은 언제나 적절하여, 그는 이런저런 구체적 측면에 전적으로 집중한다. 그는 원칙의 일반적 선언으로 나아가지 않는다. 이는 그가 베카리아와 교환한 서신에서도 드러난다. 볼테르는 항상 베카리아를 자신의 전투 속으로 끌어들이는 경향이 있었는데, 그는 칼라스나 라바르에게 유죄 판결을 내린 재판관들에 맞선 투쟁에서 베카리아를 자신의 동맹군으로 만들었다. "어디를 쳐다봐도 대립, 냉혹함, 불확실성, 독단이 보인다." 그는 이 법률적 혼돈을 뚫고 나가는 길을 다른 누구보다도 더 잘 찾아냈으며, 날카롭고 정밀하고 적절한 무기로 싸우는 법을 알았다. 그가 자신의 투쟁이 지닌 일반적 의의에 대해 성찰할 때면 언제나, 예컨대 『논평』의 마지막 문장들에서처럼, 그는 법률 체계의 개선을 목표로 삼을 뿐, 새로운 법전으로 사회 자체를 개혁하려 들지는 않았다. "금세기에 우리는 모든 것을 완벽하게 만들려고 노력한다. 즉 우리 삶과 재산이 의존하는 법률을 더 완벽하게 만들고자 노력한다."[44] 그가 일상적 투쟁 너머로 눈을 돌렸을 때, 종교가 논쟁의 표적이 되었다. "종교를 오직 형리들로만 떠받치는 것보다 더 가증스러운 법 집행이 있단 말인가!" 그는 1768년 5월 30일에 베카리아에게 이렇게 편지를 썼다. "보라, 이것이 온화하고 자비로운 종교라 불리는 것이다!"[45]

디드로의 입장은 이해하기가 좀더 어렵다. 이 문제에 대한 그의 생각을 해석하는 데 근거로 삼을 증거가 불분명하기 때문이다. 베카리아의 책에 대해 그가 썼으리라고 예전부터 추측되어온 주변적 논평들 가운데 적어도 일부는 출처가 의심스럽다.[46] 디드로가 친구인 그림 및 스코틀랜드 화가 램지와 주고받은 『문학 서신』을 읽어보면 알 수 있다시피, 그는 돌바크의 집에서 이 문제들을 활발하게 논의했다. 램지가 그에게 베카리아의 근본 주장들을 반박하는 편지를 보내자, 그는 급히 그 편지를 번역해 유통시켰다. 스코틀랜드 예술가의 반박은 과격했다. 그에 따르면, 공정한 형법을 확립하기 위해 인간 사회의 본성을 조사해서는 안 된다. 각 나라의 구체적인 정치 전통이 각자의 행위를 결정하고, 범죄자들과 맞서 싸울 때 쓸 무기를 제공해야 한다. 그는 의도적으로 현실주의적인 전망을 견지했는데, 마키아벨리적이라고도 말할 수 있다. 그의 전망은 무력·필요성·우연이 모든 정부의 토대라는 가정 위에 세워졌다. 그가 보기에, 베카리아의 저서는 전형적인 유토피아의 특징을 지녔다. "『범죄와 형벌』 같은 사색적인 책은 모두 '유토피아'의 범주, '플라톤의 국가'의 범주, 기타 정치적 이상향의 범주에 속한다. 그러한 책들은 저자의 정신, 인간애, 영혼의 선함을 증명하지만, 과거에나 미래에나 사태에 현실적·현재적 영향을 끼치지는 못한다."[47] 철학의 개혁 능력에 대한 그의 불신 역시 과격했다. 분노를 표시하는 것은 소용없는 일이었고, 비판하는 것은 더욱 그러했다. 상황과 운명이 인간 조건의 변화를 결정했다. "현자와 철학자들의 고함은 사형에 처해진 무고한 자의 함성이다. 형벌 바퀴 위에 매달린 채, 그들은 두 눈으로 하늘을 바라보며 외치기를 그만두지 않았고, 앞으로도 결코 그만두지 않을 것이다. 힘 있는 자들의 무장을 해제하는 것은 현자들의 장광설이 아니다. 그것은 다른 것이며, 이 다른 것을 끌고 오는 것은 뜻밖의 사건들이다."[48] 저항하거나 논증하는 것은 아무런 소용이 없는 일이었

다. 이러한 지독한 회의론, 무자비한 냉정함 앞에서 유토피아도 개혁
도 붕괴했다. 홉스의 사상에 많은 관심을 표하던 디드로가 램지의 이
편지에 어느 정도로 영향을 받았을지는 정확히 말하기 어렵다. 고문,
사형, 사회의 잔인함이 베카리아에게 죄의식을 불러일으켰는데, 아마
램지의 노골적인 현실주의로 인해 디드로는 그 죄의식을 벗어던지려는
노력에 한 걸음 더 다가갈 수도 있었으리라. 그래서 디드로는 처벌할
권리의 기원·본성과 좋은 또는 나쁜 형법의 함의에 대해서 다소간 더
초연하고 냉정하게 판단하는 방향으로 나아갔다. 그에 따르면 자신의
권력을 지키려는 사람들의 결정이 사회를 지배했다. 처벌은 결코 범죄
가 저지른 위해에 비례해 부과되지 않았다. 그보다 처벌은 "지배자들
의 안전을 위해" 부과되었다.[49] 이 영속적 투쟁에서 얼마나 많은 악이
법률기구에 의해 자행되었던가? 그리고 혼란, 무관심, 단순한 무질서
등에 의해 자행된 것은 얼마나 많았는가? "프랑스에는 약 1800만 명
이 있다. 왕국을 통틀어 매년 300명 미만이 사형에 처해진다. 즉 형법
은 매년 6만 명 중 1명만을 처분한다. 말하자면 뜻밖의 재난, 한 번의
폭풍, 달리는 수레, 성병에 걸린 창녀 1명, 가장 하찮은 정념 하나, 감
기, 악인 1명, 심지어 훌륭한 의사 1명보다도 더 적은 수의 죽음을 초
래한다."[50] 몇 년 뒤 디드로도 이와 비슷한 생각을 예카테리나에게 말
했다. 그는 『나카스에 대한 고찰』['나카스'는 예카테리나 여제가 쓴 책의 제
목으로 '지시 사항'이라는 뜻]에서 다음과 같이 썼다. "나는 『범죄와 형벌』
에 커다란 성공을 가져다준 인류애라는 특징을 그 책에서 제거하려는
것이 결코 아니다. 나는 그 누구보다도 결백한 사람들의 삶을 존중하
며, 죄인들에 대해서는 오직 아주 큰 연민을 느낄 뿐이다. 그럼에도 나

는 따져보는 일을 그만둘 수는 없다."⁵¹ 분명 디드로는 스스로도 확언하듯이 어떤 식으로든 전통적 사법 질서의 잔혹성을 옹호하려는 의도가 없었다. 그보다는 "아무런 관심을 받지 못하고 있는, 다른 수많은 중대한 부조리"에로 사람들의 주의를 돌리려고 노력했다.⁵²

베카리아의 사회적 양심이 감옥과 교수대에 집중하는 경향을 보였다면, 디드로의 양심은 인간 사회의 모든 측면을 전부 고려하는 경향을 보였다고 말할 수 있다. 디드로가 더 초연한 자세를 취한 이래로, 그의 '사회주의'는 '사회학'이 되는 경향을 보였다. 어쩌면 이 용어들은 이 맥락에 쓰이기에는 너무 현대적인지도 모른다. 그러나 앞에서 살펴본 것처럼 '사회주의'는 이미 사용 중이었고, 곧 '사회학'이라 불리게 될 활동은 18세기 중에서도 바로 이 시기에 스코틀랜드와 유럽 대륙에서 시작되었다.

하지만 그렇게 하여 디드로는 모든 개혁 정신이 감소하고 둔화하게 될 위험을 무릅쓰지는 않았는가? 그 스스로도 이런 의혹을 가지고 있었다. 그는 자신의 생각을 비판적으로 재검토했다. 그러나 결국 진리란 언제나 공개적으로 선언되어야 한다는 점에 기대어 스스로를 정당화했다. 하지만 그렇게 한다고 해서 문제가 해결되지는 않았다. 볼테르의 활동에도 불구하고, 베카리아의 영향과 프랑스 철학자들의 선의에도 불구하고, 실제로『범죄와 형벌』출간 이후 사반세기 동안 형법 개혁은 불확실하고 지지부진했다. 프랑스는 고문을 신속하게 폐지하지 않았을 뿐만 아니라 사형을 완전히 거부한 토스카나의 예를 따르지도 않았다. 또한 새로운 법전 편찬을 향해 한 발짝도 나아가지 않았고, 잔혹한 감옥 제도를 유지했다. 여기에는 여러 가지 이유가 있다. 그 이유는 고등법원의 권력에서, 그리고 고등법원이 그 시기에 자율적인 반대 세력으로서 획득한 정치적 무게에서 찾아야 한다. 또 다른 이유는 분명히 구체제 말기 프랑스의 서민, 농민, 걸인, 산적 등의 요소들에서 비롯된 사회적 위협의 증대에서 찾아야 한다. 르페브르부터 루데에 이르기까지, 현대 역사가들은 이러한 사회적·정치적 설명을 강조했다. 그들은 시골과 도시에서의 여러 계급 및 집단의 상황을 어느 때보다도 상세하게 보여줬다. 이 역사가들은 사회학적 착상에서 시작하여 디드로가 추측하기만 했던 현실을 발견하는 데 성공했다. 디드로가 계산 작업이 필요하다고 생각했던 부분에서, 그들은 계산 작업을 수행하는 데 성공했다.[53] 그러나 이제 우리가 그 수치들을 매우 잘 알게 된 이상, 프랑스에서 개혁이 지연된 이유가 최소한 어느 정도는 다른 이유들, 즉 부분적 개혁에 대한 불신이나 형법 문제의 중요성에 대한 인식 부족, 사회가 통째로 바뀌기 전에는 베카리아가 주장한 개선책들을 적용할 수 없으리라는 철학자들의 최종적인 확신 등에 기인하는 것일 수도 있지 않겠는가 하는 질문으로 되돌아가야 한다.

디드로는 결정적인 지점에서 이미 굴복한 듯했다. 그는 매춘에서 마차 바퀴에 치이는 사고에 이르기까지의 다양한 사회적 원인으로 인해 죽은 사람에 대해 쓴 바 있다. "사기꾼이건 정직한 사람이건, 사법제도의 칼날 아래 쓰러진 사람은 최소한 용의자이며, 대개 유죄가 입증된다. 그가 성실하고 정직한 삶으로 되돌아갈 가망은 없다."[54] 이처럼 그는 피고인의 죄의 유무 그리고 그의 선악의 여부를 막론한 모든 종류의 사형 판결에 걸림돌이 되는, 베카리아가 도저히 극복할 수 없으리라 여겼던, 장애물을 극복해냈다. 결국, 디드로는 죄의 길로 들어선 사람들을 구제하려는 거창한 희망을 포기해버렸다. 베카리아는 사법 제도를 통제하는 것은 무엇이건 간에 사회적 범주나 도덕적 범주에 속해서는 안 된다고 믿었다. 그보다는 오히려 사람을 죽이지 않겠다는, 자연 상태의 투쟁을 계속하지 않겠다는, 그렇게 해서 자신이 생각하는 인류 사회의 근본 토대를 파괴하지 않겠다는 순수하고 단순한 의지가 사법 질서를 통제해야 한다고 믿었다.

베카리아의 핵심적 착상을 포기하자 파리 철학자들 사이에서 일종의 역설이 쇄도하고 그들이 가졌던 사회적 환상의 고삐가 풀려버리는 현상이 생겨났던 것으로 보인다. 예를 들어, 명백히 디드로의 것으로 보이는 다음의 착상을 사람들은 전통적으로 모렐레의 것으로 여긴다. "인류의 증식에 사용될", 노예로서의 죄수들을 진정한 노예로 만들자. 노예가 된 죄수들이 낳을 자식들은 "그들에게 할당된 장소에서 공들여 길러질 것"이었다. 노동력 증대라는 경제적 이점 외에도, 이 방법은 "악덕이 유전된다는 편견"이 잘못되었음을 증명하는 과학적 이점도 가졌다. 이런 추론을 전개한 한 거리낌 없는 철학자는 심지어 죄수들이 재생산자로서 기능하는 과정에서 받는 처벌의 양상도 검토했다. "기쁨의 행위에, 아버지가 된다는 사실의 달콤함에, 다소간 굴욕과 회한을 덧붙여준다."[55]

이것은 고문·사형 폐지 이후의 범죄 억압 수단에 관한 18세기의 온갖 궤변 중에서도 가장 역설적이고 이상한 면면들이다. 어떤 사람은 여러 세기 동안 온갖 정교한 고문, 새로운 바퀴와 집게, 범법자의 사지를 절단하는 더 복잡하고 구경거리로 더 좋은 방법을 발명해내는 데 동원됐던 징벌적 상상이 이제는 새로운 공리주의와 사회적 계산, 개인과 사회의 관계에 대한 착상 등이 지시하는 경로를 따라 펼쳐졌다고 주장하고 싶을 수도 있다. 이미 모페르튀이가 죄수를 의학 실험에 사용하자고 제안했고, 18세기 피에몬테의 위대한 경제학자 잠바티스타 바스코는 이 생각을 베카리아에게 말한 적이 있다.[56] 강제노동을 더 효율적이고 유용하게 만들기 위한 이런 방식의 조직화는 이 같은 뜬구름 잡기식 논의의 인기 주제였다. 이미 살펴본 바와 같이, 토스카나 법률은 최초로 사형을 완전히 폐지했다. 중노동에 관한 1786년 법의 조항들은 흥미롭다.[57] 유럽 구석구석에서 베카리아의 가르침에 따라 죄수들을 조직하고 그들을 사회와 그들 자신에게 더 유용한 사람으로 만들려는 시도가 있었다. 하워드에서 벤담에 이르기까지 나병원과 감옥에 대한 18세기 말의 모든 논의는 진정성 있고 심원한 계몽주의적 박애 사상, 새로운 경제적 계산 그리고 더 불온하게 여겨지는 것으로서, 새롭고 더 합리적인 형태를 띠기 시작한 오래된 잔인함 등이 서로 만나는 또 다른 전형적인 합류점을 형성한다.

사형을 대체할 처벌안들과 베카리아의 중노동 제안에 반대하면서 파키네이가 제기하기 시작한 주장을 받아들여 발전시킬 인물들이 프랑스에도 부족하지 않았다. 1770년 4월, 『경제지』는『랭게 씨가 '범죄와 형벌'의 저자에게 쓴 편지의 단편』을 출간했다. 저자는 마치 눈앞에서 죄수들을 보고 있는 듯이 썼다. "당신의 죄수들에게는 감시인을 붙여야 하고, 음식을 줘야 합니다. 영양 공급이 불충분한 데다가 피로에 짓눌리면, 그들은 얼마 안 가 죽을 것입니다. 그 경우 바뀐 것이라고는 처벌의 명칭 및 장치뿐일 테니, 왜냐면 그들을 죽인 것은 언제나 마찬가지로 당신이기 때문입니다." 중노동은 사형을 직접 대면하기를 거부하는 사람들을 위한 위선적 탈출구에 불과했나? 사형, 오직 사형만이 최후의 수단이었다. 부유층과 특권층이 "걱정 없이 범죄를 저지를 그들의 권리"를 행사하는 것을 막을 방법은 오직 교수대뿐이었다. "가장 궁핍하며 재력이 없고, 그러므로 당신의 원칙대로라면 가장 용서받을 만한 범죄자들만이 오히려 계속 쇠사슬에 묶여 있을 것입니다."[58] 진짜 문제는 교수대나 중노동이 아니었다. 사회가 부자와 빈민으로 나뉘고 압제자와 억압받는 사람들로 나뉜 것이 진정한 문제였다. 이 상황이 계속 존재하는 한, 시기상조의 인도주의와 관용은 부자와 권력자에게만 유리했다. 가난하고 핍박받는 사람들에게는 여전히 보호가 필요했다. 랭게가 이 시기에 출간한 다른 저작들에서 설명한 바와 같이, 이 보호는 오직 강력한, 심지어는 전제적인 중앙권력으로부터만 나올 수 있었다.

중노동에 관한 논의는 유럽 전역에 퍼졌다. 그 논의는 죄수의 노동을 이용하기 위한 더욱 매몰차고 냉혹한 계산의 형태를 취했다. 다른 한편 러시아의 셰르바토프는 폐지된 사형보다 훨씬 더 나쁜 '사실상의 사형'을 중노동이나 채찍형의 가면 아래 숨기지 말아야 할 의무를 입법자들에게 일깨웠다.[59] 이 논쟁은 『범죄와 형벌』의 가르침에 따라 행동하려고 할 때 반드시 생겨나는 사실과 문제들에 대해 모든 사람이 주목하게 만들었다.

고라니는 몽테스키외를 출발점으로 삼아서 랭게에게 응답하려고 했다. 그는 처벌에서의 관용과 정의로운 균형 감각이 종국에는 범죄의 빈도와 잔혹함을 감소시킬 것이라는 생각을 논증의 기초로 삼았다. 너그러운 처벌은 가장 좋은 예방책이었다. 덜 위협적인 사법제도는 범

죄자의 수를 줄일 것이었다. 요약하자면 개혁은 사회를 개선할 것이었다.[60]

하지만 사회적 불평등과 불의 때문에 그런 희망을 가져도 소용없다는 생각이 이 논쟁을 최종적으로 지배했다. 그 생각은 다른 의견들을 압도했다. 이를 가장 잘 표현한 것은 마블리의 『입법에 관하여 또는 법의 원칙에 관하여』였다. 이 책은 튀르고가 몰락한 해, 즉 프랑스에서 계몽주의적 개혁의 운명에 결정적인 시기였던 1776년에 출간되었다.[61] 이 책의 중심에는 "보기 드문 자질을 가진 스웨덴인과 영국인의" 대화가 있다. 두 사람 모두 "각자의 조국 의회에서" 잘 알려진 사람들이었다. 영국인은 영국식 애국주의와 박애주의를 대표했다. 스웨덴인은 평등과 가장 근엄하고 엄격한 정치적 도덕성의 원칙을 지지했다. 둘 다 "자연은 인간을 재화의 공동체로 초대"했지만 "평등의 재확립"으로 가는 길에는 막대한 장애물들이 있다는 전제에서 출발했다. 공산사회로 설계되어 탄생한 사회가 공산주의를 성취하지 못했을 때, 인간은 가혹한 형법을 만들고 동료 인간들에게 가장 끔찍한 처벌을 가해야만 하는 비극적 필요성으로 내몰렸다. "보라, 바로 소유권의 확립이 세상에 그토록 많은 악을 낳고, 입법자들로 하여금 잔인해지도록 강제했다. 만일 인간이 이 행복한 재화의 공동체, 내가 영원히 그리워할 재화의 공동체 속에서 살았더라면, 별다른 노력 없이도 현명하고 사려 깊고 평온한 그들의 정념은 오늘날의 사법 체계가 스스로를 무장하는 데 사용하지 않을 수 없는 무시무시한 가혹함을 통해 억제당할 필요가 없었을 것이다." 그러나 이제는 할 수 있는 일이 없었다. 유토피아는 사라져버렸다. 남은 길은 거친 현실주의와 부당한 사회의 법률을 수용하는 것뿐이다. 개혁을 향한 모든 희망은 환상이었다. "인류애라는 선한 감성"의 모든 관용, 사형에 대한 모든 반대, 사형 대신에 다른 처벌을 도입하려는 모든 노력은 "적을 고문할 수단을 모두 사용한 다음에야 적이 죽도록 허용한 티베리우스가 보여준 극도의 잔혹함"을 연상시켰다. 왜 사람들을 중노동으로 고문한단 말인가? 왜 간수들에게 괴물이 되라고 강요한단 말인가? 왜 죄수가 치욕을 겪고 타인의 본보기가 되기를 바란단 말인가? 오히려 반대로 그들은 자신의 악행에 긍지를 가짐으로써만 자존감을 지킬 수 있었다. "단 보름도 갤리선으로 보내지는 불행한 자들의 무리를 보지 않고 지나간 적이 없다. (…) 그들은 온 힘을 다해 노래를 부른다……" 공산주의를 되살려낼 수 없다면, 처벌할 권리의 불멸의 필요성을 인정하는 편이 더 나았다. 교수대 앞에서 눈을 감지 않는 편이 더 나았다.

이처럼 1770년대와 1780년대 프랑스인들은 혁명을 준비하고 있었다. 그 준비는 서로 다른 여러 방식으로 이루어졌다. 예컨대 브리소의 방법과 콩도르세의 방법을 살펴보는 것은 의미가 있다. 그 둘은 모두 베카리아의 사상에 대한 정열적인 논쟁에 참여했다.[62] 『체계적 백과사전』의 1778년 '정치경제' 편을 보기만 해도, 그들이 개혁 앞에서 드러낸 크나큰 피로감 그리고 그들의 회의론과 당시 승기를 잡은 현실주의를 느낄 수 있다. 때는 개혁과 유토피아의 관념들이 프랑스와 유럽에서 새로운 주기를 시작하기 직전이었다.

5장

계몽사상의 연대기와 지리적 분포

'공화주의 전통'이라는 정치적 문제와 '처벌할 권리'라는 사법적·도덕적 문제가 우리를 천 갈래 길로 인도했다. 우리는 계몽사상의 다양한 양상들로 이끌린다. 다행히도 그와 같은 작업을 수행할 학자는 부족하지 않다. 하지만 지금 이 시점에서 마지막 임무는 계몽 시대 유럽을 전체적으로 조망하는 것이다. 우리는 그 박자를 느끼고 범위를 획정해야 한다. 나는 비슷한 일을 1960년 스톡홀름에서 열린 역사학자 대회에서 시도한 적이 있다.[1] 여기서는 아마도 내가 제기하는 의혹과 새로 정리한 생각들, 다시 말해 지난 세기의 수많은 연구와 특히 18세기 이탈리아에 대한 나의 연구에서 비롯된 보완·수정 사항을 발표하는 것이 유익할 것이다.

18세기 경제사에 관한 많은 논문은 여전히 지역과 나라에 따라 울퉁불퉁한, 고르지 않은 그림을 그린다. 우리는 어떤 측면에 대해서는 매우 잘 알지만, 다른 측면에 대해서는 거의 알지 못한다. 정보가 단편적이거나 심지어 어떤 경우에는 아예 없다. 그렇지만 우리는 18세기를 공부하는 모든 학생이 자문해야만 하는 그 질문을 더 이상 회피할 수 없다. 라브루스가 묘사한 프랑스 경제의 일반적 경향이 어느 정도까지 대륙의 나머지 부분에도 들어맞는가?[2] 프랑스에서는 18세기 첫 25년 동안의 경제성장에 이어서 1730년대에 불황이 찾아왔다. 경제는 1740년대에 회복해서 1770년 정도까지 계속해서 성장했다. 그 후 혁명에 이를 때까지는 부침의 시기가 이어졌다. 프랑스 바깥에서 이런 경향을 발견하기란 쉽지 않다. 정치적으로 잘게 쪼개져 있던 이탈리아나 독일 등지에서는 각 지역의 시장 규모가 작아서 경제의 일반적 경향이 잘 드러나지 않는다. 쿨라의 최근 연구가 확증했다시피, 동유럽은 농노제가 유지되어서 경제 전체가 다른 형태를 띤다.[3] 잉글랜드에서는 산업혁명의 시작이 상황을 완전히 바꿔놓았다.[4] 이런 식으로 계속해서 다양한 나라들을 검토해볼 수 있을 것이다. 그러나 이 모든 차이에도 불구하고 그 지역적 차이 속에 존재하는 공통된 박자가 보인다. 라브루스가 그린 프랑스의 밀 가격 곡선을 볼 때마다, 18세기 유럽의 인구 증가를 확인할 때마다, 세기 초에 단지 사상과 정치의 운동뿐만이 아니라 사회 전체가 성장하고 있었음을 확실하게 알 수 있다. 또한 1730년대에 닥쳐온 위기가 1750~1760년대에 최고조에 달했다는 사실과 18세기의 마지막 25년이 깊은 불안으로 점철된 시대임을 알 수 있다. 그 곡선은 18세기의 곡선인 동시에 계몽사상의 곡선이다.

그런데 이러한 공통 박자가 지역에 따라 다른 모습을 보인다는 점 또한 분명한 사실이다. 진보와 지체, 부동성과 갑작스런 전진이 있었다. 경향이 뒤집혔던 1730~1740년대의 여러 나라를 살펴보자. 이베리아반도에서 경제학자들은 에스파냐 왕위계승전쟁 직후에 정식화되었던 사상·계획을 다시 고쳐 세웠다. 같은 시기에 위트레흐트 조약이 부과한 조건들은 잃어버린 것들을 되찾으려는 시도를 촉발시켰을 뿐만 아니라 내부 개혁을 향한 움직임도 만들어냈다. 우스타리스의 저서는 1724년에 처음 출간되었는데, 1742년에 재판이 나와 더 널리 읽혔다.[5] 허는 자신의 저서 『에스파냐의 18세기 혁명』에서 다음과 같이 덧붙였다. "에스파냐에서 제조업·상업·인구를 증가시킬 필요성을 주장하던 우스타리스에게, 두 명의 다른 저자, 즉 우요아와 재무대신 캄피요가 1740년대에 합류했다."[6] 페요 신부의 합리주의와 마카나스의 사법 이론 외에도 경제개혁을 바라는 목소리가 있었다.[7] 이탈리아에서 1730년대는 정치적·경제적·지적 위기가 극에 달했던 시기로 보인다. 잔노네는 감옥에 있었다. 라디카티는 망명 중에 사망했다. 토리노에서는 개혁을 향한 비토리오 아메데오 2세의 열정이 한없이 사그라들고 있었다. 나폴리에서는 오스트리아의 부副왕국이 점차 약화되고 있었다. 교황의 정책들은 그 어느 때보다도 허약해 보였다. 그러나, 1740~1748년 오스트리아 왕위계승전쟁에도 불구하고, 이 시기에 회복의 신호가 분명하게 보인다. 위대한 원로 학자인 무라토리와 마페이는 점차 '사회'라는 문제로 관심을 돌렸다. 그들은 고리대금업, 노동의 리듬, 공공복지에 대해 논의했다. 반디니는 토스카나의 자유무역상들에게 길을 열어줬다. 갈리아니의 1751년작 『화폐론』에 앞서, 1743년에 브로자는 경제에 관한 논고를 써서 이탈리아에서 출간했다.[8] 오스트리아와 프로이센에서는 마리아 테레지아와 프리드리히 2세가 등장한 1740년이 새로운 시대의 시작을 알리는 해였다.[9] 프랑스에서는 1740년대에 새로운 지적 활동이 발달하고 반反종교적 저술이 증가했으며, 그중 일부는 인쇄되기까지 했다. 베이컨, 섀프츠베리, 버클리의 저서를 통해 잉글랜드의 사상이 프랑스로 흘러들어갔다. 『백과전서』를 만들게 될 젊은이 집단이 빠른 속도로 형성되었다. 디드로, 루소, 라메트리, 돌바크, 달랑베르, 레날, 마블리, 콩디야크, 바로 이들이 프랑스의 백과전서파 활동 전체의 분위기를 결정하게 된다. 디드로의 『철학적 사색』은 1746년에 집필되었다. 한 시대를 마감하고 다른 시대를 열어젖힌 『법의 정신』은 1748년으로 거슬러 올라간다.[10]

일반적인 추세는 분명해 보인다. 그러나 이처럼 다양하고 이질적인 사실들을 함께 놓아도 되는 것일까? 지역적 차이가 유사성보다 더 중요하진 않을까? 그런데 더 자세히 살펴보면, 즉 에스파냐, 이탈리아, 빈, 베를린, 파리의 상황을 세세하게 검토하면, 우리는 그것들과 다른 많은 요소 사이의 연결고리가 첫인상에 비해 더 많고 단단하다는 결론을 내릴 수 있다. 즉 사상의 유통이 우리가 의심했던 것보다 더 효과적이었다는 결론, 그리고 실질적으로 우리는 계몽된 유럽의 대두를 목격하고 있다는 결론에 이른다. 우리는 더 이상 18세기 초 유럽의 의식의 위기를 맞닥뜨리고 있지 않다. 또한 우리는 얀센주의자와 몰리나주의자 사이, 이완주의자와 엄숙주의자 사이, 이신론자와 반反이신론자 및 교황절대권주의자 사이, 데카르트적 합리주의에서 파생된 학파들 사이, 자연법의 상이한 조류들 사이의 지속된 논쟁을 맞닥뜨리고 있지도 않다. 무언가 새로운 것이 탄생하고 있다. 우리는 초기 계몽에서 계몽으로 이행하고 있다.[11] 종교적·도덕적 문제가 경제적 문제에 자리를 내주었다. 철학적 체계가 실험에 자리를 내주고, 피론 회의주의가 자연에 대한 새로운 믿음에 자리를 내주었다.

『백과전서』를 준비하고 있던 시기에 파리는 가장 중요한 입지를 차지했다. 파리에는 이미 세계시민주의적 분위기가 존재했다. 그것이 셀리우스 같은 무명의 독일 교수들, 마찬가지로 밀스처럼 알려지지 않은 잉글랜드 작가 덕택이라 할지라도 말이다. 한편 1740년대 초에는 디드로와 루소조차 완전히 무명 인사였다. 그들은 새로운 세대였다. 그들은 새로운 사회적 환경을 형성했다. 그 환경은 당시 프랑스 지성계의 지평을 지배한 사람들 중 대표격인 퐁트넬, 몽테스키외 또는 볼테르의 사회적 환경과는 매우 달랐다. 이 세계는 작가, 번역가 그리고 자신의 붓으로 먹고살고 자신의 사상을 위해 존재하는 사람들로 인해 비상한 활기를 띠었다. 볼테르는 궁정과 아카데미에 접근하려 했다. 그는 심지어 교황 베네딕토 14세와 놀라운 '타협'을 이루는 데에도 성공했다. 이 시기에 몽테스키외는 마치 자신이 정치 세력인 것처럼 교회와 국가를 상대로 협상하고 토론했다. 그는 상황에 따라 양보하기도 하고 그러지 않기도 했다. 그는 자기 시대의 진정한 결정권자였고 정치사상의 대가였다. 그는 계속해서 객관적 거리를 유지했고, 총명했다. 같은 시기에 젊은 백과전서파 집단은 경찰의 집중적인 감시를 받고 있었다. 그들은 뱅센의 성에 투옥시키겠다는 위협을 받았고, 실제로 1749년에 디드로가 투옥되었다. 당시는 프랑스가 드디어 전쟁의 후유증에서 회복하고 있던 시기였고, 이단적 요소에 대한 총체적인 탄압이 이루어지던 시기였다. 분명 이 젊은이들은 검열에 맞서, 서적상 조합의 규정에 맞서, 심지어 자기 가족과 환경에 맞서 싸워야만 했을 것이다. 이 집단 안에는 예사롭지 않은 자유가 있었다. 디드로가 그 자유를 불어넣었다. 달랑베르가 불안한 마음으로 그 뒤를 따랐다. 루소는 이 집단의 사상과 열광을 자기만의 방식으로 해석했다. 그들은 일체의 경직된 내적 조직을 거부한 것처럼, 막 태어나는 『백과전서』에 대한 일체의 후원 제의 또한 거부했다. 그들은 국가에 의존하지 않았다. 그들은 아카데미가 아니었다. 그들은 자유로운 철학자 집단이었다.

1740년대 말과 1750년대 초, 즉 『백과전서』의 준비가 시작되고 최초의 중요한 단계에 진입한 1752년 사이에, 전 유럽이 파리 백과전서파의 언행을 예의주시했다. 토스카나에서는 1747년부터 『피렌체 문예지』가 『백과전서』에 관한 훌륭한 정보를 제공했다. 이 신문에서는 최근의 백과전서파 운동 연구자들조차 간과한 정보를 찾을 수 있다. 독일에서는 사람들이 파리에서 일어난 반反종교적 대변동을 알아차렸고, 이에 대해 토론과 논쟁이 벌어졌다. 잉글랜드와의 관계, 체임버스의 『백과사전』을 증보하던 이들과의 관계, 그리고 파리에서 이 책을 번역하고 확장하던 밀스와 셀리우스 같은 이들과의 관계는 더욱 밀접해졌다. 밀스가 버치에게 보낸 편지들은 대영박물관에 보존되어 있는데, 그 편지들은 이러한 관점에서 볼 때 더욱 흥미롭다. 그 편지들은 특히, 루이 15세의 프랑스와 그 시기의 잉글랜드가 서로 완전히 다른 사회였음을 증언한다. 대법관의 의지와 마주하여, 밀스는 1745년 6월 21일에 다음과 같이 썼다. "이 점에서 잉글랜드와는 몹시 다른 그 나라에서는, 이 경우 복종해야 한다."[12]

파리의 사상과 말에 대한 프랑스와 다른 지역의 관심이 아무리 컸다 할지라도(이러한 사례는 충분히 많다), 이 젊은 철학자 집단을 지배하는 자유와 지적 해방은 18세기 중반의 유럽이 소화하기에는 너무 크고 강렬했다. 백과전서파의 저서, 출판물 그리고 상대적으로 그 수가 얼마 되지 않는 번역물 등에 대해 많은 반박이 있었는데, 디드로의 『맹인에 관한 서한』이나 『철학적 사색』뿐만 아니라 1753년에 출간된 달랑베르의 탁월한 책 『문학계에 관한 시론』에 대해서도 사정은 마찬가지였다. 달랑베르의 이 책은 자유 작가를 위한 훌륭한 규범서이자 지침서다. 그 책은 파리 지식인들의 습성과 당대 유럽의 다른 중심지들의 지식인의 습성 사이에 존재하던 차이를 측량하는 척도로 사용할 수 있다. 즉 계몽 인텔리겐치아의 우월한 독립성과 품위, 능력을 볼 수 있다.[13] 이 같은 비교는 프랑스의 철학자 집단이 유럽에서 독특했으며 고립되어 있었다는 결론으로도 이어진다.

하지만 파리 철학자 집단의 사상과 나머지 유럽의 사상 사이에 존재하던 틈을 메운 것은 『백과전서』였다. 그것이 과학과 예술에 관한 사전이었다는 사실이 새로운 관념의 유포를 가능케 했다. 그 관념이 독자적으로는 보급될 수 없었을 것이 분명한 경우에조차 말이다. 기술적 문화는 노동과 기계, 철학과 일상의 관계, 그리고 사상과 사회의 관계에 대해 디드로가 구상하던 개념들에 연결되어 있었다. 과학은 단지 상세하게 설명되기만 한 것이 아니었다. 머리말에서부터 달랑베르가 쓴 방법론에 관한 항목들에 이르기까지, 과학은 지속적으로 근대 문명의 형성 및 승리라는 역사적 관점에서 파악되었다. 정치와 법은 디드로와 그의 동료들이 반복적으로 독자들 앞에 제시한 광범위한 철학적·도덕적 문제의 일부로서 계속해서 논의되었다. 그러니 백과전서파가 검열을 의식해서 종교 관련 주제에 대해 조심해서 신중하게 썼다 한들 그게 무슨 문제란 말인가? 저 위대한 사전이 실제로는 전쟁을 위한 무기가 아니었다는 오래된 반론은 과녁을 빗나간다. 예를 들어 모르네는 『백과전서』를 면밀하게 고찰하면 그것이 이전의 주류적 고전 해석이 주장했던 것보다 [부패한 18세기 구체제 프랑스 사회에 대한 '치료제'라기보다는] 훨씬 더 일시적인 진통제에 가깝고 심지어 보수적이라는 점을 알 수 있다고 주장했는데, 이는 핵심을 놓친 것이다. 디드로가 말했다시피, 문제는 사람들이 생각하는 방식을 바꾸는 것이었다. 18세기 중반에 이를 이루기 위해서는 직접적인 종교적·정치적 논쟁을 다룬 소책자보다 예술과 문예의 관계, 과학과 사회의 관계를 알파벳 순서대로 배치하여 새롭게 진열하는 것이 더 효과적이었다. 때로는 오히려 그 둘 모두가 필요했는데, 이러한 사정을 1752년의 위기 이후 두꺼운 『백과전서』 여러 권이 출간되던 시기에 『자연의 해석에 관한 사색』을 출간한 디드로도 잘 알고 있었다.

이것은 프랑스와 나머지 유럽의 상황을 비교하면 확인할 수 있다. 디드로의 소책자는 곧 이탈리아, 에스파냐, 잉글랜드, 독일에서 인정을 받고 수용될 운명에 있는 백과전서 정신의 핵심이었다.[14] 머리말을 처음으로 이탈리아어로 번역한 사람은 제노바의 도제 로멜리니였다.[15] 스위스와 잉글랜드의 인쇄업자들은 과학과 예술을 다루는 사전들을 많이 찍어냈다. 10년 동안 계몽사상과 『백과전서』는 거의 겹쳐져 있었다. 디드로와 달랑베르의 저술의 파급에 관한 연구들이 늘어난 덕택에 이 둘의 역사가 점점 더 잘 알려졌다.

그렇지만 아직 더 주목해야 할 부분도 있다. 이 측면은 내가 보기에 다른 것들에 비해 충분히 자세하게 연구되지 않았기 때문이다. 1740~1750년대 잉글랜드, 에스파냐, 이탈리아, 오스트리아에서는 정치와 법에서 경제로 이행하는 것이 일반적이고 근본적인 경향 중 하나였다. 그렇다면 이러한 이행에 『백과전서』가 어느 정도로 기여했는가? 일반적으로 당연히 알고 있는 정도보다 더 많이, 심지어 아주 초기부터 기여했다. 초기의 핵심 인사는 『백과전서』에 정치경제학 관련 항목들을 쓴 포르보네였다. 이후 1754년에 그는 이를 묶어서 『상업의 요소들』이라는 제목으로 출간했다.[16] 경제학이 더욱 절실하게 필요해진 시기인 18세기 중반 이후에 경제에 관한 여론 동향이 바뀌었음을 이해하는 데에는 다른 어떤 것보다 그의 글이 도움이 된다. 포르보네 주변에는 일단의 인물들, 즉 그의 친구들과 어떤 경우에는 그의 친척들도 있었다. 예컨대 에르베르, 뷔텔뒤몽, 플뤼마르가 있다. 그들은 구르네의 격려와 도움으로 1750년대에 인상 깊을 정도로 많은 저서와 번역서를 내놓아서, 프랑스를 당시 유럽에서 정치경제학에 대한 논의가 가장 활발하게 벌어지는 중심지로 만들었다.[17] 그들은 특별히 중요한 분야에서 백과전서파와 같은 기능을 수행했다. 그들은 더 이상 1730~1740년대의 믈롱과 뒤토처럼 고립되어 있지 않았다. 그들은 이미 눈에 뜨일 만한 일단의 이론을 갖춘 하나의 집단이었다. 이 관점에서 보면, 그들은 또한 18세기 전반의 경제학자와 당대인들이 "종파"라고 부를 정도로 조밀한 운동을 조직한 중농주의자들 사이의 간격을 이어주는 가교 역할을 하기도 했다. 포르보네와 그 주변 인물들의 정치적 중요성은 플뤼마르가 니콜스라는 가명으로 출간한 『프랑스와 영국의 강점 및 약점에 관한 논평』을 읽기 시작하자마자 바로 알 수 있다.[18] 이 책에서 플뤼마르는 더 이상 헌정적·정치적·종교적·문화적 측면에서 프랑스를 영국과 비교하지 않았다. 전적으로 경제적·사회적 측면에서의 비교만 이루어졌다. 자유라 함은 곧 교역의 자유였다. 평등은 재산과 세금에 관한 문제였다. 정의는 더 나은 자본·노동 투입을 의미했다. 그 책은 놀라우리만큼 신선하고 인상적인 저서였다. 당연하게도 비교의 결과는 잉글랜드의 완전한 승리였다. 그러나 경제학자 집단은 잉글랜드만을 비교와 대비의 대상으로 삼지 않았다. 그 경제학자 집단에 대해 단지 후기 중상주의자라는 딱지를 붙이기보다는 그들을 더 자세하게 연구할 필요가 있다. 대버넌트, 지, 킹, 케리의 저술을 알린 것이 바로 그들이었다. 그들은 에스파냐에도 마찬가지로 관심을 보이며 에스파냐 쇠락의 원인에 관한 논의를 재개했다. 포르보네는 새로운 재정 정책을 제안했다. 구르네는 에스파냐에 장기간 거주했다. 우스타리스와 우요아의 저서들은 주석 달린 번역으로 프랑스에 출간됐다. 그들은 좀더 작은 규모로 이탈리아에 대해서도 같은 작업을 수행했다. 이번에도 포르보네가 오스트리아령 롬바르디아의 네리가 작성한 새로운 토지대장에 매우 흥미로운 논평을 썼다. 플뤼마르는 나폴리의 제노베시를 방문해서 이탈리아 남부 경제의 근본 문제들을 논의했다. 에스파냐와 이탈리아는 기꺼이 그들의 빚을 인정했다. 그들의 저서는 번역되어 널리 논의되었다. 제노베시와 베리는 그 저서들을 출발점으로 삼았다.[19] 이처럼 후기 중상주의가 광범위하게 보급되는 현상은 개인적 인맥이나 지적 유행을 넘어서는 설명을 필요로 한다. 프랑스와 잉글랜드 외의 나라들에 가장 잘 들어맞았던 것이 후기 중상주의였다는 점은 분명해 보인다. 그것을 후기 중상주의라고 부를 수 있다면 말이다. 그들은 더 부유하고 활력 있는 나라들과 자신들의 상황을 비교해가며 스스로를 자각하고 있었다. 그들은 점점 더 날카롭게 의식하게 된 자신들의 쇠락을 극복하기 위해 『백과전서』의 문화에서 답을 모색했다. 실제로 케네가 1756년 『백과전서』 제6권과 1757년 제7권의 「차지농」 항목과 「곡물」 항목에서 중농주의의 토대를 확립하기 시작했을 당시에, 새로운 관념들의 침투는 느리고 어려웠다. 이는 프랑스뿐만 아니라 프랑스 국경 바깥에서 특히 더 그러했다. 미라보 후작은 성공적으로 캉티용에서 케네로 옮겨갔고, 그의 저술은 자신의 책 『인간의 벗』과 『조세론』이 널리 읽힌 유럽의 여러 지역에서 두드러진 성공을 거두었다.[20] 그러나 더 철저하게 살펴보면, 이 책들이 환영받은 이유는 내용이 친숙했기 때문이지 새로웠기 때문은 아니었다는 것을 알 수 있고, 중농주의 사상 덕분이라기보다는 반反절대주의 논증 덕택이었음을 확인할 수 있다. 케네의 『경제표』와 그의 사상 일반은 독일, 이탈리아, 폴란드, 에스파냐에 오랜 시간 동안 어렵게 스며들어갔다. 그것은 1760년대 말, 그리고 1770년대가 되어서야 겨우 완전하게 이루어졌고, 이러한 사정은 바덴이나 롬바르디아에서도 마찬가지였다. 1766년부터 케네의 사상이 레오폴트의 관세 정책에 직접 영향을 끼쳤다고 상정해봄직한 토스카나에서조차도, 자유무역을 지지하는 1750년대 프랑스의 논쟁과 뒤섞인 지방적 자유무역 운동의 재생을 흔히 목격할 수 있었다. 이는 잔니에 대한 디아츠의 글에서 확인할 수 있다. 디아츠는 이 문제들에 대해 가장 많은 연구를 수행한 이탈리아 학자다.[21] 후기 중상주의에서 중농주의로의 이행은 국가별(폴란드, 이탈리아, 독일)로 연구된 주제이며, 더 의미심장하고 일반적인 조망과의 관계에서 지역적 상황을 연구함으로써 유럽의 좀더 전반적인 경향을 발견하려는 시도는 아직까지 없다는 사실을 인지해야 한다.

따라서 파리에서 다른 곳으로 경제사상이 전파된 것은, 『백과전서』에 대한 1750년대의 첫 반응에서 감지할 수 있는 차별화된 리듬의 또하나의 사례다. 유럽의 여러 지역에서 많은 관심이 일었고 그 위대한 사전의 첫 번째 위기와 두 번째 위기 사이, 즉 1752년에서 1759년 사이에 출간된 여러 권이 커다란 자극제였기는 해도 파리가 다른 나라들보다 10년은 앞서 있었다는 인상을 자주 받는다. 1759년 에스파냐는 나폴리에서 카를로스 3세가 도착하기를 기다리는 동안 단지 왕가의 문제에만 국한되지 않는 위기를 겪었다. 이탈리아는 피로한 긴장 속에서 전후 시기를 보내고 내부로 침잠하는 듯이 보였다. 롬바르디아는 개혁을 반겼지만, 다른 곳은 어디서나 개혁 시도가 점차 어려워지고 더뎌졌다. 신성로마제국은 빈에서 하우크비츠가 성취한 변화들 덕택에 첫발을 내디뎠다. 그러나 1750년대에 지성계는 침체됐고, 개혁의 지평은 곧 전쟁의 재개로 뒤덮였다. 독일의 상황은 지역에 따라 큰 폭으로 달랐지만, 이 시기부터 이미 어디서나 예술·도덕 분야에서는 『백과전서』에 나오는 것에 비견할 수 있는 견해들이 표명되었다. 그 견해들은 독일의 사회적, 정치적, 경제적 삶에서 그다지 중요하지는 않았다. 그 현상을 이해하는 데에는 레싱의 운명을 떠올려보면 된다. 프로이센에서 계몽은 하향식으로 전개됐다. 절대주의와 개혁이 서로 너무나도 밀접하게 맞물려 있어서, 집단과 운동을 위한 공간은 물론이고, 볼테르가 스스로 깨달은 것처럼 개인을 위한 공간조차 거의 남아 있지 않았다. 잉글랜드에서는 1750년대에 흄의 『논집』이 출간됐다.[22] 지성계에는 생기가 넘쳤고 정치적 활동은 강렬했으나, 이것이 계몽운동의 특징을 지니지는 않았다. 이러한 활동은 고유한 조직이나 리듬을 갖지 못했다. 그래서 과거로부터 물려받은 조직에 의문을 제기하거나 이를 대체하는 경향을 보이는 새롭고 자율적인 정치 세력으로 작동하지 않았다. 동유럽에서는 코나르스키가 폴란드의 피아리스트 개혁을 일으켰고 찰루스키가 크라쿠프대학을 키웠다. 그러나 이런 발전들은 계몽사상의 전파에 따른 것이었으며, 사르마티아 보수주의의 어떤 지점에 대해서도 유효한 타격을 가할 능력을 갖추지 못했다. 자율적인 운동의 산물이 아니었던 것이다. 1760년대 초가 되어서야 상황이 바뀌기 시작했다. 러시아의 상황도 폴란드와 흡사했다. 프리메이슨 협회들이 더 큰 힘을 얻었다. 여러 신문과 평론지가 창간되었다. 옐리자베타 페트로브나의 재위 기간에 과학, 문학, 도덕 등에 관한 토론이 시작됐다. 그러나 여전히 로모노소프의 과학 활동과 독일 학자들의 학술 조직이 문화적 분위기를 지배했다. 표트르 대제의 유산이 러시아를 계속 지배했다. 1762년 예카테리나의 "쿠데타"가 러시아와 폴란드 양편에서 새로운 시대를 열었다.

1760년대에는 시대를 앞서나간 자와 시대에 뒤처진 자, 길을 보여준 자와 그 뒤를 따른 자들의 거대한 수렴이 일어났는데, 그 시기는 계몽 시대의 인물들이 일치되어 일하는 듯 보인, 유럽 전체에서 결정적인 시기였다. 예카테리나가 친구 및 대신들과 함께 배를 타고 볼가강을 따라 내려가면서 다른 프랑스 백과전서파의 저서들 중에서도 마르몽텔의 『벨리사리우스』를 번역하고, 또 그 번역을 지시한 것이 바로 그 시기였다. 그녀는 서구로부터 꾸준히 유입되는 많은 책을 연구하고 번역하도록 요구했다. 예카테리나 스스로도 새로운 신문들에 글을 기고했다. 그녀는 프리메이슨이 더 널리 퍼지도록 격려했다. 모든 가능한 방식으로 그녀는 표트르 대제가 발족시킨 거대한 국가기구를 새로운 사상들로 격려하려고 애썼다. 시인 헤라스코프가 말했듯이, 표트르는 러시아에 몸을 주었고 예카테리나는 러시아에 정신을 주었다. 어떤 의미에서 이 말은 옳다. 그 시기에 프랑스 철학자들은 18세기 러시아의 정신이 되었다.[23] 유럽의 반대편인 에스파냐에서는 카를로스 3세가 근대화 과정을 시작했는데, 그 과정은 민중의 종교 전통을 비롯한 여러 전통에서 심각한 장애물에 부딪혔다. 그러나 그는 적어도 부분적으로는 그 장애물들을 극복하거나 회피하는 데 성공했으며, 결국 이베리아반도에 지속적인 개혁의 과정으로 나아가는 길을 열었다. 아무리 느리고 울퉁불퉁했을지라도, 개혁의 과정은 마침내 유럽 계몽사상으로부터 내적 논리와 정치적 추진력을 찾아냈다.[24] 이탈리아의 경우, 이 시기는 밀라노에서는 '주먹학회'의 시대였으며, 나폴리에서는 제노베시의 『상업 강의』의 시대였다. 뭔가를 바꿔야 한다는 결단이 이탈리아반도 전역에 퍼져나갔고, 토스카나에서는 개혁이 진척되었다. 베네치아 공화국 영토 내에서 "토지균분협회"가 형성되었고, 칼리아리대학이 개편되었으며, 달마초 바스코는 루소와 연락해서 그를 코르시카 반란에 끌어들여 협력하려고 했다. 스위스의 그라우뷘덴 칸톤에 있는 쿠르에서는 필라티의 『이탈리아의 악습과 악법의 개혁에 관하여』가 출간되었다.[25] 오스트리아에서는 검열에도 불구하고 '독일사회' 협회와 조넨펠스의 초기 저술 『편견 없는 인간』이 계몽사상과 개혁 사이의 관계를 새로운 빛으로 조명했다.[26] 런던에서 "윌크스와 자유를!"이라는 구호가 울려퍼질 때, 스코틀랜드에서는 위대한 지성적 운동이 막 탄생하려던 참이었다.[27]

긴 준비 기간이 지난 후, 도처에 계몽의 빛이 도달한 것처럼 보였다. 지식인들만 격동 속에 빠진 게 아니었다. 운동은 매우 다양한 형태를 취했다. 1764년의 지독한 기근을 모면하기 위해 나폴리로 몰려든 농민들, 에스킬라체 폭동을 일으킨 마드리드의 평민들, 런던에서 윌크스를 따른 사람들이 그 예다. 정치 계급으로 말하자면, 7년 전쟁이 종식되려는 시점에 그들은 모두 유럽 전역에서 변화를 겪는 중이었다. 개혁과 사상의 물결이 사방팔방으로 밀어닥쳤다. 그 물결은 아메리카의 영국령 식민지와 상트페테르부르크 수비대에까지 도달했다.

유럽 여러 지역에 매우 다양한 문제가 있었지만, 그 문제에 공통의 언어를 제공하고 중심지의 역할을 한 곳은 1760년대의 프랑스와 프랑스의 비범한 지성계였다. 이 시기에 사상가들이 철학을 추상적이라고 비난하기 시작했다. 그러나 바로 그 추상적 성격 덕택에 새로운 관념들이 국경을 넘고 사회구조의 차이를 극복할 수 있었다. 폴란드에서 『사회계약론』이 사르마티아의 "황금빛" 자유에 대한 일체의 개혁을 거부한 보수주의자들의 방패가 된 것을 보면 묘한 기분이 든다. 또한 『범죄와 형벌』이 사형에 반대하고 관대한 형벌을 옹호한 것을 귀족이 전유하여 자신들의 자의적 의지를 마음껏 행사하기 위한 구실로 삼은 것도 뜻밖이다.[28] 그러나 이것은 새로운 정치적, 사법적 관념이 유럽 전역에서 발언권을 얻기 위해 치러야 할 대가였다. 파리에서는, 유토피아와 개혁의 차이가 너무 현저하여 그것이 루소와 불랑제, 볼테르와 돌바크, 케네와 갈리아니가 제기한 문제들을 둘러싼 갈등과 차이를 아주 다양한 영역의 내부에서 각각 양극화시켰다.

"철학자 무리"를 면밀히 관찰하면, 페르네에서 볼테르가 지속적으로 일치단결을 호소했음에도 이 "무리"가 깊은 층위까지 분열되어 있었음을 알 수 있다. 그러나 바로 이런 내부 투쟁이 종교에서 완전히 해방된 사회, 이성의 지도를 받아 정치와 경제의 작동 방식을 모호한 점 없이 완전히 이해할 수 있는 사회를 이룩하기 위한 매우 다양한 방식을 탐구하도록 철학자들을 고무했다. 벨이 무신론자들로 이루어진 사회가 가능하다고 주장한 지 겨우 반세기밖에 지나지 않았음을 감안하면, 18세기가 얼마나 먼 길을 왔는지 알 수 있다. 이제 무신론자들로 이루어진 사회가 실제로 존재하게 되었고, 그 사회는 활기로 넘쳤다. 경제적으로 이 사회는 자명한 법칙들을 따라 작동해야 했다. 케네는 그 사회의 조직 원리를 명확하게 기술했다. 중농주의자들이 고집했다시피, 그 사회의 발전 단계를 예측하는 것은 가능했다.

정치적으로 이 사회의 가능성과 루이 15세 말기의 현실 사이에 존재하던 격차는 해마다 더 극적으로 변하고 있었다. 디드로가 질문했듯이, "아버지를 조각내 삶아서 아버지에 젊음을 되돌려주는" 메데이아의 예를 정말로 따라야만 하는가? 침체, 그리고 구체제가 자유에 부과한 제약은 더 이상 수용될 수 없었다.[29] 『사회계약론』을 통해서 1762년에 민주사회의 위대한 전범이 등장했다. 봉건제와 전통적 입법에 반대하는 무수한 논쟁이 도처에서 모든 사회관계를 합리화하길 요구했다. 불랑제의 저술은 종교의 세계에서 이성의 세계로의 인류 진화에 관한 매우 효과적인 전망을 제공했다. 그의 사후에 출간된 『동방전제정의 기원에 관한 연구』의 서두를 장식한 「편지」는 철학자들이 세상을 이끌어야 한다고 선언했다.(그나저나 나는 그 「편지」를 디드로가 썼다는 볼테르의 주장이 옳다고 생각한다.)[30] 사회가 더 이상 "종교와 계시라고 불리는 이 초자연적 심급들"에 지배받을 필요가 없다는 점을 이제 "이성과 인간성의 목소리로부터 점차 올라온 보편적 정신 (…) 지식의 진보 (…) 나날이 더욱 커지는 이 거대한 물줄기 (…) 지식에 대한 목마름"이 모두에게 명백하게 보여주었다. "자연법, 사회법, 시민법"으로 충분했다. "오직 이성과 그것에 기초한 법만이 필멸자들을 다스리는 여왕이어야 한다. 환하게 밝혀진 세기의 불빛 앞에서 기존에 확립된 종교의 빛이 약해지다가 꺼지는 지금 이 순간, 사회를 유지하고 무질서의 패악으로부터 구원하기 위해서 즉시 이성에게 도움을 청해야 한다. 철학이 아닌 그 무엇에게 이 임무를 맡기겠는가? 철학은 심지어 우리가 임무를 맡기길 기다려서도 안 된다. 철학은 과거를 탐구 대상으로 삼아왔으니, 이제 미래를 예지의 대상으로 삼아 자신의 조망이 더 멀리 뻗어나가도록 하고 정치철학의 설계도를 작성해야 한다. (…) 사람들은 야만족 유럽, 이교도 유럽, 기독교 유럽이라는 말을 썼다. 안타깝지만 아마 아직도 사람들은 그렇게들 부르고 있으리라. 그러나 드디어 이제 우리는 이성적 유럽을 이야기해야 한다."[31] 돌바크 집단의 무수한 출판물이 이러한 호소에 응답했다. 그들이 갈채한 무신론은 "정치철학"을 승인하기 위한 것이었다. 돌바크 남작이 설명했다시피, 판사들이 자신의 일을 잘 아는 판국에 사제들은 더 이상 필요하지 않았다.[32] 사회의 얼개는 신 없이도 스스로를 조절할 수 있었다. 철학자들은 안내자로서의 역할을 인정받길 원했다.

유럽 어디에서나 이 자임自任을, 즉 사회를 지도하고 안내하려는 결단을 발견하게 된다. 그 결단은 상이한 상황에서 상이한 방식으로 표출되었다. 그것은 프랑스에서 가장 과격하고 통합적이었으며, 가장 유토피아적이고 혁명적이었다. 그러나 프랑스에서 1774년에 튀르고가 재무총감이 되자 그 결단은 개혁의 형태를 띠었다. 특히 1759년 『백과전서』의 위기 때 튀르고가 취한 입장 때문에 그를 좋아하지 않던 디드로조차, 1772년에 이렇게 말한 바 있다. "제가 홀로 앉아서 우리 중에 이 파탄을 바로잡을 유능한 인물이 누가 있을지 생각할 때에, 당신이 제 머릿속에 가장 먼저 떠오르는 사람입니다."[33] 튀르고의 중농주의자 친구들은 그가 모든 전제정의 적이라고 비판했다. 그들 중 한 명은 그가 군주제적이기보다는 공화주의적이라고 말했다. 그러나 구체제 말기 프랑스에서 계몽전제정을 이룩하기 위한 중대한 시도를 한 유일한 사람이 튀르고였다.[34] 당시 프랑스에서 가능했던 유일한 정책은 그의 정책이 아니었던가?

따라서 우리는 밀라노에서 '주먹학회' 회원들이 순식간에 오스트리아령 롬바르디아의 고위 관리가 되어서 근본적인 개혁을 추진한 것에 대해 놀라서는 안 된다. 또한 아란다, 캄포마네스, 올라비데, 호베야노스가 카를로스 3세 치하의 에스파냐에서 스스로 통치 계급으로 탈바꿈한 것도 놀랄 일이 아니다. 폴란드의 지주들이 개혁가로 변신한 것과 예카테리나 2세 정부가 입법위원회에 호소한 것도 마찬가지다. 라이프치히대학이 호멜 시대에 적극적인 개혁의 중심지가 되고, 바덴 같은 다른 독일 지역들이 중농주의의 영향권 안에 들어가게 된 것에도 놀라서는 안 된다. 달랑베르의 번역자이자 벗이었던 로멜리니는 2년 동안 제노바의 도제였다. 권력과 철학은 서로를 그리워하고, 상황에 따라 수렴하고 분기했다. 그들의 투쟁과 합의가 군주제적 유럽을 지배한 것처럼 공화주의적 유럽 또한 마찬가지였다. 그들은 동부·중부 유럽을 지배한 것처럼 지중해도 지배했다.

1760~1770년대에 이러한 "계몽된" 사상가들의 대열에 오직 한 나라만 이름을 올리지 못했는데, 바로 잉글랜드였다. 산업혁명을 향해 나아가던 그 나라가 계몽주의 조직이 부재한 유일한 나라였다는 사실은 그 자체로도 계몽사상을 부르주아지의 이데올로기로 간주하는 빈번한 마르크스주의적 해석을 의문스럽게 만들기에 충분하다. 게다가 그 이유가 잉글랜드에서는 이미 한 세기 전에 부르주아 혁명이 일어났기 때문이라고 응수할 수도 없다. 경제사가들에 따르면 18세기 잉글랜드에서 본질적인 내적 변화가 일어났기 때문이다. 런던에서는 "철학자 당파"가 형성되지 않았으며, 그러므로 철학자들이 사회를 이끌겠다고 자임할 수 없었다는 것은 사실이다. 일어났던 투쟁들("윌크스와 자유" 운동을 떠올려보라)은 신생 인텔리겐치아의 투쟁이 아니었다. 잉글랜드 계몽사상의 거장인 기번조차 유럽 대륙의 문화와 긴밀하게 연결되어 있으면서도 모국에서는 고립되어 있는 외로운 인물이었다. 잉글랜드 공화주의자 또는 홀리스와 같은 인물들이 써내려간 전통의 회복은, 그들이 아무리 흥미로운 인물이라 할지라도, 결코 이 간격을 메울 수 없다. 그들은 부재하는 어떤 것을 대신하는 듯 보인다는 바로 그 이유 때문에 의미가 있으며 호기심을 자극한다. 잉글랜드 급진주의 또한 1764년경에 탄생했으나, 그것은 대륙의 철학과는 매우 다른 특징을 보였다. 1780~1790년대가 되어서야 벤담, 프라이스, 고드윈, 페인 같은 인물들이 나타났다. 잉글랜드에서는 리듬이 달랐던 것이다.

나는 이 상황을 이해하는 데 가장 좋은 방법이 스코틀랜드로 눈을 돌리는 것이라고 믿는다. 그곳에서는 잉글랜드와 반대로 계몽사상의 본질적인 요소들이 모두 발견된다. 실제로 스코틀랜드는 1770년대 유럽의 운동에서, 경제적 조건과 역사 서술의 발달이라는 조건에 비추어볼 때, 매우 앞선 나라들 중 하나였다. 파리, 나폴리, 쾨니히스베르크, 모스크바 등에서 스코틀랜드 문화가 커다란 중요성을 가졌다는 사실을 떠올려보라. 우리는 아직도 스코틀랜드 계몽사상에 대한 포괄적인 연구가 나오기를 기다리고 있다. 이는 18세기 유럽사 분야 연구에서 매우 필요한 조각들 중 하나다.[35] 낡은 세계와 근대세계가 연대기적으로는 더 갑작스럽고, 지리적으로는 더 가까운 곳에서 서로 접촉하는 그 장소에서 계몽사상이 탄생하고 조직되었음을 살펴보는 것은 매력적인 일이다. 한편에는 전통적인 스코틀랜드가 있고, 다른 한편에는 18세기의 글래스고와 에든버러가 있다. 이 둘의 차이가 스코틀랜드에 유럽 대륙과 비슷한 애국 집단과 협회들을 탄생시켰다. 이 조직들은 경제와 사회에 주목했고, 공리주의 철학과 새로운 정책들 사이의 관계에 대한 모든 문제를 다시금 제기했다. 자신의 기능과 힘을 의식하는 새로운 인텔리겐치아가 전통적 지배계급과의 대립을 통해 출현했다. 밀라노나 파리에서 바라보면 1760~1770년대 스코틀랜드는, 지성계의 독창성과 활력이 아무리 대단하더라도, 여전히 친숙한 땅이었다. 퍼거슨과 밀러를 낳은 세계는 필란지에리와 콩도르세의 세계와 같은 곳이었다. 존슨 박사는 영국 태생의 신이었다.

확실히 영국 정치의 구조는 이 비슷한 차이들을 판단할 때에 큰 비중을 차지한다. 영국 정치를, 휘그와 토리라는 딱지를 붙이지도 않고 아무런 지적 계획에도 기대지 않은 채, 일체의 이념적 맥락에서 분리해 연구하는 것이 유익하다고 여겨져왔다는 사실은 의미심장하다. 설사 네이미어를 18세기 유럽 대륙의 관점에서 검토하더라도, 만일 그가 자신의 방법론과 접근법에 적용했던 특별한 열정을 가지고 그렇게 한다면, 여전히 그에게서는 배울 점이 많다. 그러나 튀르고·네케르가 중농주의자·반反중농주의자들과 맺은 관계를 검토하지 않고 1760~1770년대 프랑스의 역사를 쓴다거나, 베카리아·베리가 파리 백과전서파 세계와 접촉한 사실을 서술하지 않고 밀라노의 역사를 쓰는 것은 몹시 어려운 일이라는 점에 누구나 동의하리라고 나는 믿는다. 신교 은행의 구조를 재구성하려고 시도한 스위스 역사가 뤼티의 책조차도 중농주의 사상을 아주 재치 있게 해석하면서 끝맺는다.[36] 계몽사상이 단순한 유행·장식·선전에 불과했던 것으로 보이는 폴란드나 러시아 같은 지역들에서도, 파브르의 책이 보여주듯이 계몽사상은 뿌리를 단단하게 내리고 있었다.[37] 로르톨라리처럼 이 진실에 눈을 감으면 전체 그림을 왜곡하게 된다.[38]

네이미어 경의 글을 읽고 또 읽으면서, 나는 유럽 대륙에서는 그의 방법론이 고대 이탈리아 공화국들의 도시귀족 또는 더 일반적으로 말하면 특권정체 국가들의 귀족 신분으로 구성된, 겉보기에 같아 보이지만 실제로는 차이들로 가득한 작은 세계를 분석하는 데 가장 적합하다고 내 자신이 생각하고 있음을 깨달았다. 예컨대, 나는 베네치아에 계몽사상이 침투하지 않았다는 암시를 제시하고 싶지 않다. 이와 반대로, 베렝고와 토르첼란의 연구가 보여준 바와 같이, 새로운 사상은 널리 퍼져 있었다.[39] 그러나 그 사상이 이 국가들에 심대한 영향을 주는 운동을 만들어내지는 못했다. 그것은 정치적 힘보다는 오히려 문화적 힘으로 남아 있는 경우가 잦았다. 새로운 사상의 이 같은 역할은 잉글랜드를 떠올리게 만든다. 잉글랜드에서는 상황이 매우 달랐지만, 그곳에서도 마찬가지로 18세기 마지막 수십 년이 정치 개혁을 이루지 못한 채 지나갔기 때문이다. 이 국가들은 모두 프랑스가 경험한 갈등과 돌이킬 수 없는 손상을 전혀 겪지 않았다. 계몽의 시대에 잉글랜드는 정말로 하나의 예외였으며, 잉글랜드의 정치 구조는 그 사실을 설명하는 데 중요한 요소다.

당시 유럽 대륙에서 일어났던 일에 비추어 고려하면, 잉글랜드는 더욱 의미심장한 예외였다. 영국인은 독특한 민족이라고 말해도 이 상황을 설명할 수는 없다. 나는 18세기 다른 유럽 국가와 비교해가면서 영국을 연구하는 것이 영국에게도 이롭다고 말하곤 한다. 1770~1780년대에 유럽 전역에서 위대한 개혁의 시대, 그리고 그 개혁이 자극한 반동의 시대가 시작되고 있었기 때문에 이러한 비교는 더욱 중요하다. 튀르고와 요제프 2세의 시대는 이전 30년 동안의 경제적 확장이 불확실성과 급격한 경제변동으로 대체되고 있음을 목격했다. 거기에다 개혁은 돈이 많이 들었고, 이러한 부담 때문에 심지어 레오폴트 치하의 토스카나처럼 계몽주의적 개혁의 작은 걸작들조차 25년에 걸친 노력 이후에 결국 자신들이 난관에 처했음을 깨달았다.

프랑스혁명을 앞둔 이 시기에는 가장 먼 외곽 지역에서 코르시카 반란, 푸가초프의 반란, 미국 독립전쟁이 일어났다. 그 사건들은 유럽에 영향을 미치기에는 너무 멀리 떨어져 있는 듯했다. 그러나 절대주의 국가들의 회복된 활력, 지역 기구들에 맞선 투쟁, 새로이 설립된 위원회들을 통한 고속 성장, 중앙정부의 유례없는 발전 등이 프랑스에서는 고등법원, 오스트리아령 플랑드르에서는 전통적 자치권, 헝가리에서는 귀족, 밀라노에서는 1760년대 말에 권력을 잡은 통치 계급, 카탈루냐에서는 지역 자치권, 에스파냐에서는 종교재판소와 점점 더 심각한 충돌을 일으켰다. 중앙집권화된 국가의 과업에 온갖 세력이 반대했다. 지역 자치권들이, 그리고 심지어 이 시기부터 이미 헌정적 자유라는 이상이, 또한 저 멀리 아메리카에서 전범을 발견한 새로운 독립의 정신이 절대주의 국가에 맞섰다. 유토피아와 개혁 사이의 긴장이 도처에서, 즉 필란지에리와 파가노의 나폴리, 새로운 인텔리겐치아의 첫 인물인 라디시체프가 떠오르고 있던 러시아, 호베야노스와 고야의 에스파냐에서 고조됐다. 그러한 긴장은 레날, 브리소, 마블리, 디드로가 혁명의 언어를 다듬고 있던 프랑스에도 있었다. 프랑스에서는 새로운 세계를 향한 동경이 탈선적이고 병적인 형태를 취했다. 그 동경은 최근에 단턴이 알기 쉽게 그려 보인 메스머주의와 흡사했다.[40] 구체제가 잇달아 견뎌낸 가파른 경제 위기가 다시 한번 닥치는 것만으로도 혁명이 일어나기에 충분했다.

미국 독립전쟁 참전 그리고 네덜란드 연합주 반란과 더불어 혁명의 둥근 고리가 프랑스를 향해 좁혀오고 있었다. 1789년, 혁명은 계몽사상의 고향에 도착했다.

서론

1 *La promenade du sceptique* in *Œuvres complètes*, Paris, 1875, vol. I, p.184.

2 Bari.

3 *Versuch einer Geschichte der lyrischen Dichtkunst* in Herder, *Samtliche Werke*, edited by Bernard Suphan, Berlin, 1891, vol. 32, p.89.

4 New Haven, 1932.

5 베커와 크로체에 대해서는 다음을 참고하라. Burleigh Taylor Wilkins, *Carl Becker. A biographical study in American intelleclual history*, Cambridge, Mass., 1961, pp.193 ff.

6 New York, 1967.

7 *Valore dell'umanesimo* in *Studi di storia*, Turin, 1959, p.383. 다음도 비교 참조하라. *idem, Il problema rinascimentale a proposito di Armando Sapori*, Turin, 1959, pp.366 ff.

8 가장 격렬한 비판으로는 다음을 보라. Luca Magnanima, *Lettere italiane sopra la Corsica*, Lausanna(actually Leghorn), 1770, letter XVII, reproduced in *Illuministi italiani*, tome VII, *Riformatori delle antiche* *repubbliche, dei ducati, dello Stalo pontificio e delle isole,* edited by G. Giarrizzo, G. Torcellan and F. Venturi, Milan—Naples, 1965, pp.828 ff.

9 F. Venturi, 'Contributi ad un dizionario storico. "Was ist Aufklärung? *Sapere aude*" in *Rivista storica italiana,* 1959, I, pp.119 ff.

10 André Dacier, *Œuvres d'Horace,* Paris, 1727.

11 L. Firpo, 'Contributi ad un dizionario storico. Ancora a proposito di *sapere aude*' in *Rivista storica italiana,* 1960, I, p.117.

12 Johann David Kohler, *Historische Münz—Belustigung,* Nürnberg, XII, no. 47, 23 November 1740, pp.369 ff.

13 Władysław Konopczyński, *Stanisław Konarski,* Warsaw, 1926, p.63, and Jean Fabre, *Stanislas—Auguste Poniatowski et l'Europe des lumières,* Paris, 1952, p.67.

14 F. Venturi, *Settecento riformatore. Da Muratori a Beccaria,* Turin, 1969, pp.385 ff.

15 *Charakteristicks, oder Schilderungen von Menschen, Sitten und Zeiten, aus dem Englischen übersetzt,* Leipzig, 1768.

16 'La diffusion des lumières. Un exemple: l'Académie de Châlons—sur—Marne' in *Annales,* 1964, v, pp.887 ff.

17 *L'Illuminismo e la società moderna. Storia e funzione attuale dei valori di libertà, eguaglianza, tolleranza,* Turin, 1967, pp.98—9.

18 Aldo Garosci, *Sul concetto di 'borghesia'. Verifica storica di un saggio crociano* in *Miscellanea Walter Maturi,* Turin, 1966, pp.437 ff.

19 Paris, 1967.

20 Proust, *Diderot et l'Encyclopédie,* p.505.

21 Proust, *Diderot et l'Encyclopédie,* p.509.

22 Turin, 1962.

23 G. Bollème, J. Ehrard, F. Furet, D. Roche, J. Roger, *Livre et société dans la France du XVIIIe siècle,* Post—face d'A. Dupront, Paris—La Haye, 1965.

24 G. Bollème et al., *Livre et société,* pp.37 ff.

25 G. Bollème et al., *Livre et société*, p.195.

26 Paris, 1963.

27 New York, 1966.

28 Michael Confino, 'Histoire et psychologie: à propos de la noblesse russe au XVIIIème siècle' in *Annales*, 1967, pp.1163 ff.

29 Paris, 1967.

30 Peter Mathias, *The first industrial nation. An economic history of Britain, 1700–1914*, London, 1969.

31 *England's apprenticeship 1603–1763*, London, 1965.

32 London, 1960.

33 Vienna–Munich, 1961.

제1장

1 18세기는 물론 유럽 전역에서의 고대에 대한 역사적 전망은 다음과 비교하라. Arnaldo Momigliano, *Contributo alla storia degli studi classici*, 제1권, Rome, 1955, 제2권, Rome, 1960, 제3권(제목: *Contributo alla storia degli studi classici e del mondo antico*), Rome, 1966, 제4권, Rome, 1969. 종교적 전망은 다음을 참조. Frank E. Manuel, *The eighteenth century confronts the gods*, Cambridge, Mass., 1959. 심리학적 및 예술적 측면은 다음을 참조. Jean Seznec, *Essai sur Diderot et l'antiquité*, Paris, 1957. 더욱 자세한 참고문헌 정보는 다음을 참조. Peter Gay, *The Enlightenment: An interpretation*, pp.455 ff. 참조. 가장 연구가 덜 진행된 정치적 측면은 다음과 비교. H. T. Parker, *The cult of antiquity and the French revolutionaries*, Chicago, 1937.

2 예를 들어 *Illuministi italiani* 전집 중 제3권, 제5권, 제8권, Milan–Naples, 1958, 1962, 1965 내용과 Renzo de Felice의 *I giornali giacobini italiani*, Milan, 1962를 비교.

3 Frederick C. Lane, 'At the roots of republicanism', *American History Review*, 1966, n. 2, pp.403 참조.

4 W. J. Bouwsma, *Venice and the defence of republican liberty.*
Renaissance values in the age of the Counter-Reformation, Berkeley,
1968. 이 책에 실린 참고문헌 또한 매우 충실하다.

5 Turin, 1965.

6 이에 대한 연구는 다음을 참조. Vito Vitale, *Breviario della storia di Genova*,
Genoa, 1955.

7 Baltimore, 1967과 1968.

8 역설적으로 산마리노에 대한 중요한 연구는 다음의 가장 흥미로운 책을 참조하
라. 이 연구는 근대의 공화주의 전통에서 만들어진 많은 고려 사항의 기원을 보
여준다. Aldo Garosci, *San Marino, mito e storiografia tra i libertini e il
Carducci*, Milan, 1967.

9 또한 참고문헌 때문에 이 책을 추천한다. *Quelques problèmes concernant la
monarchie absolue* in *X Congreso Internazionale di scienze storiche.
Relazioni* 제4권, *Storia moderna*, Florence, 1955. pp.3 ff.

10 *Estructura administrativa estatal en los siglos XVI y XVII*, in *XIe Congrès
International des sciences historiques. Rapports*, 제4권, *Histoire Moderne*,
Stockholm, 1960, pp.1 ff.

11 *Les fondements économiques et sociaux de l'absolutisme*, in *XIIe Congrès
International des sciences historiques. Rapports*, 제4권, *Méthodologie et
histoire contemporaine*, Vienna, 1965. pp.155 ff.

12 *Absoljutizm v Rossii(XVII–XVIII vv.)*, Moscow, 1964

13 *La Fronde*, Leiden, 1954.

14 *La Fronde*, p.260.

15 *La Fronde*, p.108.

16 17세기 후반부는 다음과 비교하라. Lionel Rothkrug, *Opposition to Louis XIV,
The political and social origins of the French Enlightenment*, Princeton,
1965.

17 D. J. Roorda, *The ruling classes in Holland in the seventeenth century in
Britain and the Netherlands*, edited by J. S. Bromley and E. H. Kossman,

Groningen, 1964, pp.109 참조. "1672년 후에도 군주정과 귀족정은 융합되지 않았다. 윌리엄 3세의 힘은 정말로 강력했지만 여러 측면에서 그는 과두정에 사로잡힌 인물로 남았다."(p.132)

18 *Anweisungen der heilsamen politischen Gründe und Maximen der Republicen Holland und West-Friesland, Rotterdam,* 1671. 쿠르트(de La Court)와 스피노자(Spinoza)의 관계는 다음과 비교하라. the preface and the comment by Antonio Droetto to the *Trattato politico,* Turin, 1958.

19 La Court, *The true interest and political maxims of the republick of Holland,* pp.15, 37 ff.

20 La Court, *The true interest and political maxims,* pp.244-5.

21 La Court, *The true interest and political maxims,* p.287.

22 La Court, *The true interest and political maxims,* p.375.

23 La Court, *The true interest and political maxims,* p.432.

24 E. H. Kossman, *Politieke theorie in het zeventiende-eeuwse Nederland,* Amsterdam, 1960. 17세기 귀족정 공화국의 법 이론에 대한 가장 철저한 연구로는 Ulrich Huber, *De iure popularis, optimatium et regalis imperii sine vi et a sui iuris populo constituti,* 1689가 있다. 이것은 베네치아, 피렌체, "네덜란드 공화국"에서 흔히 보이는 유사점들을 포함하고 있다. "질서의 힘, 즉 도시의 총독이 최고 권력을 쥔 곳이 진정한 귀족정이다."(p.50) 또한 Charles-irénée Castel de Saint-Pierre, *Projet de traité pour rendre la paix perpétuelle entre les souverains chrétiens,* Utrecht, 1716과 *Annales politiques,* London(Paris), 1756에서 흥미로운 생각을 발견할 수 있다.

25 Charles Wilson, *Anglo-Dutch commerce and finance in the eighteenth century,* Cambridge, 1951(1966년 재판); *idem, Profit and power. A study of England and the Dutch wars,* London, 1957; *idem,* 'The decline of the Netherlands' in *Economic History and the Historian, Collected essays,* Cambridge, 1960, pp.22 ff 참조.; I. Schoffer 'Did Holland's golden age coincide with a period of crisis?' in *Acta historiae nederlandica,* I, Leiden, 1966, pp.82 참조; J. De Vries, *De economische achteruitgang der*

Republiek in de achttiende eeuw, Amsterdam, 1959; Johannes Hovy, *Het voorstel van 1751 tot instelling van een beperkt vrijhavenstelsel in de Republiek*, Groningen, 1966(여기에서 현대 함부르크 및 제노바 자유무역항의 정책과 유사한 점들을 찾을 수 있다).

26 N.p., 1628.

27 N.p., 1628.

28 *Ibid.* p.9.

29 *Ibid.* p.9.

30 G. Ansaldi, *A tutto l'ordine fortissimo*, p.13.

31 G. Ansaldi, *A tutto l'ordine fortissimo*, pp.13-14.

32 Vito Vitale, *Breviario della storia di Genova*, vol. I. pp.308 ff.

33 Paris, Archives des Affaires Étrangères, Gênes, 16(1681), pp.401-13.

34 Paris, Archives des Affaires Étrangères, Gênes 19. 아스날 도서관에 보관된 생톨롱 피두의 문서 4760, 6546, 6613도 참조하라.

35 State Archives of Genoa, Lettere Ministri Francia, no. 2202, January 1683.

36 State Archives of Genoa, Lettere Ministri Francia, no. 2202, 2 July 1683.

37 State Archives of Genoa, Lettere Ministri Francia, no. 2203, of 20 September 1684.

38 Filippo Casoni, *Storia del bombardamento di Genova nell'anno 1684*, edited by Achille Neri, Genoa, 1877.

39 *La congiura di Raffaello della Torre, con le mosse della Savoia contro la Repubblica di Genova, libri due. Descritta da Giovanni Paolo Marana*, Lyons, 1682, p.71.

40 *Dialogue de Gênes et d'Algers, villes foudroyées par les armes invincibles de Louis Le Grand l'année 1684, avec plusieurs particularitez historiques touchant le juste ressentiment de ce monarque et ses prétensions sur la ville de Gênes, avec les reponces des Gênois. Traduit de l'Italien*, Amsterdam, 1685, p.93. 이탈리아어 판본은 *Dialogo fra Genova et Algieri città fulminate dal Giove gallico*, Amsterdam, 1685.

41 Marana, *Dialogue*, p.112. 소수의 손에 힘이 집중되는 것이 필요하다는 생각이 일정 기간 동안 제노바에서 진지하게 고려됐다는 증거는 충분히 있다. "공화국 정부의 구조는 국가 협상에는 적합하지 않으며, 소수의 의원이 손쉽게 정치를 행할 수 없다면 모든 것은 허물어질 것이다." *biglietto di calice* of 14 July 1673, Genoa, State Archives, Politicorum, bundle 14, no. 1660, f. 14. 포격 받던 해 공화국 심문관의 권력 연장에 대해서는 같은 책 bundle 16, no. 1662, ff. 45 ff.

42 Marana, *Dialogue*, p.128.

43 Marana, *Dialogue*, p.134.

44 제노바 국가 문서고에는 마라나에 관한 중요한 문서가 많다. Politicorum, 1659, no. 133, Lettere ministri Francia, 2201, 2201 *bis*, 2202, 2203, 2204.

45 J. E. Tucker, 'The *Turkish Spy* and its French background' in *Revue de littérature comparée*, 1958, pp.74 ff.

46 Ernest Jovy, 'Le précurseur et l'inspirateur direct des *Lettres persanes*' extracted from the *Bulletin du bibliophile*, Paris, 1917, and Montesquieu, *Lettres persanes. Texte établi, avec introduction, bibliographie, notes et relevé de variantes par Paul Vernière*, Paris, 1960, pp.x−xi.

47 *L'espion dans les cours des princes chrétiens*, twelfth edition, Cologne, 1700, vol. I, *Préface particulière*, pages unnumbered. 몽테스키외가 알았고 인정했던 다른 한 작가의 글에서도 이탈리아 공화국들에 대한 흥미로운 내용을 발견할 수 있다. Paolo Mattia Doria, *La vita civile*, Naples, 1710 and other editions. Cf. in the edition of 1753, pp.236−7.

48 Arnaldo Momingliano, 'Gli studi classici di Scipione Maffei' in *Giornale storico della letteratura italiana*, 1956, no. 403, p.372.

49 Giovanni Tabacco, *Andrea Tron(1712−1785) e la crisi dell'aristocrazia senatoria a Venezia*, Trieste, 1957.

50 G. Tabacco, *Andrea Tron*, p.68. 네덜란드에 점점 더 환멸을 느끼던 트론이 1743년과 1744년에 그곳에서 쓴 글과 비교해보라. "네덜란드 공화국이 한때 누렸던 위신은 실추되었다. (…) 이 공화국이 나의 조국(베네치아)과는 비교가 안 될

정도로 최악으로 통치된다는 점에 위안을 느낀다. (…) 네덜란드 공화국은 서서히
무정부 상태로 빠져들고 있다." *Venetiaansche Berichten over de Vereenigde
Nederlanden van 1660-1795*, editied by P. J. Blok, The Hague, 1909,
p.384.

51 제노바의 국가 종교재판소의 역사는 아직 연구되지 않았다. 이들은 베네치아
의 예를 거울 삼아 창설됐다. 다음과 비교해보라. Vito Vitale, *Breviario della
storial di Genova*, vol. I, pp.286-7. 베네치아에서 원로원과 10인회 사이의
오랜 투쟁에 대해선 코치(Gaetano Cozzi)의 역작 *Il Doge Nicolò Contarini*,
Venice-Rome, 1958과 그가 행한 파도바대학의 정치학 강의 중에 내놓은
Politica e diritto nella riforma del diritto penale veneto nel Settecento,
Padua, 1866-7, 8 ff를 참조하라.

52 F. Venturi, *Settecento riformatore*, pp.277 ff.

53 F. Venturi, *Settecento riformatore*, pp.209 ff. Mario Rosa, *Dispotismo e
libertà nel Settecento. Interpretazioni repubblicane di Machiavelli*, Bari,
1964는 로버트 몰즈워스의 아들이자, 유명한 공화주의자이면서 잉글랜드 국
회의원인 존 몰즈워스와 토스카나의 집단들 간의 관계를 연구하는 데에도 유
용하다. 마키아벨리에 관한 논의에서 토스카나와 다른 곳의 공화주의적 전통
의 역사에 대해 가장 진척된 연구는 다음을 참조하라. F. Raab, *The English
face of Machiavelli. A changing interpretation. 1500-1700*, London-
Toronto, 1964, and Giuliano Procacci, *Studi sulla fortuna di Machiavelli*,
Rome, 1965. 토스카나의 정치적 문제에 관해서는 다음을 참조하라. Furio
Diaz, *Francesco Maria Gianni dalla burocrazia alla politica sotto Pietro
Leopoldo di Toscana*, Milan-Naples, 1966; A. Saitta, *Filippo Buonarroti*,
Rome, 1960; Carlo Capra, *Giocanni Ristori da illuminista a funzionario*.
1755-1830, Florence, 1968.

54 F. Venturi, *Settecento riformatore*, pp.198 ff.

55 Francesco Maria Accinelli, *La verità risvegliata, con tre dissertazioni
della decadenza dell'Impero, della libertà di Genova, della soggezione di
S. Remo alla Repubblica*. MS. preserved at Genoa in the Berio library, ff. 1

and 5.

56 F. Venturi, *Settecento riformatore*, pp.349 ff.

57 *Le roi de Hollande, ou la République détruite par ses Stadhouders. Dernière partie de la fin des révolutions*, n.d., n.p., p.22.

58 구다르에 대해서는 다음을 참고하라. Joseph J. Spengler, *Économie et population. Les doctrines françaises avant 1800. De Budé à Condorcet*, Paris, 1954. pp.63 ff., L. S. Gordon, 'Nekotorye itogi izučenija zapreščennoj literatury epochi presveščenija(Vtoraja polovina XVIII v.)' in *Francuzskij ežegodnik*, 1959. pp.101 ff.; Francis L. Mars, 'Ange Goudar, cet inconnu' from *Casanova gleanings*, no. 9, Nice, 1966.

59 Amsterdam, 1756.

60 *Suite des révolutions Hollandaises ou le rétablissement des rois de Frize*, n.p., 1747, pp.29–30.

61 Pieter Geyl, *Revolutiedagen te Amsterdam(augustus–september 1748). Prins Willem IV en de Doelistenbeweging*, The Hague, 1936; Antonio Matilla Tascón, *La Unica contribución y el castasto de La Ensenada*, Madrid, 1947; Furio Diaz, *Filosofia e politica nel Settecento francese*, Turin, 1962; F. Venturi, *Settecento riformatore*, pp.262 ff.

62 Robert Shackleton, *Montesquieu. A critical biography*, Oxford, 1961; Louis Althusser, *Montesquieu. La politique et l'histoire*, Paris, 1959.

63 몽테스키외, 『법의 정신』 제8권 제16장.

64 몽테스키외, 『법의 정신』 제9권 제1장.

65 몽테스키외, 『법의 정신』 제9권 제1장.

66 몽테스키외, 『법의 정신』 제3권 제3장.

67 Louis Althusser, *Montesquieu*, p.62.

68 몽테스키외, 『법의 정신』 제2권 제2장.

69 몽테스키외, 『법의 정신』 제8권 제5장.

70 몽테스키외, 『법의 정신』 제8권 제5장.

71 몽테스키외, 『법의 정신』 제3권 제3장.

제2장

1 다음을 참조하라. Jean-Bernard Le Blanc, *Lettres d'un François*, The Hague, 1745, vol. II, pp.349 ff.

2 Thomas W. Perry, *Public opinion, propaganda and politics in eighteenth-century England. A study in the Jew Bill of 1753*, Cambridge, Mass., 1967; P. G. M. Dickson, *The financial revolution in England. A study in the development of public credit, 1688-1755*, London-New York, 1967.

3 Zera S. Fink, *The classical republicans. An essay in the recovery of a pattern of thought in seventeenth-century England*, Evanston, 1945; Caroline Robbins, *The eighteenth-century commonwealthmen. Studies in the transmission, development and circumstance of English liberal thought from the restoration of Charles II until the war with Thirteen Colonies*, Cambridge, Mass., 1959(다음과 비교해보라. Christopher Hill, 'Republicanism after the Restoration' in *New Left Review*, 1960, 3, pp.46 ff.); Perez Zagorin, *A history of political thought in the English revolution*, London, 1954; J. G. A. Pocock, *The ancient constitution and feudal law. English historical thought in the seventeenth century*, Cambridge, Mass., 1957; Bernard Bailyn, *The ideological origins of the American Revolution*, Cambridge, Mass., 1967; H. R. Trevor-Roper, *Religion, the Reformation and social change and other essays*, London, 1967; J. A. W. Gunn, *Politics and the public interest in the seventeenth century*, London-Toronto, 1969.

4 London, 1967.

5 한 예로 다음을 보라. Jeffrey Hart, *Viscount Bolingbroke, tory humanist*, London-Toronto, 1965.

6 *Gesschichte des Englischen Deismus*, Stuttgart-Tübingen, 1841.

7 Roger Bigelow Merriman, *Six contemporaneous revolutions*, Oxford, 1938; Ernst Heinrich Kossman, *La Fronde*; J. H. Elliot, *The revolt of the*

Catalans, Cambridge, 1963; Rosario Villari, *La rivolta antispagnola a Napoli. Le origini(1585-1647)*, Bari, 1967.

8 *Correspondance de Leibniz avec l'electrice Sophie de Brunswick-Lunebourg*, Hanover n.d., vol. II, p.209. 이 편지에서 언급된 톨론은 물론 존 톨런드다. 그는 선제후비 조피에 대해 다음과 같은 인상을 기록해서 남겼다. "그녀가 정부 일반에 대해 갖고 있는 생각은 매우 공정해서 모든 독일 사람은 그녀를 '공화주의적 여왕'이라고 부른다." John Toland, *Relation des cours de Prusse et de Hanovre*, The Hague, 1706, p.57.

9 Robert J. Allen, *The Clubs of Augustan London*, Cambridge, Mass., 1933, p.33.

10 *Letters of Humphrey Prideaux sometime dean of Norwich to John Ellis sometime under-secretary of state, 1674-1722*, edited by Edward Maunde Thompson, London, 1875, p.162.

11 Peter Browne, *A Letter in answer to a book entitled Christianity not mysterious*, Dublin, 1697, p.209.

12 같은 장 3번 주석에 언급된 기본적인 연구 외에 다음도 참고하라. F. H. Heinemann, 'John Toland and the age of Enlightenment' in *Review of English Studies*, 1944, n. 78; *idem*, 'Toland and Leibniz' in *The Philosophical Review*, 1945, p.437; Howard William Troyer, *Ned Ward of Grubstreet. A study of sub-literary London in the eighteenth century*, Cambridge, Mass., 1946; Paolo Casini, *L'universo macchina. Origini della filosofia newtoniana*, Bari, 1969; Caroline Robbins(ed.), *Two English republican tracts. Plato redivivus, or a Dialogue concerning government by Henry Neville. An essay upon the constitution of the Roman government by Walter Moyle*, Cambridge, 1969.

13 *An account of Denmark as it was in the year 1692*, London, 1694, preface; 다음과 비교하라. Paul Ries, 'Robert Molesworth's *Account of Denmark*. A study in the art of political publishing and bookselling in England and the continent before 1700' in *Scandinavica*, vol. 7,

November 1968, no. 2.

14 Molesworth, *An account of Denmark*.

15 Molesworth, *An account of Denmark*.

16 *The commonwealths man unmasqu'd or a just rebuke to the author of the Account of Denmark*, London, 1694, pp.2–3, 19–22, 75, 100.

17 Robbins, *Two English republican tracts*; John Toland, *Adeisidaemon, sive Titus Livius a superstitione vindicatus*, The Hague, 1709.

18 Robbins, *Two English republican tracts*, p.253.

19 Robbins, *Two English republican tracts*, p.255.

20 Robbins, *Two English republican tracts*, p.258.

21 Robbins, *Two English republican tracts*, p.259. 원전인 *The works of Walter Moyle, Esq. none of which were ever before publish'd*, London, 1726에서 상기 언급된 페이지들은 제1권 133쪽, 137쪽, 145쪽, 147쪽, 148쪽에 있다.

22 *Essai sur le gouvernement de Rome. Par Walter Moyle, traduit de l' Anglois. Ouvrage utile aux hommes d'état et aux philosophes*, Paris, an X/1801.

23 British Museum, Add. MSS. 4295. 특히 40쪽부터 참조하라.

24 *A discourse upon coins by signor Bernardo Davanzati, a gentleman of Florence, being publickly spoken in the Academy there, anno 1588, translated out of the Italian by John Toland*, London, 1696, 'The translator to his friend', March 1695/6, p.v.

25 *Christianity not mysterious, or a Treatise shewing that there is nothing in the Gospel contrary to reason nor above it and that no Christian doctrine can be properly call'd a mystery*, London, 1696.

26 Toland, *Christianity not mysterious*, p.168.

27 Toland, *Christianity not mysterious*, p.75.

28 일반적인 문제에 대해서는 다음을 참고하라. Luigi Salvatorelli, 'From Locke to Reitzenstein. The historical investigation of the origins of Christianity' in *The Harvard Theological Review*, 1929, p.263; the comment of Fausto

Parente, 'Il contributo di Luigi Salvatorelli alla storia d'Israele e del cristianesimo antico' in *Rivista storica italiana*, 1966, III, pp.479 ff. 기독교의 근원에 관한 톨런드의 생각이 18세기에 어떤 반향을 얻었는지에 대해서는 다음을 참조하라. F. Venturi, *Saggi sull'Europa illuminista*, I. *Alberto Radicati di Passerano*, Turin, 1954, pp.236 ff.

29 Toland, *Christianity not mysterious*, p.147.

30 그 예로 다음을 보라. J. Hay Colligan, *The Arian movement in England*, Manchester, 1913(p.92, 이신론과의 관계); Earl Morse Wilbur, *A history of Unitarianism. Socinianism and its antecedents*, Cambridge, Mass., 1947, 제2권(p.575, Crellius와 Matthew Tindal과의 관계); G. R. Cragg, *Form Puritanism to the age of reason. A study of changes in religious thought within the Church of England, 1660–1700*, Cambridge, 1950(pp.136 참조. 이신론의 대두와 톨런드).

31 *Clito. A poem on the force of eloquence*, London, 1700. p.6.

32 *Clito. A poem on the force of eloquence*, p.11.

33 *The early lives of Milton*, edited with introduction and notes by Helen Darbishire, London, 1934. pp.xxviii ff.

34 *The Oceana of James Harrington and his other works, some whereof are now first published from his own manuscripts. The whole, collected, methodiz'd and review'd, with the exact account of life prefix'd, by John Toland*, London, 1700.

35 J. Harrington, *Oceana*, pp.i and iv.

36 J. Harrington, *Oceana*, p.viii.

37 J. Harrington, *Oceana*, p.ix. 이 헌사의 날짜는 1699년 11월 30일로 기록돼 있다.

38 Max Braubach, *Geschichte und Abenteuer. Gestalten um den Prinzen Eugen*, Munich, 1950, pp.126 ff.; Giuseppe Ricuperati, 'Libertinismo e deismo a Vienna: Spinoza, Toland e il *Triregno*' in *Rivista storica italiana*, 1967, II, pp.628 ff.

39 *Correspondance de Leibniz avec l'electrice Sophie*, vol. II, p.333.

40 *Correspondance de Leibniz avec l'electrice Sophie*, vol. II, p.378.

41 *Correspondance de Leibniz avec l'electrice Sophie*, vol. II, p.333.

42 *Vindicius Liberius*, p.126.

43 *Vindicius Liberius*, p.128.

44 *Vindicius Liberius*.

45 *The Wentworth Papers, 1705-1739. Selected from the private and family correspondence of Thomas Wentworth, Lord Raby, created in 1711 Earl of Strafford, with a memoir and notes by James Joel Cartwright*, London, 1883, p.136.

46 Public Record Office, 30/24/20/137. 1707년 12월 18일 런던발 편지.

47 F. H. Heineman, 'John Toland and the age of Enlightenment', p.133.

48 참고문헌 목록은 다음을 참조하라. Giuseppe Ricuperati, 'Studi recenti su Bayle' in *Rivista storica italiana*, 1968, II, pp.365 ff.

49 톨런드가 호엔도르프에게 보낸 서신의 복사본은 British Museum, Add. MSS. 4295, f. 19에 있으며, 1711년 또는 1712년 3월 7일자로, 라틴어로 작성돼 있다.

50 Sergio Bertelli, *Giannoniana. Autografi, manoscritti e documenti della fortuna di Pietro Giannone*, Molan-Napled, 1968.

51 F. Venturi, *Settecento riformatore*, pp.523 ff.

52 Johann Anton Trinius, *Freydenker-Lexicon*, Leipzig and Bernburg, 1759(photostat edition. Turin, 1960, index); Urban Gottlob Thorschmid, *Vollständige Engelländische Freydenker-Bibliothek*, Cassel, 1766, vol. III, pp.i ff.

53 D'Estrées, *Letters*, British Museum, Add. MSS. 4282, 1722년 3월 17일자 편지다.

54 D'Estrées, *Letters*, British Museum, Add. MSS. 4282, 1722년 8월 21일자 편지다.

55 D'Estrées, *Letters*, British Museum, Add. MSS. 4282, 1722년 8월 21일자 편지다.

56 F. Venturi, *Saggi sull'Europa illuminista*, I, *Alberto Radicati di Passerano*, Turin, 1954.

57 *La friponnerie laïque des prétendus esprits–forts d'Angleteree, ou remarques de Philéleuthère de Leipsick*[i.e. Richard Bentley] *sur le Discours de la liberté de penser, traduites de l'Anglois sur la septième édition par Mr N. N.*[i.e. A, Boisbeleau de la Chapelle], Amsterdam, 1738.

58 *La friponnerie laïque*, preface, pp.v–vi.

59 *La friponnerie laïque*, p.vii.

60 Johann Anton Trinius, *Freydenker–Lexikon*, pp.479 ff.(pp.120 ff. of the reprint), p.592(p.148 of the reprint), and p.775(p.196 of the reprint).

61 *La friponnerie laïque*, preface p.xxix.

62 J. H. Plumb, *The growth of political stability*, pp.150 ff.

63 John F. Naylor, *The British aristocracy and the Peerage Bill of 1719*, Oxford, 1969.

64 Zera S. Fink, *The classical republicans. An essay in the recovery of a pattern of thought in seventeenth–century England*, Evanston, 1945, p.183.

제3장

1 'La république d'Angleterre se cache derrière le trône, la Hollande a eu besoin d'un stathouder. Quoique le doge à Venise ne gouverne pas l'état, on lui a donné le nom de prince', said Ange Goudar, in his pamphlet *Naples, ce qu'il faut faire pour rendre ce royaume florissant*, Amsterdam, 1771, p.11.

2 *Miscellaneous reflections. Miscellany III*, chap.I, para. 13. 우리는 다음 판본을 사용했다. *Characteristicks*, n.p., 1745, vol. III, p.131. 곧이어 135쪽 제20문단에서 그는 "토지의 애국자들"에 맞서 논지를 전개한다.

3 *Ibid*. para. 12, p.129.

4 특히 다음을 보라. *An essay on the freedom of wit and humour* in *Characteristiks*, vol. I, pp.101 ff.

5 *Discours sur l'origine et les fondemens de l'inégalité parmi les hommes* in *Œuvres complètes publiées par Bernard Gagnebin et Marcel Raymond*, III, *Du contrat social. Écrits politiques*, Paris, 1964

6 *Journal et mémoires du marquis d'Argenson*, Paris, 1859 ff.

7 *Journal et mémoires du marquis d'Argenson*, vol. V, p.142.

8 *Journal et mémoires du marquis d'Argenson*, vol. VII, p.242.

9 *Journal et mémoires du marquis d'Argenson*, vol. VII, p.294.

10 본서에서는 1764년 Yverdon 판본을 사용했다.

11 Roger Tisserand, *Les concurrents de J. J. Rousseau à l'Académie de Dijon pour le prix de 1754*, Paris, 1936, p.133.

12 『백과전서』 제1권, 1751, p.899; F. Venturi, *Le origini dell'Enciclopedia*, Turin, 1963, pp.136 ff.

13 *Discours sur l'origine et les fondements de l'inégalité parmi les hommes*, pp.111 ff.

14 이 정의는 들뤽(Jacques-François De Luc)이 제시한 것으로, 1755년 1월 20일의 것이고, 스타로뱅스키(Jean Starobinski)가 주석에서 인용했다. *Discours sur l'inégalité*, p.1286.

15 *Discours sur l'inégalité*, p.1288.

16 *Discours sur l'inégalité*, pp.116-117.

17 F. Venturi, 'Un enciclopedista: Alexandre Deleyre' in *Rivisla storica italiana*, 1965, no. IV, pp.791 ff.

18 Alexandre Deleyre, *Éloge de M. Roux, docteur-régent et professeur de chymie à la Faculté de Paris*, Amsterdam, 1777, pp.12 ff.

19 *Idées sur l'éducation nationale, par Alexandre Deleyre, député du département de la Gironde*, Paris(Convention Nationale), n.d., p.9.

20 『백과전서』 제6권, p.401.

21 Jean-Jacques Rousseau, *Correspondance complète*, edited by R. A.

Leigh, 제5권, Geneva, 1967, no. 720, p.195.

22 파올리에 대해서는 다음을 보라. *Boswell on the Grand Tour: Italy, Corsica and France. 1765-1766*, edited by F. Brady and F. A. Pottle, London, 1955, p.48.

23 Jean-Jacques Rousseau, *Correspondance complète*, 제4권, 1967, no. 415, p.21, 1756년 7월 3일자 편지.

24 October 1758, pp.86 ff.

25 *Opinion d'Alexandre Deleyre, député du département de la Gironde sur la question du jugement de Louis XVI.* Paris(Convention nationale), n.d.

26 *Tableau de l'Europe pour servir de supplément à l'Histoire philosophique des établissements et du commerce des Européens dans les deux Indes,* Maestricht, 1774, p.55.

27 *Tableau de l'Europe*, p.40.

28 다음 역작과 비교해보라. Albert Soboul, *Les sansculottes parisiens en l'an II. Mouvement populaire et gouvernement révolutionnaire, 2 juin 1793-9 thermidor an II*, Paris, 1958.

29 *Tableau de l'Europe*, p.103.

30 Alexandre Deleyre, *Essai sur la vie de M. Thomas*, Paris, 1791, pp.289-90.

31 *Décade philosophique*, 10 germinal, an V(30 March 1797), p.44.

32 Jean-Jacques Rousseau, *Œuvres complètes*, pp.clix ff., 1575 ff.

33 *Lettres écrites de la montagne* in *Œuvres complètes*, p.809.

34 *Lettres écrites de la montagne* in *Œuvres complètes*, p.844.

35 Jean-Jacques Rousseau, *Correspondance générale*, 제9권, p.284, 1763년 5월 12일 편지.

36 Nicola Matteucci, *Jacques Mallet-Du Pan*, Naples, 1957, and Peter Gay, *Voltaire's politics. The poet as realist*, Princeton, 1959.

37 François-Marie Arouet de Voltaire, *A.B.C., dialogue curieux traduit de l'Anglais de monsieur Huet*(Geneva), 1762(1768); *idem, Idées républicaines*

L'A.B.C., dialogue curieux traduit de l'Anglais de monsieur Huet. Sixième entretien. Des trois gouvernements et de mille erreurs anciennes(Geneva), 1762.

A.B.C., quinzième entretien. De la meilleure législation.

A.B.C., sixième entretien.

Projet de constitution pour la Corse in Œuvres complètes, tome III, pp.899 ff., and comments by Sven Stelling—Michaud, *ibid.* pp.cxcix ff., 1726 ff.

Chauncey Brewster Tinker, *A new nation in Nature's simple plan. A phase of radical thought in mid—eighteenth century.* Princeton, 1922; George Pomeroy Anderson, 'Pascal Paoli, an inspiration to the sons of liberty' in *Massachusetts Historical Society, Proceedings*, vol. XXVI, and *Illuministi italiani*, VII, pp.719 ff.

Projet de constitution pour la Corse, p.909.

Projet de constitution pour la Corse, p.910.

Projet de constitution pour la Corse, p.919.

Alessandro Galante Garrone, *Buonarroti e Babeuf*, Turin, 1948, pp.52 ff.

R. R. Palmer, *The age of democratic revolution: a political history of Europe and America, 1760—1800*, vol. I, *The challenge*, vol. II, *The struggle*, Princeton, 1959 and 1964.

Jean Fabre, *Stanislas—Auguste Poniatowski et l'Europe des lumières*, Paris, 1952; Bogusław Leśnodorski, *Polscy jakobini*, Warsaw, 1960(in French: *Les jacobins polonais*, Paris, 1965); Emanuel Rostworowski, 'Républicanisme sarmate et les lumières' in *Studies on Voltaire and the eighteenth century*, vols. XXIV—XXVII, 1963, pp.1417 ff.; *idem.* 'La Suisse et la Pologne au XVIIIe siècle' in *Échanges entre la Pologne et la Suisse du XIVe au XIXe siècle*, Geneva, 1964; *idem*, 'Voltaire et la Pologne' in *Studies on Voltaire and the eighteenth century*, vol. LXII, 1968, pp.101 ff.;

idem, *The Commonwealth of the gentry*, in *History of Poland*, edited by A. Gieysztor, S. Kieniewicz, E. Rostworowski, J. Tazbir, H. Wereszycki, Warsaw, 1968, pp.272 ff. Of notable interest are also: Ryszard W. Wołoszynski, *Polska w opiniach francuzów XVIII w.*, Warsaw, 1964, and idem, 'La Pologne vue par l'Europe au XVIIIe siècle' in *Acta Poloniae historica*, XI, 1965, pp.22 ff.

49 그의 다음 저술의 표지다. *La voix libre du citoyen, ou observations sur le gouvernement de la Pologne*, n.p., 1749.

50 Emanuel Rostworowski, 'Stanislas Leszczyński et l'idée de la paix générale', in *La Lorraine dans l'Europe des lumières. Actes du colloque organisé par la Faculté des lettres et des sciences humaines de l'Université de Nancy(24–27 octobre, 1966)*, Nancy, 1968, pp.51 ff.(18세기 공화국 관념에 관해 특히 중요한 글이다.)

51 Rostworowski, 'Stanislas Leszczyński et l'idée de la paix générale', p.65.

52 Alfred Cobban, *Ambassadors and secret agents. The diplomacy of the first earl of Malmesbury at the Hague*, London, 1954; R. R. Palmer, *The age of democratic revolution*, vol. 1, pp.320 ff.

53 Bailyn, *The American Revolution*, p.283.

제4장

1 Biblioteca Gambalunga, Rimini, Fondo Gambetti, *Letters to Giovanni Bianchi*. Cf. F. Venturi, *Settecento riformatore*, p.588.

2 Cf. the edition of the *Code de la nature*, edited by Gilbert Chinard, Paris, 1950, the Russian translation, by V. P. Volgin, Moscow, 1956, and especially Richard N. Coe, *Morelly. Ein Rationalist auf dem Wege zum Sozialismus*, Berlin, 1961, with a full bibliography.

3 Cf. *Illuministi italiani*, vol. V, pp.25, 180, 516, 542, 1094.

4 F. Venturi, *Settecento riformatore*, p.588.

5 Cf. F. Venturi, *Le origini dell'Enciclopedia*.

6 A. Lichtenberger, *Le socialisme au XVIIIe siècle. Étude sur les idées socialistes dans les écrivains français du XVIIIe siècle avant la Révolution*, Paris, 1895; H. Girsberger, *Der utopische Sozialismus des XVIII. Jahrhunderts in Frankreich und seine philosophischen und materiellen Grundlagen*, Leipzig, 1924; *Illuministi Italiani*, vol. VII.

7 Morelly, *Code de la nature*, p.160.

8 Dom Deschamps, *Le vrai système, ou le mot de l'énigme métaphysique et morale*, edited by Jean Thomas and Franco Venturi, Geneva, 1939 (reprinted 1963), pp.135, 140, 166.

9 총재정부기에 파리에서 벌어진 논의는 18세기 말의 경우를 잘 보여주는 특히 흥미로운 사례다. Cf. 'De la propriété, de quelques philosophes qui l' ont attaquée et des hommes qui accusent de ces attaques tous les philosophes et la philosophie' in *Journal d'économie publique, de morale et de politique*, XXI, 30 ventôse, year V(20 March 1797).

10 R. N. Coe, *Morelly* and Bronisław Baczko, 'Wstęp' in Dom Léger—Marie Deschamps, *Prawdziwy system, czyli rozwiązanie zagadki metafisyki i moralności*, edited by B. Baczko, Warsaw, 1967, pp.23 ff.(이 소개글은 다음 책에 붙어로 번역되어 수록되어 있다. *Cahiers Vilfredo Pareto*, fasc. 15, 1968, pp.5—49, 'Le mot de l'énigme métaphysique ou Dom Deschamps'.)

11 F. Venturi, 'Przedmowa do polsckiego wydania *Prawdziwego systema* dom Deschampsa' in Dom Léger—Marie Deschamps, *Prawdziwy system...*, pp.2 ff.(이탈리아어 판본은 'La fortuna di Dom Deschamps', in *Cahiers Vilfredo Pareto*, fasc. 11, 1967, pp.47 ff.)

12 Jean Wahl, 'Cours sur l'athéisme éclairé de Dom Deschamps' in *Studies on Voltaire and the eighteenth century*, fasc. LII, pp.11 ff.

13 예를 들어 다음을 참조하라. Akademija nauk SSSR, *Iz istorii social'no-političeskich idej. Sbornik statej k semidecjatipjatiletiju Ak., V. p.Volgina*, Moscow, 1955, and *Istorija socialističeskich učenij*, Moscow, 1962. 여기

서 I. I. Zil'berfarb가 푸리에를 다룬 최근 연구들에 대해 이야기한다. 또 여기에
는 18세기와 19세기 유토피아주의자들에 대한 연구가 많이 수록되어 있다. 주요
연구서 중에서 다음을 참고하라. V. M. Dalin, *Grakch Babef nakanunie i vo
vremja Velikoi francuzskoj revoljucii(1785–1794)*, Moscow, 1963.

14 Harlem(Leghorn), 1764.

15 F. Venturi, *Settecento riformatore*, pp.645 ff.

16 Beccaria, *Dei delitti e delle pene*, para. xxviii, 'Della pena di morte'.

17 Beccaria, *Dei delitti e delle pene*, para. xii(xxx in A. Morellet's reordering), 'Furti'.

18 Beccaria, *Dei delitti e delle pene*, 'A chi legge'.

19 Beccaria, *Dei delitti e delle pene*, 'A chi legge'.

20 *Gazette littéraire de l'Europe*, 13 February 1765, pp.301 ff., contained in Cesare Beccaria, *Dei delitti e delle pene. Con una raccolta di lettere e di documenti relativi alla nascita dell'opera e alla sua fortuna nell'Europa del Settecento*, edited by F. Venturi, Turin, 1965, p.311.

21 *Note e osservazioni sui libro intitolato Dei delitti e delle pene*, n.p.(Venice), 1765. Cf. Gianfranco Torcellan, 'Cesare Beccaria a Venezia', in *Rivista storica italiana*, 1964, III, pp.720 ff.

22 Beccaria, *Dei delitti e delle pene*, pp.174–5에서 인용.

23 Hans Müller, *Ursprung und Geschichte des Wortes 'Sozialismus' und seiner Verwandten*, Hanover, 1967. 이탈리아어 '사회주의자'는 다음을 참고하라. F. Venturi, 'Socialista e socialismo nell'Italia del Settecento' in *Rivista storica italiana*, 1963, I, pp.129 ff.

24 *Juris naturae larva detracta compluribus libris sub titulo juris naturae prodeuntibus, ut puffendorffianis, heineccianis, wolffianis etc.* Munich, 1753, 3 vols; Ildefons Stegmann, *Anselm Desing Abt von Ensdorf, 1699–1772. Ein Beitrag zur Geschichte der Aufklärung in Bayern*, Munich, 1929.

25 Desing, *Juris naturae*, vol. I, p.25.

26 Desing, *Juris naturae*, vol. I, p.69.

27 Desing, *Juris naturae*, vol. I, p.75.

28 Desing, *Juris naturae*, vol. I, p.77.

29 Desing, *Juris naturae*, vol. I, p.87.

30 Desing, *Juris naturae*, vol. I, p.97.

31 Desing, *Juris naturae*, vol. I, p.100.

32 Desing, *Juris naturae*, vol. I, p.101. '사회성' 문제 전반에 관해서는 다음을 보라. J. N. Hert(Hertius), *De socialitate primo naturalis juris principio dissertatio* in *J. N. Hertii Commentationum atque opusculorum de selectis et rarioribus ex jurisprudentia universali, publica, feudali et romana nec non historia germanica argumentis tomi tres*, Frankfurt-am-Main, 1700, vol. I, pp.88 ff.

33 Facchinei, *Note* quoted from Beccaria, *Dei delitti e delle pene*, p.175.

34 Facchinei, *Note* quoted from Beccaria, *Dei delitti e delle pene*, p.168.

35 F. Venturi, 'L'immagine della Giustizia' in *Rivista storica italiana*, 1964, III, pp.705 ff., with the additions and corrections of Luigi Firpo, 'Contributo alla bibliografia del Beccaria'(Le edizioni italiane settecentesche del *Dei delitti e delle pene*) in *Atti del convegno internazionale su Cesare Beccaria promosso dall'Accademia delle scienze di Torino*(4-6 October 1964), Turin, 1966, pp.329 ff.

36 Facchinei, *Note* quoted from Beccaria, *Dei delitti e delle pene*, pp.172-3.

37 *Ibid.* p.312. Letter from d'Alembert to Frisi, dated 9 July 1765.

38 Beccaria, *Dei delitti e delle pene*, p.320, taken from an article in the *Correspondance littéraire*, to be found, dated 1 August, 1765, in vol. VI of Maurice Tourneaux's edition, 1878, pp.329 ff.

39 Beccaria, *Dei delitti e delle pene*, p.330. 모렐레의 불역본은 1766년에 다음 제목으로 출간되었다. *Traité des délits et des peines, traduit de l'Italien d' après la troisième édition, revue, corrigée et augmentée par l'auteur, avec des additions de l'auteur qui n'ont pas encore paru en Italien,*

Lausanne(Paris).

40 Beccaria, *Dei delitti e delle pene*, p.405, taken from the *Œuvres complètes* of Diderot, edited by J. Assézat, vol. IV, Paris, 1875, pp.60 ff.

41 Beccaria, *Dei delitti e delle pene*, pp.205 ff.

42 Marcello Maestro, *Voltaire and Beccaria as reformers of criminal law*, New York, 1942; Ira O. Wade, 'The search for a new Voltaire. Studies in Voltaire based upon material deposited at the American Philosophical Society' in *Transactions of the American Philosophical Society*, new series, vol. XLVIII, 4 July 1958, pp.86 ff.; Paul M. Spurlin, 'Beccaria's essay On crimes and punishments in eighteenth-century America' in *Studies on Voltaire and the eighteenth century*, vol. XXVII, 1963, pp.1489 ff.

43 Beccaria, *Dei delitti e delle pene*, p.374, taken from the *Commentaire sur le traité. 'Des délits et des peines'*, para. x, *De la peine de mort*.

44 Voltaire, *Commentaire*, para. xxiii, in Beccaria, *Dei delitti e delle pene*, p.379.

45 Voltaire, *Commentaire*, para. xxiii, in Beccaria, Dei delitti e delle pene, p.451, taken from Voltaire, *Correspondence*, edited by T. Besterman, vol. LXIX, pp.159 ff., no. 14090.

46 Beccaria, *Dei delitti e delle pene*, pp.397 ff.

47 Beccaria, *Dei delitti e delle pene*, pp.543 ff., 출처는 D. Diderot, *Correspondance*, edited by Georges Roth, vol. V, Paris, 1959, pp.244 ff. 다음에서 별반 다르지 않은 판본을 확인하라. D. Diderot, *Œuvres complètes*, vol. IV, pp.52 ff. 다음도 참고하라. Alastair Smart, *The life and art of Allan Ramsay*, London, 1952.

48 Beccaria, *Dei delitti e delle pene*, p.545.

49 Beccaria, *Dei delitti e delle pene*, p.406. 출처는 *Œuvres complètes* of Diderot, edited by J. Assézat, vol. IV, Paris, 1875, pp.60 ff.

50 Beccaria, *Dei delitti e delle pene*, p.407.

51 Diderot, *Œuvres politiques*, edited by Paul Vernière, Paris, 1963, p.395,

Observations sur le Nakaz, para. lxii.

52 Diderot, *Œuvres politiques*, p.398.

53 르페브르는 다음 저서들을 참고하라. Georges Lefebvre, *Les paysans du Nord pendant la Révolution française*, Lille(1924) and Bari(1924), *La Grande peur, 1789*, Paris(1932). 그와 그의 학파가 내놓은 여러 연구는 구체제 쇠퇴기 프랑스 사회에 대한 우리의 지식을 확장시켰다. 루데에 대해서는 다음을 참고하라. George Rudé, *The crowd in history, 1730–1848*, New York–London, 1964.

54 Diderot, *Œuvres complètes*, edited by J. Assézat, vol. IV, Paris, 1875, pp.60 ff.

55 Beccaria, *Dei delitti e delle pene*, p.390.

56 Pierre–Louis Moreau de Maupertuis, *Lettre sur le progrès des sciences* (1752), in *Œuvres*, Lyon, 1756, para. ii, *Utilité du supplice des criminels*, and Beccaria, *Dei delitti e delle pene*, pp.211 ff., letter from Giambattista Vasco to Beccaria, dated 31 January 1768.

57 Beccaria, *Dei delitti e delle pene*, pp.258 ff.

58 Beccaria, *Dei delitti e delle pene*, p.454. 출처는 *Journal œconomique*, April 1770, pp.171 ff., and *Mercure de France*, July 1770, pp.139 ff.

59 특히 다음을 참고하라. Leon Radzinowicz, *A history of criminal law and its administration from 1750*, vol. I, *The movement for reform*, London, 1948; James Heath, *Eighteenth–century penal theory*, Oxford, 1963; Gustav Radbruch, *Elegantiae juris criminalis, Vierzehn Studien zur Geschichte des Strafrechts*, Basel, 1950; M. M. Ščerbatov, *Sočinenija*, edited by I. P. Chruščov, St Petersburg, 1898, vol. I, pp.427 ff.

60 Beccaria, *Dei delitti e delle pene*, pp.458 ff. 출처는 Giuseppe Gorani, *Il vero dispotismo*, London(Geneva), 1770, vol. II, p.227.

61 Beccaria, *Dei delitti e delle pene*, pp.469 ff. 출처는 Gabriel Bonnot de Mably, *De la législation ou principes des lois*, Amsterdam, 1776, vol. II, pp.92 ff., book III, chap.IV, "자신이 만든 법이 사랑받게 하기 위해 입법자는

무엇을 해야 하는가? 징벌은 적당히 약해야 한다. 시민들을 정부에 결합시키기 위해서는 선량한 습속을 길러야 한다".

62 Beccaria, *Dei delitti e delle pene*, pp.500 ff. 특히 다음을 참고하라. Brissot de Warville, *Recherches philosophiques sur le droit de propriété et sur le vol, considérés dans la nature et dans la société*, Chartres(1780) and *Théorie des lois criminelles*, Berlin(1781) and the letter of Condorcet to Frederick of 2 May with the replies of the king of Prussia of 14 May and 29 June 1785, in *Œuvres*, edited by A. Condorcet O'Connor and F. Arago, Paris, 1847−9, pp.303 ff.

제5장

1 F. Venturi, *L'illuminismo nel Settecento europeo* in *XIe Congrès international des sciences historiques. Rapports, IV, Histoire moderne*, Göteborg−Stockholm−Uppsala, 1960, pp.106 ff.

2 C. E. Labrousse, *Esquisse du mouvement des prix et des revenus en France au XVIIIe siècle*, Paris, 1932, and G. Lefebvre, 'Le mouvement des prix et les origines de la Révolution française', in *Annales d'histoire économique et sociale*, IX, 1937, pp.139 ff.

3 W. Kula, *Teoria economica del sistema feudale. Proposta d'un modello*, Turin, 1970.

4 Peter Mathias, *The first industrial nation. An economic history of Britain, 1700−1914*, London, 1969.

5 Gerónimo de Uztáriz, *Théorica y práctica de comercio y de marina*, Madrid, 1724, 1742, 1757. Cf. J. Hamilton, *The Mercantilism of Gerónimo de Uztáriz: a reëxamination*, in *Economies, Sociology, and the Modern World*, edited by Norman E. Himes, Cambridge, Mass., 1935, pp.111 ff.

6 Richard Herr, *The eighteenth century revolution in Spain*, Princeton, 1958, p.48.

7 Jean Sarrailh, *L'Espagne éclairée de la seconde moitié du XVIIIè siècle*, Paris, 1954, and J. Vicens Vives, *Manual de historia económica de España*, Barcelona, 1959.

8 F. Venturi, *Settecento riformatore*.

9 Eduard Winter, *Der Josefinismus und seine Geschichte. Beiträge zur Geistesgeschichte Oesterreichs. 1740–1848*, Brünn–Munich–Vienna, 1943 and Manfred Schlenke, *England und das friderizianische Preussen. 1740–1763. Ein Beitrag zum Verhältnis von Politik und öffentlicher Meinung im England des 18. Jahrhunderts*, Munich, 1963. Werner Krauss, *Studien zur deutschen und französischen Aufklärung*, Berlin, 1963.

10 Ira O. Wade, *The clandestine organization and diffusion of philosophic ideas in France from 1700 to 1750*, Princeton, 1938; F. Venturi, *Jeunesse de Diderot. De 1713 à 1753*, Paris, 1939; Paul Vernière, *Spinoza et la pensée française avant la Révolution*, Paris, 1954; F. Venturi, *Le origini dell'Enciclopedia*, Turin, 1963; J. Th. de Booy, *Histoire d'un manuscrit de Diderot: 'La promenade du sceptique'*, Frankfurt–am–Main, 1964; John Lough, *Essays on the 'Encyclopédie' of Diderot and d'Alembert*, Oxford, 1968; *A critical bibliography of French literature*, vol. IV. *The eighteenth century. Supplement*, edited by Richard A. Brooks, Syracuse, 1968.

11 Eduard Winter, *Frühaufklärung. Der Kampf gegen den Konfessionalismus in Mittel– und Osteuropa und die deutsch–slawische Begegnung*, Berlin, 1966.

12 F. Venturi, *Le origini dell'Enciclopedia*, p.28.

13 R. Grimsley, *Jean d'Alembert. 1717–1783*, Oxford, 1963.

14 Association internationale des études françaises, *Cahiers*, vol. II, *L'Encyclopédie et son rayonnement à l'étranger*, Paris, 1952; Roland Mortier, *Diderot en Allemagne. 1750–1850*, Paris, 1954.

15 Salvatore Rotta, 'Documenti per la storia dell'illuminismo a Genova.

Lettere di Agostino Lomellini a Paolo Frisi' in *Miscellanea di storia ligure*, vol. I, Genoa, 1958, pp.189 ff.

16 Christian Morrison, *La place de Forbonnais dans la pensée économique* in Christian Morrison and Robert Goffin, *Questions financières aux XVIIIe et XIXe siècles*, Paris, 1967.

17 Furio Diaz, *Filosofia e politica nel Settecento francese*.

18 Leyden, 1754.

19 F. Venturi, *Settecento riformatore*. *

20 Victor Riqueti de Mirabeau, *L'ami des hommes ou Traité de la population*, Avignon, 1756; *idem, Théorie de l'impôt*, The Hague, 1760.

21 Carl Friedrich von Baden, *Brieflicher Verkehr mit Mirabeau und Du Pont*, edited by Carl Knies, Heidelberg, 1892; Ambroise Jobert, *Magnats polonais et physiocrates français(1764–1774)*, Paris, 1941; Edward Lipiński, *De Copernic à Stanislas Leszczyński. La pensée économique et démographique en Pologne*, Paris–Warsaw, 1961; Institut national d'études démographiques, *François Quesnay et la physiocratie*, Paris, 1958; François Quesnay, *Scritti economici*, introduction by Renato Zangheri, Bologna, 1966; Furio Diaz, *Francesco Maria Gianni. Dalla burocrazia alla politica sotto Pietro Leopoldo di Toscana*, Milan–Naples, 1966.

22 David Hume, *Essays and treatises on several subjects*, London, 1753–6.

23 Horst Jablonowski, 'Die geistige Bewegung in Russland in der zweiten Hälfte des 18. Jahrhunderts' in *Le mouvement des idées dans les pays slaves pendant la seconde moitié du XVIIIè siècle. Atti del colloquio slavistico tenutosi ad Uppsala il 19–21 agosto 1960*, Rome, 1962, pp.7 ff.; F. Venturi 'Quelques notes sur le rapport de Horst Jablonowski', *ibid.* pp.26 ff.; *Svodnyj katalog russkoj knigi graždanskoj pečati XVIII veka. 1725–1800*, Moscow, 1962–6, 5 vols; Marc Raef, *Origins of the Russian intelligentsia. The eighteenth–century nobility*, New York, 1966; Paul Bourychkine, *Bibliographie sur la franc–maçonnerie en*

Russie, complétée et mise au point par Tatiana Bakounine, Paris–The Hague, 1964; Paul Dukes, *Catherine the Great and the Russian nobility*, Cambridge, 1967.

24 Robert Jones Shafer, *The economic societies in the Spanish world(1763– 1821)*, Syracuse, 1958; Marcelin Defourneaux, *Pablo Olavide ou l' afrancesado(1725–1803)*, Paris, 1959.

25 *Illuministi italiani*, vols. III, V, VII.

26 Robert A. Kahn, *A study in Austrian intellectual history. From late Baroque to Romanticism*, New York, 1960.

27 George Rudé, *Wilkes and Liberty. A social study of 1763 to 1774*, Oxford, 1962.

28 추상성에 대한 비난과 그 의의에 대해서는 다음을 보라. F. Venturi, 'Galiani tra enciclopedisti e fisiocrati' in *Rivista storica italiana*, 1960, no. 1, pp.45 ff. 폴란드에 관해서는 특히 다음을 보라. Jerzy Michalsky, 'Problem *ius agratiandi*, i kary śmierci w Polsce w latach siedemdziesiątych XVIII w.' in *Czasopismo prawno–historyczne*, vol. X, 1958, no. 2, pp.175 ff.

29 Diderot, *Réfutation suivie de l'ouvrage d'Helvétius intitulé L'homme*, in *Œuvres complètes*, edited by J. Assézat, vol. II, Paris, 1875, p.276; cf. Diderot, *Mémoires pour Cathérine II*, edited by P. Vernière, Paris, 1966, pp.20 ff.; Helvétius, *De l'homme, de ses facultés intellectuelles et de son éducation*, Amsterdam, 1775. 프랑스 당국의 대응에 대해서는 다음을 보라. Jacques Donvez, 'Diderot, Aiguillon et Vergennes' in *Revue des sciences humaines*, (new series), no. 87, July–September 1957, pp.287 ff. 이 시기의 일반적 문제들에 대해서는 다음을 보라. Furio Diaz, *Filosofia e politica nel Settecento francese*.

30 F. Venturi, 'Postille inedite di Voltaire ad alcune opere di Nicolas–Antoine Boulanger e del barone d'Holbach' in *Studi francesi*, 1958, no. 2, pp.231 ff.

31 'Lettre de l'auteur à M. *****'[Helvétius], preceding the *Recherches sur l'* *origine du despotisme oriental. Ouvrage posthume de Mr. B.I.D.P.E.C.* (Boulanger, ingénieur des ponts et chaussées)(Geneva), 1761, pp.iii ff.

32 *Le Christianisme dévoilé, ou examen des principes et des effets de la religion chrétienne,* (Nancy?), 1767, *Lettre de l'auteur à Monsieur ***.* 볼테르는 헛되게도 일반 민중에게 종교가 필요하다고 주장했다. 돌바크는 이렇게 대답했다. "사람들을 제지하는 것은 법률이다. 어떤 미치광이가 그들에게 도둑질 하고 살인하라고 말할 때, 교수대가 그들에게 그런 짓을 저지르지 못하도록 경고를 줄 것이다."

33 Georges Dulac, 'Une lettre de Diderot à Turgot' in *Studi francesi,* no. 36, September–December 1968, pp.454 ff., 1772년 8월 9일자 편지.

34 Douglas Dakin, *Turgot and the 'Ancien régime' in France,* London, 1939.

35 최신 연구들 중에서도 다음을 참조하라. Duncan Forbes, 'Scientific Whiggism. Adam Smith and John Millar' in *Cambridge Journal,* vol. III, 1954, pp.643 ff.; William C. Lehmann, *John Millar of Glasgow, 1735–1801. His life and his contribution to sociological analysis,* Cambridge, 1960; Adam Ferguson, *An essay on the history of civil society. 1767,* edited by Duncan Forbes, Edinburgh, 1966; A. J. Youngson, *The making of classical Edinburgh,* Edinburgh, 1968.

36 H. Lüthy, *La banque protestante en France,* Paris, 1959–61.

37 Jean Fabre, *Stanislas–Auguste Poniatowski et l'Europe des lumières.*

38 Albert Lortholary, *Le mirage russe en France au XVIIIe siècle,* Paris, 1951.

39 Marino Berengo, *La società veneta alla fine del 700,* Florence, 1956; Gianfranco Torcellan, *Una figura della Venezia settecentesca. Andrea Memmo,* Venice–Rome, 1963.

40 Robert Darnton, *Mesmerism and the end of the Enlightenment in France,* Cambridge, Mass., 1968.

Absoljutizm v Rossii(XVII—XVIII vv.). Edited by N. M. Družinin. Moscow, 1964.

Accinelli, Francesco Maria. *La verità risvegliata, con tre dissertazioni della decadenza dell'Impero, della libertà di Genova, della soggezione di S. Remo alla Repubblica.* MS. Berio library, Genoa.

Akademij a nauk SSSR. *Iz istorii social'no—političeskich idej. Sbornik statej k semidesjatipjatiletiju Ak. V. P. Volgina.* Moscow, 1955.

Akademij a nauk SSSR. *Istorija socialistič eskich učenij.* Moscow, 1962.

Alembert, Jean Le Rond d'. *Essai sur la société des gens de lettres et des grands, sur la réputation, sur les mécènes et sur les récompenses littéraires in idem, Mélanges de littérature, d'histoire et de philosophie,* vol. 2. Berlin, 1753.

Allen, Robert Joseph. *The clubs of Augustan London.* Cambridge, Mass., 1933.

Althusser, Louis. *Montesquieu. La politique et l'histoire.* Paris, 1959.

Anderson, George Pomeroy. 'Pascal Paoli, an inspiration to the sons of liberty' in *Massachusetts historical society. Proceedings*, vol. XXVI.

Ansaldi, Giovanni. *A tutto l'ordine fortissimo, fedelissimo, generosissimo che intende reprimer le insolenze e ripararsi dalle ingiustitie di quelli che male operano e male governano in Genova, salute e aviso.* N.p., 1628.

Ansaldi, Giovanni. *Verità esaminata a favor del popolo, il quale con ingiustitia è tenuto fuori del governo di Genova contro alcuni tiranni dell'istesso popolo che già se ne credono impossessati con fraude.* N.p., 1628.

Argenson, René–Louis Voyer d'. *Considérations sur le gouvernement ancien et présent de la France.* Yverdon, 1764.

Argenson, René–Louis Voyer d'. *Journal et mémoires.* Edited by Edme–Jacques–Benoît Rathery. Paris, 1868.

Association internationale des études françaises. *Cahiers*, vol. 11. Paris, 1952. *L'Encyclopédie et son rayonnement à l'étranger.*

Baczko, Bronisław. 'Le mot de l'énigme métaphysique ou Dom Deschamps' in *Cahiers Vilfredo Pareto*, no. 15. 1968.

Baden, Carl Friedrich von. *Brieflicher Verkehr mit Mirabeau und Du Pont.* Edited by Carl Knies. Heidelberg, 1892.

Bailyn, Bernard. *The ideological origins of the American revolution.* Cambridge, Mass., 1967.

Beccaria, Cesare. *Dei delitti e delle pene.* Harlem(Leghorn), 1764.

Beccaria, Cesare. *Dei delitti e delle pene. Con una raccolta di lettere e di documenti relativi alla nascita dell'opera e alla sua fortuna nell'Europa del Settecento.* Edited hy Franco Venturi. Turin, 1965.

Beccaria, Cesare. *Traité des délits et des peines, traduit de l'italien d' après la troisième édition, revue, corrigée et augmentée par l'auteur, avec des additions de l'auteur qui n'ont pas encore paru en italien.* Lausanne(Paris), 1766.

Becker, Carl. *The heavenly city of the eighteenth–century philosophers.* New

Haven, 1932.

Becker, Marvin B. *Florence in transition*. Baltimore, 1967 and 1968.

Bentley, Richard. *La friponnerie laïque des prétendus esprits-forts d'*
    Angleterre, ou remarques de Philéleuthère de Leipsick sur le Discours de
    la liberté de penser, traduites de l'Anglois sur la septième édition par Mr. N.
    N.(i.e. A. Boisbeleau de la Chapelle). Amsterdam, 1738.

Bentley, Richard. *Remarks upon a late discourse of freethinking in a letter*
    to G. H.[are]. London, 1713.

Berengo, Marino. *Nobili e mercanti nella Lucca del Cinquecento*. Turin, 1965.

Berengo, Marino. *La società veneta alla fine del'700*. Florence, 1956.

Bertelli, Sergio. *Giannoniana. Autografi, manoscritti e documenti della*
    fortuna di Pietro Giannone. Milan-Naples, 1968.

Bollème, Geneviève; Ebrard, Jean; Furet, François; Roche, Daniel; Roger,
    Jacques. *Livre et société dans la France du XVIIIe siècle*. Post-face d'
    Alphonse Dupront. Paris-The Hague, 1965.

Booy, Jean Th. de. *Histoire d'un manuscrit de Diderot: 'La promenade d'un*
    sceptique'. Frankfort-am-Main, 1964.

Boswell on the Grand Tour: Italy, Corsica and France. 1765-1766. Edited
    by F. Brady and F. A. Pottle. London, 1955.

Boulanger, Nicolas-Antoine. *Recherches sur l'origine du despotisme oriental.*
    Ouvrage posthume de Mr. B.I.D.P.E.C. (Geneva), 1761.

Bourde, André. *Agronomie et agronomes en France au XVIIIe siècle*. Paris,
    1967.

Bourychkinc, Paul. *Bibliographie sur la franc-maçonnerie en Russie,*
    complétée et mise au point par Tatiana Bakounine. Paris-The Hague,
    1964.

Bouwsma, William J. *Venice and the defence of republican liberty.*
    Renaissance values in the age of Counter-Reformation. Berkeley, 1968.

Braubach, Max. *Geschichte und Abenteuer. Gestalten um den Prinzen*

Eugen. Münich, 1950.

Brissot de Warville, Jacques—Pierre. *Recherches philosophiques sur le droit de propriété et sur le vol.* Chartres, 1780.

Brissot de Warville, Jacques—Pierre. *Théorie des lois criminelles.* Berlin, 1781.

Brooks, Richard A. *A critical bibliography of French literature. Vol. IV. The eighteenth century. Supplement.* Syracuse, 1968.

Browne, Peter. *A letter in answer to a book entitled Christianity not mysterious.* Dublin, 1697.

Cantimori, Delio. *Il problema rinascimentale a proposito di Armando Sapori in Studi di storia.* Turin, 1959.

Cantimori, Delio. *Valore dell'umanesimo. Ibid.*

Capra, Carlo. *Giovanni Ristori da illuminista a funzionario. 1755—1830.* Florence, 1968.

Casini, Paolo. *L'universo macchina. Origini della filosofia newtoniana.* Bari, 1969.

Casoni, Filippo. *Storia del bombardamento di Genova nell'anno 1684,* edited by Achille Neri. Genoa, 1877.

Cassirer, Ernst. *Die Philosophie der Aufklärung.* Tübingen, 1932.

Cauz, Konstantin Franz de. *De cultibus magicis.* Vienna, 1767.

Cobban, Alfred. *Ambassadors and secret agents. The diplomacy of the first earl of Malmesbury at the Hague.* London, 1954.

Cobban, Alfred. *The role of the Enlightenment in modern history. In search of humanity.* London, 1960.

Coe, Richard N. *Morelly. Ein Rationalist auf dem Wege zum Sozialismus.* Berlin, 1961.

Colligan, Hay J. *The Arian movement in England.* Manchester, 1913.

Collins, Anthony. *Discours sur la liberté de penser. Écrit à l'occasion d'une nouvelle secte d'esprits forts. Traduit de l'anglois et augmenté d'une lettre d'un médecin arabe.* London, 1714.

Collins, Anthony. *A discourse of free-thinking, occasion'd by the rise and growth of a sect call'd free-thinkers*. London, 1713.

The commonwealths man unmasqu'd, or a just rebuke to the author of the Account of Denmark. London, 1694.

Confino, Michael. *Domaines et seigneurs en Russie vers la fin du XVIIIe siecle. Étude de structures agraires et de mentalités économiques*. Paris, 1963.

Confino, Michael. *Histoire et psychologie: à propos de la noblesse russe au XVIIIe siècle* in *Annales*, 1963.

Cozzi, Gaetano. *Il doge Nicolò Contarini*. Venice-Rome, 1958.

Cozzi, Gaetano. *Politica e diritto nella riforma del diritto penale veneto nel Settecento*. Padua, 1966-7.

Cragg, G. R. *From Puritanism to the age of reason. A study of changes in religious thought within the Church of England. 1660-1700*. Cambridge, 1950.

Dacier, André. *Œuvres d'Horace*. Paris, 1727.

Dakin, Douglas. *Turgot and the 'Ancien régime' in France*. London, 1939.

Dalin, V. M. *Grakch Babef nakanune i vo vremja Velikoj francuzskoj revoljucii(1785-1794)*. Moscow, 1963.

Darbishire, Helen(ed.). *The early lives of Milton*. London, 1934.

Darnton, Robert. *Mesmerism and the end of the Enlightenment in France*. Cambridge, Mass., 1968.

Davanzati, Bernardo. *A discourse upon coins, being publickly spoken in the Academy(of Florence) anno 1588, translated out of the Italian by John Toland*. London, 1696.

Defourneaux, Marcelin. *Pablo Olavide ou l'afrancesado(1725-1803)*. Paris, 1959.

Deleyre, Alexandre. *Analyse de la philosophie du chancelier Bacon*. Paris, 1755.

Deleyre, Alexandre. *Éloge de M. Roux, docteur-régent et professeur de chymie à la Faculté de Paris.* Amsterdam, 1777.

Deleyre, Alexandre. 'Épingle' in *Encyclopédie*, vol. V.

Deleyre, Alexandre. *Essai sur la vie de M. Thomas.* Paris, 1791.

Deleyre, Alexandre. 'Fanatisme' in *Encyclopédie*, vol. VI.

Deleyre, Alexandre. *Idées sur l'éducation nationale.* Paris(Convention nationale), n.d.

Deleyre, Alexandre. *Opinion sur la question du jugement de Louis XVI.* Paris(Convention nationale), n.d.

Deleyre, Alexandre. 'Pensées d'un républicain sur les mœurs de ce siècle' in *Journal encyclopédique*, October 1758.

Deleyre, Alexandre. *Revue des feuilles de M. Fréron.* London(Paris), 1756.

Deleyre, Alexandre. *Tableau de l'Europe pour servir de supplément à l'Histoire philosophique des établissements et du commerce des Européens dans les deux Indes.* Maestricht, 1774.

Deschamps, dom Léger-Marie. *Prawdziwy system, czyli rozwiazanie zagadki metafisyki i moralności.* Edited by Bronisław Baczko. Warsaw, 1967.

Deschamps, dom Léger-Marie. *Le vrai système, ou le mot de l'énigme métaphysique et morale.* Edited by Jean Thomas and Franco Venturi. Geneva, 1939 and 1963.

Desing, Anselm. *Juris naturae larva detracta compluribus libris sub titulo juris naturae prodeuntibus, ut puffendorffianis, heineccianis, wolffianis etc.* Munich, 1753.

Diaz, Furio. *Filosofia e politica nel Settecento francese.* Turin, 1962.

Diaz, Furio. *Francesco Maria Gianni dalla burocrazia alla politica sotto Pietro Leopoldo di Toscana.* Milan-Naples, 1966.

Dickson, Peter G. M. *The financial revolution in England. A study in the development of public credit. 1688-1755.* London-New York, 1967.

Diderot, Denis. *Correspondance.* Edited by Georges Roth. Paris, 1955.

Diderot, Denis. *Lettre sur les aveugles à l'usage de ceux qui voient.* London (Paris), 1749.

Diderot, Denis. *Mémoires pour Cathérine II.* Edited by Paul Vernière. Paris, 1966.

Diderot, Denis. *Observations sur le Nakaz in Œuvres politiques.* Edited by Paul Vernière. Paris, 1963.

Diderot, Denis. *Œuvres complètes.* Edited by J. Assézat and M. Tourneax. Paris, 1875.

Diderot, Denis. *Œuvres politiques.* Edited by Paul Vernière. Paris, 1963.

Diderot, Denis. *Pensées philosophiques.* Paris, 1746.

Diderot, Denis. *Principes de la philosophie morale, ou essai de M. S***[Shaftesbury] sur le mérite et la vertu. Avec réflexions.* Amsterdam, 1745.

Diderot, Denis. *La promenade du sceptique in Œuvres complètes.* Vol. 1. Edited by J. Assézat. Paris, 1875.

Diderot, Denis. *Réfutation suivie de l'ouvrage d'Helvétius intitulé 'L'homme'* in *Œuvres complètes.* Vol. II. Edited by J. Assézat. Paris, 1875.

Diderot, Denis. *Supplément au voyage de Bougainville ou Dialogue entre A. et B.* in *Œuvres philosophiques.* Edited by Paul Vernière. Paris, 1961.

Disraeli, Benjamin, earl of Beaconsfield. *Contarini Fleming. A psychological autobiography.* London, 1832.

Donvez, Jacques, 'Diderot, Aiguillon et Vergennes' in *Revue des sciences humaines.* New series, no. 87. July–September 1957.

Doria, Paolo Mattia. *La vita civile.* Naples, 1710.

Dukes, Paul. *Catherine the Great and the Russian nobility.* Cambridge, 1967.

Dulac, Georges. 'Une lettre de Diderot à Turgot' in *Studi francesi,* no. 36. September–December 1968.

Elliot, J. H. *The revolt of the Catalans.* Cambridge, 1963.

D'Estrées, Victor—Marie. *Letters*. British Museum, Add. MSS. 4282.

Fabre, Jean. *Stanislas—Auguste Poniatowski et l'Europe des lumières*. Paris, 1952.

Facchinei, Ferdinando. *Note e osservazioni sul libro intitolato Dei delitti e delle pene*. n.p.[Venice], 1765.

Ferguson, Adam. *An essay on the history of civil society. 1767.* Edited by Duncan Forbes. Edinburgh, 1966.

Fink, Zera S. *The classical republicans. An essay in the recovery of a pattern of thought in seventeenth—century England*. Evanston, 1945.

Firpo, Luigi. 'Contributi ad un dizionario storico. Ancora a proposito di *Sapere aude*' in *Rivista storica italiana*, no. 1, 1960.

Firpo, Luigi. 'Contributo alla bibliografia del Beccaria(Le edizioni italiane settecentesche del *Dei delitti e delle pene*)' in *Atti del convegno internazionale su Cesare Beccaria promosso dall'Accademia delle scienze di Torino*. Turin, 1966.

Forbes, Duncan. 'Scientific whiggism. Adam Smith and John Millar' in *Cambridge Journal*, no. III. 1954.

Foscarini, Marco. *Della letteratura veneziana libri otto*. Padua, 1752.

Foscarini, Marco. 'Storia arcana ed altri scritti inediti' in *Archivio storico italiano*, vol. V. 1843.

Galante Garrone, Alessandro. *Buonarroti e Babeuf*. Turin, 1948.

Galiani, Ferdinando. *Della moneta libri cinque*. Naples, 1750(1751) and 1780.

Garosci, Aldo. *San Marino, mito e storiografia tra i libertini e il Carducci*. Milan, 1967.

Garosci, Aldo. *Sul concetto di 'borghesia'. Verifica storica di un saggio crociano* in *Miscellanea Walter Maturi*. Turin, 1966.

Gay, Peter. *The Enlightenment: An interpretation*. New York, 1967 and 1969.

Gay, Peter. *Voltaire's politics. The poet as realist*. Princeton, 1959.

Genovesi, Antonio. *Delle lezioni di commercio o sia d'economia civile da leggersi nella cattedra intieriana.* Naples, 1765(1766)–7.

Geyl, Pieter. *Revolutiedagen te Amsterdam(augustus–september 1748).*

Geyl, Pieter. *Prins Willem IV en de Doelistenbeweging.* The Hague, 1936.

Giannone, Pietro. *Il triregno.* Edited hy Alfredo Parente. Bari, 1940.

Giannone, Pietro. *I giornali giacobini italiani.* Edited by Renzo de Felice. Milan, 1962.

Girsberger, H. *Der utopische Sozialismus des XVIII. Jahrhunderts* in *Frankreich und seine philosophischen und materiellen Grundlagen.* Leipzig, 1924.

Goldman, Lucien. *L'Illuminismo e la società moderna. Storia e funzione attuale dei valori di libertà, eguaglianza, tolleranza.* Turin, 1967.

Gorani, Giuseppe. *Il vero dispotismo.* London(Geneva), 1770.

Gordon, Lev Semionovič. 'Nekotorye itogi izučenija zapreščennoj literatury epochi prosveščenija'(Vtoraj a polovina, XVIII v.) in *Francuzskij ežegodnik.* 1959.

Goudar, Ange. *Histoire générale de la révolution de Gênes, contenant tout ce qui s'est passé dans cette République depuis la mort de Charles VI jusqu'à la levée du siège par les Allemans.* British Museum, Add. MSS. 17 395.

Goudar, Ange. *Les intérêts de la France mal entendus dans les branches de l'agriculture, de la population, des finances, du commerce, de la marine et de l'industrie, par un citoyen.* Amsterdam, 1756.

Goudar, Ange. *Naples, ce qu'il faut faire pour rendre ce royaume florissant.* Amsterdam, 1771.

Grimm, M. et al. *Correspondance littéraire.* Edited by Maurice Tourneux. Paris, 1878.

Grimsley, Ronald. *Jean d'Alembert. 1717–1783.* Oxford, 1963.

Gunn, John A. W. *Politics and the public interest in the seventeenth century.* London–Toronto, 1969.

Hamilton, Earl J. *The mercantilism of Gerónimo de Uztáriz: a reëxamination in Economies, sociology and the modern world.* Edited by Norman Edwin Himes. Cambridge, Mass., 1935.

Harrington, James. *Oceana and his other works, some whereof are now first published from his own manuscripts. The whole collected, methodiz'd and review'd, with the exact account of life prefix'd, by John Toland.* London, 1700.

Hart, Jeffrey. *Viscount Bolingbroke, tory humanist.* London–Toronto, 1965.

Hartung, Fritz and Mousnier, Roland. *Quelques problèmes concernant la monarchie absolue in X Congresso internazionale di scienze storiche. Relazioni,* vol. IV. *Storia moderna.* Florence, 1955.

Heath, James. *Eighteenth–century penal theory.* Oxford, 1963.

Heinemann, Friedrich Heinrich. 'John Toland and the age of Enlightenment' in *Review of English Studies,* no. 78. 1944.

Heinemann, Friedrich Heinrich. 'Toland and Leibniz' in *The Philosophical Review.* 1945.

Helvétius, Claude–Adrien. *De l'homme, de ses facultés intellectuelles et de son éducation.* Amsterdam, 1775.

Herder, Johann Gottfried. *Versuch einer Geschichte der lyrischen Dichtkunst* in *Sämtliche Werke,* vol. 32. Edited by Bernard Suphan. Berlin, 1891.

Herr, Richard. *The eighteenth century revolution in Spain.* Princeton, 1958.

Hert[Hertius], J. N. *De socialitate primo naturalis juris principio dissertatio in idem, Commentationum atque opusculorum de selectis et rarioribus ex jurisprudentia universali, publica, feudali et romana nec non historia germanica argumentis tomi tres.* Frankfurt–am–Main, 1700.

Hill, Christopher. 'Republicanism after the Restoration' in *New Left Review,* no. III. 1960.

Himes, Norman Edwin(ed.). *Economies, sociology and the modern world.* Cambridge, Mass., 1935.

History of Poland. Edited by A. Gieysztor, S. Kieniewicz, E. Rostworowski, J. Tazbir, H. Wereszycki. Warsaw, 1968.

Holbach, Paul-Henry Thiry d'. *Le christianisme dévoilé, ou examen des principes et des effets de la religion chrétienne.* (Nancy?), 1761.

Hovy, Johannes. *Het voorstel van 1751 tot instelling van een beperkt vrijbavenstelsel in de Republiek.* Groningen, 1966.

Huber, Ulrich. *De iure popularis, optimatium et regalis imperii sine vi et a sui juris populo constituti.* 1689.

Hume, David. *Essays and treatises on several subjects.* London, 1753-6.

Illuministi italiani, tomo III. *Riformatori lombardi, piemontesi e toscani.* Edited by F. Venturi. Milan-Naples, 1958.

Illuministi italiani, torno V. *Riformatori napoletani.* Edited by F. Venturi. Milan-Naples, 1962.

Illuministi italiani, tomo VII. *Riformatori delle antiche repubbliche, dei ducati, dello Stato pontificio e delle isole.* Edited by G. Giarrizzo, G. Torcellan, and F. Venturi. Milan-Naples, 1965.

Institut national d'études démographiques. *François Quesnay et la physiocratie.* Paris, 1958.

Jablonowski, Horst. 'Die geistige Bewegung in Russland in der zweiten Hälfte des 18. Jahrhunderts' in *Le mouvement des idées dans les pays slaves pendant la seconde moitié du XVIIIe siècle. Atti del Colloquio slavistico tenutosi ad Uppsala il 19-21 agosto 1960.* Rome, 1962.

Jobert, Ambroise. *Magnats polonais et physiocrates français(1764-1774).* Paris, 1941.

Journal d'économie publique, de morale et de politique, no. XXI. 'De la proprieté, de quelques philosophes qui l'ont attaquée et des hommes qui accusent de ces attaques tous les philosophes et la philosophie'. 30 ventôse, an V(20 March 1797).

Jovy, Ernest. 'Le précurseur et l'inspirateur direct des *Lettres persanes*' in

Bulletin du bibliophile. Paris, 1917.

Kann, Robert A. *A study in Austrian intellectual history. From late Baroque to Romanticism.* New York, 1960.

Kohler, Johann David(ed.). *Historische Münz—Belustigung,* no. 47. 1740.

Konopczyński, Władysław. *Stanisław Konarski.* Warsaw, 1926.

Kossman, Ernst Heinrich. *La Fronde.* Leiden, 1954.

Kossman, *Politieke theorie in het zeventiende—eeuwse Nederland.* Amsterdam, 1960.

Krauss, Werner. *Studien zur deutschen und französischen Aufklärung.* Berlin, 1963.

Kula, Witold. *Teoria economica del sistema feudale. Proposta d'un modello.* Turin, 1970.

Labrousse, C. E. *Esquisse du mouvement des prix et des revenus en France au XVIIIe siècle.* Paris, 1932.

La Court, Peter Cornelis de. *Anweisungen der heilsamen politischen Gründe und Maximen der Republicen Holland und West—Friesland.* Rotterdam, 1671.

Lane, Frederick C. 'At the roots of republicanism' in *American Historical Review,* no. 2. 1966.

Le Blanc, Jean—Bernard. *Lettres d'un François.* 2 vols. The Hague, 1745.

Lechler, Gotthard Victor. *Geschichte des Englischen Deismus.* Stuttgart—Tübingen, 1841.

Lefebvre, Georges. *La grande peur de 1789.* Paris, 1932.

Lefebvre, Georges. 'Le mouvement des prix et les origines de la Révolution française' in *Annales d'histoire économique et sociale,* vol. IX. 1937.

Lefebvre, Georges. *Les paysans du Nord pendant la Révolution française.* Lille, 1924 and Bari, 1959.

Lehmann, William C. *John Millar of Glasgow, 1735—1801. His life and his contribution to sociological analysis.* Cambridge, 1960.

Leibniz, Wilhelm Gottfried. *Correspondance avec l'électrice Sophie de Brunswick–Lunebourg.* Edited by Onno Klopp. Hanover, n.d.

Leśnodorski, Bogusław. *Les jacobins polonais.* Paris, 1965.

Leśnodorski, Bogusław. *Polscy jakobini.* Warsaw, 1960.

Leszczyński, Stanislas. *La voix libre du citoyen, ou observations sur le gouvernement de la Pologne.* N.p., 1749.

Lichtenberger, A. *Le socialisme au XVIIIe siècle. Étude sur les idées socialistes dans les écrivains français du XVIIIe siècle avant la Révolution.* Paris, 1895.

Linguet, Simon–Nicolas–Henry. 'Fragment d'une lettre à l'auteur du Traité des délits et des peines' in *Journal oeconomique.* April 1770.

Lipiński, Edward. *De Copernic à Stanislas Leszczyński. La pensée économique et démographique en Pologne.* Paris–Warsaw, 1961.

La Lorraine dans l'Europe des lumières. Actes du colloque organisé par la Faculté des lettres et des sciences humaines de l'Université de Nancy(24–27 ottobre 1966). Nancy, 1968.

Lortholary Albert. *Le mirage russe en France au XVIIIe siècle.* Paris, 1951.

Lough, John. *Essays on the 'Encyclopédie' of Diderot and d'Alembert.* Oxford, 1968.

Lüthy, Herbert. *La banque protestante en France de la Révocation de l'Édit de Nantes à la Révolution.* Paris, 1959–61.

Mably, Gabriel Bonnot de. *De la législation ou principes des lois.* Amsterdam, 1776.

Maestro, Marcello. *Voltaire and Beccaria as reformers of criminal law.* New York, 1942.

Maffei, Scipione. *Il consiglio politico alla Repubblica veneta.* A cura di L. Messedaglia. Verona, 1955.

Magnanima, Luca. *Lettere italiane sopra la Corsica.* Lausanne(Leghorn), 1770.

Manuel, Frank E. *The eighteenth century confronts the gods.* Cambridge,

Mass., 1959.

Marana, Giovanni Paolo. *La congiura di Raffaello della Torre con le mosse della Savoia contro la Repubblica di Genova, libri due.* Lyons, 1682.

Marana, Giovanni Paolo. *Dialogue de Gênes et d'Algers, villes foudroyées par les armes invincibles de Louis le Grand l'année 1684.* Amsterdam, 1685.

Marana, Giovanni Paolo. *L'espion dans les cours des princes chrétiens,* 12th ed. Cologne, 1700.

Mars, Francis L. 'Ange Goudar cet inconnu' in *Casanova Gleanings,* no. 9. 1966.

Mathias, Peter. *The first industrial nation. An economic history of Britain. 1700–1914.* London, 1969.

Matilla Tascón, Antonio. *La única contribución y el catasto de La Ensenada.* Madrid, 1947.

Matteucci, Nicola. *Jacques Mallet–Du Pan.* Naples, 1957.

Maupertuis, Pierre–Louis Moreau de. *Œuvres. Nouvelle édition corrigée et augmentée.* Lyon, 1756.

Merker, Nicolao. *L'illuminismo tedesco. Età di Lessing.* Bari, 1968.

Merriman, Roger Bigelow. *Six contemporaneous revolutions.* Oxford, 1938.

Michalski, Jerzy. 'Problem ius agratiandi i kary śmierci w Polsce w latach siedemdziesiątych XVIII w.' in *Czasopismo prawno–historyczne,* vol. X, no. 2. 1958.

Mirabeau, Victor Riqueti de. *L'ami des hommes ou Traité de la population.* Avignon, 1756–8.

Mirabeau, Victor Riqueti de. *Théorie de l'impôt.* The Hague, 1760.

Molesworth, Robert. *An account of Denmark as it was in the year 1692.* London, 1694.

Molesworth, Robert. *Letters.* Public Record Office, 30/24/20/137.

Molnar, Erik. *Les fondements économiques et sociaux de l'absolutisme in XIIe Congrès international des sciences historiques. Rapports,* vol. IV,

Méthodologie et histoire contemporaine. Vienna, 1965.

Momigliano, Arnaldo. *Contributo alla storia degli studi classici.* Rome, 1955, 1960, 1966, 1969.

Momigliano, Arnaldo. 'Gli studi classici di Scipione Maffei' in *Giornale storico della letteratura italiana,* no. 403. 1956.

Montesquieu, Charles–Louis de Secondat de. *Esprit des lois in Œuvres complètes,* vol. I. Edited by André Masson. Paris, 1950.

Montesquieu, Charles–Louis de Secondat de. *Lettres persanes. Texte établi, avec introduction, bibliographie, notes et relevé de variantes par Paul Vernière.* Paris, 1960.

Morelly. *Code de la nature.* Edited by Gilbert Chinard. Paris, 1950.

Morrison, Christian. *La place de Forbonnais dans la pensée économique* in Morrison, Christian and Goffin, Robert, *Questions financières aux XVIIIe et XIXe siècles.* Paris, 1967.

Mortier, Roland. *Diderot en Allemagne. 1750–1850.* Paris, 1954.

Moser, Friedrich Karl von. *Geschichte der päbstlichen Nuntien in Deutschland.* Frankfort–Leipzig, 1788.

Moyle, Walter. *Essai sur le gouvernement de Rome. Traduit de l'anglais. Ouvrage utile aux hommes d'état et aux philosophes.* Paris, an X/1801.

Moyle, Walter. *The works, none of which were ever before publish'd.* London, 1726.

Müller, Hans. *Ursprung und Geschichte des Wortes 'Sozialismus' und seiner Verwandten.* Hanover, 1967.

Naylor, John F. *The British aristocracy and the Peerage Bill of 1719.* Oxford, 1969.

Palmer, R. R. *The age of democratic revolution: a political history of Europe and America, 1760–1800.* I. *The challenge.* II. *The struggle.* Princeton, 1959 and 1964.

Parente, Fausto. 'Il contributo di Luigi Salvatorelli alla storia di Israele e del cristianesimo antico' in *Rivista storica italiana*, no. III. 1966.

Parker, Harold Talbot. *The cult of antiquity and the French revolutionaries. A study in the development of the revolutionary spirit.* Chicago, 1937.

Perry, Thomas W. *Public opinion, propaganda and politics in eighteenth century England. A study of the Jew Bill of 1753.* Cambridge, Mass., 1967.

Pidou de Saint–Olon. *Papers.* Bibliothèque de l'Arsenal, MSS. 760, 6546 and 6613.

Pilati, Carlantonio. *Di una riforma d'Italia ossia dei mezzi di riformare i più cattivi costumi e le più perniciose leggi d'Italia.* Villafranca(Chur), 1767.

Plumard de Dangeul(pseud. John Nickolls). *Remarques sur les avantages et les désavantages de la France et de la Grande Bretagne.* Leyden, 1754.

Plumb, J. H. *The growth of political stability in England. 1675–1725.* London, 1967.

Pocock, J. G. A. *The ancient constitution and feudal law. English historical thought in the seventeenth century.* Cambridge, 1957.

Prideaux, Humphrey. *Letters of Humphrey Prideaux sometime dean of Norwich to John Ellis sometime under–secretary of state. 1674–1722.* Edited by Edward Maunde Thompson. London, 1875.

Procacci, Giuliano. *Studi sulla fortuna di Machiavelli.* Rome, 1965.

Proust, Jacques. *Diderot et l'Encyclopédie.* Paris, 1967.

Quesnay, François. 'Fermiers' in *Encyclopédie*, vol. VI.

Quesnay, François. 'Grains' in *Encyclopédie*, vol. VII .

Quesnay, François. *Scritti economici.* Edited by Renato Zangheri. Bologna, 1966.

Raab, Felix. *The English face of Machiavelli. A changing interpretation. 1500–1700.* London–Toronto, 1964.

Radbruch, Gustav. *Elegantiae juris criminalis. Vierzehn Studien zur Geschichte des Strafrechts.* Basle, 1950.

Radzinowicz, Leon. *A history of criminal law and its administration from*

1750. I, *The movement for reform*. London, 1948.

Raeff, Marc. *Origins of the Russian intelligentsia. The eighteenth–century nobility*. New York, 1966.

Ricuperati, Giuseppe. 'Libertinismo e deismo a Vienna: Spinoza, Toland e il *Triregno*' in *Rivista storica italiana*, no. 2. 1967.

Ricuperati, Giuseppe. 'Studi recenti su Bayle' in *Rivista storica italiana*, no. 2. 1968.

Ries, Paul. 'Robert Molesworth's *Account of Denmark*. A study in the art of political pubfühing and bookselling in England and the continent before 1700' in *Scandinavica*, vol. VII, no. 2. November 1968.

Robbins, Caroline. *The eighteenth–century commonwealthman. Studies in the transmission, development and circumstance of English liberal thought from the restoration of Charles II until the war with the Thirteen Colonies*. Cambridge, Mass., 1959.

Robbins, Caroline(ed.). *Two English republican tracts. Plato redivivus or a Dialogue concerning government by Henry Neville. An essay upon the constitution of Roman government by Walter Moyle*. Cambridge, 1969.

Roche, Daniel. 'La diffusion des lumières. Un exemple: l'Académie de Châlons–sur–Marne' in *Annales*, no. V. 1964.

Roorda, Daniel J. *The ruling classes in Holland in the seventeenth century* in *Britain and the Netherlands*. Edited by J. S. Bromley and E. H. Kossman. Groningen, 1964.

Rosa, Mario. *Dispotismo e libertà nel Settecento. Interpretazioni repubblicane di Machiavelli*. Bari, 1964.

Rostworowski, Emanuel. *The Commonwealth of the gentry in History of Poland*. Edited by A. Gieysztor, S. Kieniewicz, E. Rostworowski, J. Tazbir, H. Wereszycki. Warsaw, 1968.

Rostworowski, Emanuel. 'Républicanisme sarmate et les lumières' in *Studies on Voltaire and the eighteenth century*, vols. XXIV–XXVII. 1963.

Rostworowski, Emanuel. 'Stanislas Leszczyński et l'idée de la paix générale' in *La Lorraine dans l'Europe des lumières. Actes du colloque organisé par la Faculté des lettres et des sciences humaines de l'Université de Nancy*(24–27 octobre 1966). Nancy, 1968.

Rostworowski, Emanuel. 'La Suisse et la Pologne au XVIIIe siècle' in *Échanges entre la Pologne et la Suisse du XIVe au XIXe siècle.* Geneva, 1964.

Rostworowski, Emanuel. 'Voltaire et la Pologne' in *Studies on Voltaire and the eighteenth century*, vol. LXII. 1968.

Rothkrug, Lionel. *Opposition to Louis XIV. The political and social origins of the French Enlightenment.* Princeton, 1965.

Rotta, Salvatore. 'Documenti per la storia dell'illuminismo a Genova. Lettere di Agostino Lomellini a Paolo Frisi' in *Miscellanea di storia ligure*, vol. I, 1958.

Rousseau, Jean–Jacques. *Considérations sur le gouvernement de Pologne* in *idem, Œuvres complètes. III. Du contrat social. Écrits politiques.* Paris, 1964.

Rousseau, Jean–Jacques. *Correspondance complète.* Edited by R. A. Leigh, Geneva, 1965 ff.

Rousseau, Jean–Jacques. *Correspondance générale.* Edited by T. Dufour. Paris, 1924 ff.

Rousseau, Jean–Jacques. *Discours sur l'origine et les fondemens de l' inégalité parmi les hommes.* Amsterdam, 1755.

Rousseau, Jean–Jacques. *Du contract social ou principes du droit politique.* Amsterdam, 1762.

Rousseau, Jean–Jacques. *Lettres écrites de la montagne.* Amsterdam, 1764.

Rousseau, Jean–Jacques. *Œuvres complètes.* Edited by Bernard Gagnebin and Marcel Raymond. III. *Du contrat social. Écrits politiques.* Paris, 1964.

Rousseau, Jean–Jacques. *Projet de constitution de la Corse.* in *idem, Œuvres* complètes. III. *Du contrat social. Écrits politiques.* Paris, 1964.

Rudé, George. *The crowd in history. 1740—1848.* New York—London, 1964.

Rudé, George. *Wilkes and Liberty. A social study of 1763 to 1774.* Oxford, 1962.

Saint—Pierre, Charles—Irénée Castel de. *Projet de traité pour rendre la paix perpétuelle entre les souverains chrétiens.* Utrecht, 1716.

Saitta, Armando. *Filippo Buonarroti.* Rome, 1960.

Salvatorelli, Luigi. 'From Locke to Reizenstein. The historical investigation of the origins of Christianity' in *The Harvard Theological Review.* 1929.

Sarrailh, Jean. *L'Espagne éclairée de la seconde moitié du XVIIIe siècle.* Paris, 1954.

Ščerbatov, M. M. *Sočinenija.* Edited by I. P. Chruščov. St Petersburg, 1898.

Schlenke, Manfred. *England und das friderizianische Preussen. 1740—1763. Ein Beitrag zum Verhältnis von Politik und öffentlicher Meinung im England des 18. Jahrhunderts.* Munich. 1963.

Schoffer, I. 'Did Holland's golden age coincide with a period of crisis?' in *Acta historiae nederlandica,* vol. I. Leiden, 1966.

Seznec, Jean. *Essai sur Diderot et l'antiquité.* Paris, 1957.

Shackleton, Robert. *Montesquieu. A critical biography.* Oxford, 1961.

Shafer, Robert Jones. *The Economie Societies in the Spanish world(1763—1821).* Syracuse, 1958.

Shaftesbury, Anthony Ashley Cooper, 3rd earl of. *Characteristicks, oder Schilderungen von Menschen, Sitten und Zeiten, aus dem Englischen übersetzt.* Leipzig, 1768.

Shaftesbury, Anthony Ashley Cooper, 3rd earl of. *Characteristicks of men, manners, opinions, times.* London, 1711.

Smart, Alastair. *The life and art of Allan Ramsay.* London, 1952.

Soboul, Albert. *Les sansculottes parisiens en l'an II. Mouvement populaire et gouvernement révolutionnaire, 2 juin 1793—9 thermidor an II.* Paris,

1958.

Spengler, Joseph J. *Économie et population. Les doctrines françaises avant 1800. De Budé a Condorcet.* Paris, 1954.

Spinoza, Baruch. *Trattato politico.* Edited by Antonio Droetto. Turin, 1958.

Spurlin, Paul M. 'Beccaria's essay On crimes and punishments in eighteenth-century America' in *Studies on Voltaire and the eighteenth century,* vol. XXVII. 1963.

Stegmann, Ildefons. *Anselm Desing Abt von Ensdorf. 1669-1772. Ein Beitrag zur Geschichte der Aufklärung in Bayern.* Munich, 1929.

Sterlich, Romualdo. *Letters to Giovanni Bianchi.* Biblioteca Gambalunga. Rimini. Fondo Gambetti.

Suite des révolutions hollandoises ou le Rétablissement des rois de Frize. N.p. 1747.

Svodnyj katalog russkoj knigi graždanskoj pečati XVIII veka. 1725-1800. Moscow, 1962-6.

Tabacco, Giovanni. *Andrea Tron(1712-1785) e la crisi dell'aristocrazia senatoria a Venezia.* Trieste, 1957.

Thorschmid, Urban Gottlob. *Vollständige Engelländische Freydenker-Bibliothek.* Cassel, 1766.

Tinker, Chauncey Brewster. *A new nation in Nature's simple plan. A phase of radical thought in mid-eighteenth century.* Princeton, 1922.

Tisserand, Roger. *Les concurrents de J.-J. Rousseau à l'Académie de Dijon pour le prix de 1754.* Paris, 1936.

Toland, John. *Adeisidaemon, sive Titus Livius a superstitione vindicatus.* The Hague, 1709.

Toland, John. *Christianity not mysterious, or a Treatise shewing that there is nothing in the Gospel contrary to reason nor above it and that no Christian doctrine can be properly call'd a mystery.* London, 1696.

Toland, John. *Clito. A poem on the force of eloquence.* London, 1700.

Toland, John. *Letters.* British Museum, Add. MSS. 4295.

Toland, John. *Nazarenus, or Jewish, Gentile and Mahometan Christianity.* London, 1718.

Toland, John. *Pantheisticon, sive formula celebrandae sodalitatis Socraticae.* London, 1720.

Toland, John. *Relation des cours de Prusse et de Hanovre.* The Hague, 1706.

Toland, John. *Vindicius Liberius or Mr Toland's defence of himself against the late lower House of Convocation and others.* London, 1702.

Torcellan, Gianfranco. 'Cesare Beccaria a Venezia' in *Rivista storica italiana*, no. 3. 1964.

Torcellan, Gianfranco. *Una figura della Venezia settecentesca. Andrea Memmo.* Venice–Rome, 1963.

Trevor–Roper, Hugh Redwald. *Religion, the Reformation and social change and other essays.* London, 1967.

Trinius, Johann Anton. *Freydenker–Lexikon.* Leipzig and Bernburg, 1759. (Turin 1960. Edited by Franco Venturi.)

Troyer, Howard William. *Ned Ward of Grubstreet. A study of subliterary London in the eighteenth century.* Cambridge, Mass., 1946.

Tucker, J. E. 'The *Turkish Spy* and its French background' in *Revue de littérature comparée.* 1958.

Uztáriz, Gerónimo de. *Théorica y práctica de comercio y de marina.* Madrid, 1724, 1742, 1757.

Valjavec, Fritz. *Geschichte der abendländischen Aufklärung.* Vienna–Munich, 1961.

Venetiaansche berichten over de Vereenigde Nederlanden van 1660–1795. Edited by P. J. Blok. The Hague, 1909.

Venturi, Franco. 'Contributi ad un dizionario storico. "Was ist Aufklärung? Sapere aude"' in *Rivista storica italiana*, no. 1. 1959.

Venturi, Franco. 'Un enciclopedista: Alexandre Deleyre' in *Rivista storica italiana*, no. 4. 1965.

Venturi, Franco. 'La fortuna di Dom Deschamps' in *Cahiers Vilfredo Pareto*, no. 11. 1967.

Venturi, Franco. 'Galiani tra enciclopedisti e fisiocrati' in *Rivista storica italiana*, no. 1. 1960.

Venturi, Franco. *L'illuminismo nel Settecento europeo* in *XIe Congrès international des sciences historiques. Rapports*. IV. *Histoire moderne*. Göteborg—Stockholm—Uppsala, 1960.

Venturi, Franco. 'L'immagine della Giustizia' in *Rivista storica italiana*, no. 3. 1964.

Venturi, Franco. *Jeunesse de Diderot. De 1713 à 1753*. Paris, 1939.

Venturi, Franco. *Le origini dell'Enciclopedia*. Turin, 1963.

Venturi, Franco. 'Postille inedite di Voltaire ad alcune opere di Nicolas—Antoine Boulanger e del barone d'Holbach' in *Studi francesi*, no. 2. 1958.

Venturi, Franco. 'Quelques notes sur le rapport de Horst Jablonowski' in *Le mouvement des idées dans les pays slaves pendant la seconde moitié du XVIIIe siècle. Atti del colloquio slavistico tenutosi ad Uppsala il 19—21 agosto 1960*. Rome, 1962.

Venturi, Franco. *Saggi sull'Europa illuminista*. I. *Alberto Radicati di Passerano*. Turin, 1954.

Venturi, Franco. *Settecento riformatore. Da Muratori a Beccaria*. Turin, 1969.

Venturi, Franco. '"Socialista" e "socialismo" nell'Italia del Settecento' in *Rivista storica italiana*, no. 1. 1963.

Vernière, Paul. *Spinoza et la pensée française avant la Révolution*. Paris, 1954.

Verri, Pietro. *Considerazioni sul commercio dello Stato di Milano*. Edited by C. A. Vianello. Milan, 1939.

Verri, Pietro. *Meditazioni sulla felicità*. Leghorn, 1763.

Vicens Vives, José. *Estructura administrativa estatal en los siglos XVI y*

XVII in *XIe Congrès international des sciences historiques. Rapports.* IV,
Histoire moderne. Stockholm, 1960.

Vicens Vives, José. *Manual de historia económica de España.* Barcelona,
1959.

Villari, Rosario. *La rivolta antispagnola a Napoli. Le origini(1585—1647).*
Bari, 1967.

Vitale, Vito. *Breviario della storia di Genova.* Genoa, 1955.

Voltaire, François—Marie Arouet de. *A.B.C., dialogue curieux traduit de l'*
Anglais de monsieur Huet. (Geneva), 1762(1768).

Voltaire, François—Marie Arouet de. *Commentaire sur le Traité des délits et*
des peines. Geneva, 1766.

Voltaire, François—Marie Arouet de. *Correspondence.* Edited by T.
Besterman. Geneva, 1953—

Voltaire, François—Marie Arouet de. *Idées républicaines par un membre d'*
un corps. (Geneva, 1765).

Vries, Johannes de. *De economische achteruitgang der Republiek in de*
achttiende eeuw. Amsterdam. 1959.

Wade, Ira O. *The clandestine organisation and diffusion of philosophic*
ideas in France from 1700 to 1750. Princeton, 1938.

Wade, Ira O. 'The search for a new Voltaire. Studies in Voltaire based upon
material deposited at the American Philosophical Society' in *Transactions*
of the American Philosophical Society. New Series, vol. XLVIII, pt. 4, July
1958.

The Wentworth Papers, 1705—1739. Selected from the private and family
correspondence of Thomas Wentworth, Lord Raby, created in 1711 Earl
of Strafford, with a memoir and notes by James Joel Cartwright. London,
1883.

Wilbur, Earl Morse. *A history of unitarianism. Socinianism and its*
antecedents. 2 vols. Cambridge, Mass., 1947.

Wilson, Charles. *Anglo—Dutch commerce and finance in the eighteenth century.* Cambridge, 1941(reprinted 1966).

Wilson, Charles. *Profit and Power. A study of England and the Dutch wars.* London, 1957.

Winter, Eduard. *Frühaufklärung. Der Kampf gegen den Konfessionalismus in Mittel— und Osteuropa und die deutsch—slawische Begegnung.* Berlin, 1966.

Winter, Eduard. *Der Josefinismus und seine Geschichte. Beiträge zur Geistesgeschichte Oesterreichs. 1740—1848.* Brünn—Munich—Vienna, 1943.

Wołoszyński, Ryszard W. 'La Pologne vue par l'Europe au XVIIIe siècle' in *Acta Poloniae historica,* no. 11. 1965.

Wołoszyński, Ryszard W. *Polska w opiniach francuzów XVIII w.* Warsaw, 1964.

Youngson, A. J. *The making of classical Edinburgh.* Edinburgh, 1968.

Zagorin, Perez. *A history of political thought in the English revolution.* London, 1954.

『16세기 루카의 귀족과 상인Nobili e mer-
canti nella Lucca del Cinquecento』 41

『18세기 철학자들의 천상의 도시The Heav-
enly City of the Eighteenth—Century Philoso-
phers』 18

『18세기 프랑스의 책과 사회Livre et société
dans la France du XVIIIe siècle』 33

『18세기 프랑스의 농학과 농학자Agrono-
mie et-agronomes en France au XVIIIe siècle』
35

『18세기 프랑스의 철학과 정치Filosofia e
politica nel Settecento francese』 32

『19세기 후반 러시아의 영지와 영주: 농업
구조와 경제적 심성에 대한 연구Domaines
et seigneurs en Russie vers la fin du XVIIIe
siècle. Etude de structure agraires et de men-
talités économiques』 35

『A.B.C.』 125~126

ㄱ

가상디Gassendi, Pierre 23, 25

갈리아니Galiani, Ferdinando 20, 168, 180

건Gunn, J. A. W. 75

게르첸Herzen, Alexander Ivanovich 27

게이Gay, Peter 19~21, 125

게일Geyl, Pieter 49

『경제지Journal œconomique』 161

『경제표Tableau économique』 176

『계몽주의The Enlightenment: An Interpreta-
tion』 19

『계몽주의 철학Die philosophie der Aufklärung』
15

고드윈Godwin, William 184

고라니Gorani, Giuseppe 162

고르돈Gordon, L. S. 143

골드만Goldmann, Lucien 28

『공화주의 사상Idées républicaines』 125

『과도기의 피렌체Florence in Transition』 41

『교황관II triregno』 96

구다르Goudar, Pierre Ange 66

『국새상서 프랜시스 베이컨의 철학에 대한 분석Analyse de la philosophie du chancelier François Bacon』 116

그라우뷘덴Graubünden 179

그리말디Grimaldi, Francescantonio 139

그림Grimm, Melchior 153, 155

기번Gibbon, Edward 85, 184

ㄴ

『나사렛Nazarenus』 96

네리Neri, Pompeo 175

네빌Neville, Henry 78

네이미어Namier, Lewis 186

네종Naigeon, Jacques—André 81

『논집Essays and Treatises on Several Subjects』 177

『논평Commentaire』 154~155

니콜리니Niccolini, Antonio 61

니티Nitti, Francesco Saverio 21

ㄷ

다르장송 후작René Louis de Voyer de Paulmy d'Argenson 61, 108~111

다반차티Davanzati, Bernardo 86

다시에Dacier, André 22

달랑베르D'Alembert, Jean Le Rond 17, 85, 105, 114, 122, 152, 169, 171~173, 183

달린Dalin, V. M. 143

대버넌트Davenant, Charles 175

데메조Desmaiseaux, Pierre 98

데샹Deschamps, Léger—Marie 140~142

데스트레 제독Victor Marie d'Estrées 98

데카르트Descartes, René 16

『덴마크An Account of Denmark』 80

『도덕철학의 원칙들 혹은 우수성과 덕성에 대한 새프츠베리 씨의 논고Principes de la philosophie morale ou essai de M. S.***[Shaftesbury] sur le mérite et la vertu』 108

『독일 교황 대사의 역사Geschichte der päpstlichen Nuntien in Deutschland』 24

『독일의 계몽사상, 레싱의 시대L'illuminismo tedesco. Età di Lessing』 16

돌바크 남작Paul Henri Thyry baron d'Holbach 18~19, 81, 152, 156, 169, 180, 182

『동방 전제정의 기원에 관한 연구Recherches sur l'origine du despotisme oriental』 101

『두 개의 역사적·신학적·정치적인 문제Deux problèmes historiques, théologiques et politiques』 90

『두 번째 통보Second Aviso』 50

뒤보Dubos, Jean-Baptiste 28, 34

뒤켄Duquesne, Abraham 53, 55

뒤토Dutot, Nicolas 174

뒤팡Du Pan, Jean-Louis 113

뒤프롱Dupron, Alphonse 32, 34

드루지닌Družinin, N. M. 43

들라쿠르De La Court, Peter Cornelis 45, 47

들레르Deleyre, Alexandre 115~121, 128

디드로Diderot, Denis 15~19, 21, 27, 30~31, 76~77, 81, 105, 108, 111, 114~120, 138~140, 144, 152~153, 155, 157~160, 169~170, 172~173, 181, 183, 188

『디드로와 백과전서Diderot et l'Encyclopédie』 29

디산그로Di Sangro, Raimondo 97

디아츠Diaz, Furio 32, 176

디즈레일리Disraeli, Benjamin 101

ㄹ

라디시체프Radiščev, Aleksandr/Радищев, Александр Николаевич 188

라미Lami, Giovanni 61

라브루스Labrousse, Camille-Ernest 167

라이프니츠Leibniz, Gottfried Wilhelm 16, 23, 90~91

『라파엘로의 음모The Plot of Raffaello della Torre』 55

램지Ramsay, Allan 156~157

『랭게 씨가 '범죄와 형벌'의 저자에게 쓴 편지의 단편Fragment d'une lettre de M. Linguet à l'auteur du Traité des délits et des peines』 161

『러시아 인텔리겐치아의 기원: 18세기 귀족Origins of the Russian Intelligentsia: The Eighteenth-Century Nobility』 35

레날Raynal, Guillaume Thomas François 169, 188

레르카리Lercari, Gianfrancesco Imperiale 53~54

레슈친스키Leszczyński, Stanisław 131, 133

레스노도르스키Leśnodorski, Bogusław 131

레싱Lessing, Gotthold Ephraim 15, 27, 177

레오폴트Peter Leopold Joseph Anton Joachim Pius Gotthard 30, 61, 176, 187

레이Rey, Marc-Michel 45

레인Lane, Frederick C. 41

레흘러Lechler, Gotthard Victor 76

『로마 정부의 헌법Essay Upon the Constitution of the Roman Government』 80

로멜리니Lomellini, Agostino 173, 183

로모노소프Lomonosov, Mikhail Vasilyevich/Ломоносов, Михаил Васильевич 178

로빈스Robbins, Caroline 75

로슈Roche, Daniel 26

로스트보로프스키Rostworowski, Emanuel 131

로제Roger, Jacques 33

로크Locke, John 16, 81, 86, 97

「롤리우스에게Ad Lollium」 22

롱고Longo, Marquis 28

루데Rudé, George 159

루빈슈타인Rubinstein, Nicolai 41

루소Rousseau, Jean-Jacques 20, 39, 105, 108, 110, 112~116, 118~125, 127~129, 132, 140, 144~148, 150, 154, 169~171, 179~180

루크레티우스Titus Lucretius Carus 19

뤼티Lüthy, Herbert 186

르클레르Leclerc, J. 100

르페브르Lefebvre, Georges 159

리비우스Titus Livius Patavinus 84, 97

리슈쿠르Emmanuel de Nay, conte di Richecourt 61

리스토리Ristori, Giovanni 61

리에프Raeff, Marc 35

리쿠페라티Ricuperati, Giuseppe 90

ㅁ

마라나Marana, Giovanni Paolo 53~56

마르셀Marcel, Étienne 39

마리니Marini 52

마리아 테레지아Maria Theresia Walburga Amalia Christina 24, 30, 62, 168

마블리Mably, Gabriel Bonnot de 132, 163, 169, 188

마쇼 다르누빌Machault d'Arnouville, Jean-Baptiste de 67, 109

『마술 숭배De Cultibus Magicis』 24

마카나스Macanaz, Melchor Rafael de 168

마페이Maffei, Scipione 24, 34, 57, 168

만토이펠Manteuffel, Ernst Christoph von 23, 25

말브랑슈Malebranche, Nicolas 16

『맹인에 관한 서한Lettre sur les aveugles』 172

메르케르Merker, Nicolao 16

메우스Mehus, Livio 61

멘델스존Mendelssohn, Moses 14

모렐레Morellet, André 152~153, 160

모렐리Morelly, Étienne-Gabriel 138~142

모르네Mornet, Daniel 173

모이얼Moyle, Walter 80, 83~85

모저Moser, Friedrich Carl von 24~25

모페르튀이Maupertuis, Pierre-Louis Moreau de 161

몬터규Montagu, Edward Wortley 85

몰나르Molnar, Erik 43

몰즈워스Molesworth, Robert 80~83, 93~94, 99, 106

몽탕드레Montandré, Dubosc 43

몽테스키외Montesquieu, Charles-Louis de Secondat, baron de 28, 39, 56, 61, 68~72, 74~75, 85, 98, 105, 115, 120, 140, 162, 170

무니에Mousnier, Roland 43

무라토리Muratori, Ludovico Antonio 33~34, 61, 168

무키우스Gaius Mucius Scaevola 118

『문학계에 관한 시론Essai sur la société des gens de lettres et des grands, sur la réputation, sur les mécènes et sur les recompenses littéraires』 172

『문학 서신Correspondance littéraire』 156

뮐러Müller, Hans 148

믈롱Melon, Jean-François 174

『미국 혁명의 이데올로기적 기원The Ideological Origins of the American Revolution』 134

미라보 후작Victor de Riqueti, Marquis de Mirabeau 176

미슐레Michelet, Jules 27

『민주주의적 혁명의 시대The Age of the Democratic Revolution』 130

『밀라노 무역론Considerazioni sul commercio di Milano』 144

밀러Millar, John 183

밀스Mills, John 170~171

밀턴Milton, John 78, 89~90

ㅂ

바론Baron, Hans 41

바뵈프Babeuf, François-Noël 129, 138

바스코, 달마초Vasco, Dalmazzo Francesco 179

바스코, 잠바티스타Vasco, Giambattista 161

바움가르텐Baumgarten, Alexander Gottlieb 15

바치코Baczko, Bronisław 142~143

바케로Vachero, Giulio Cesare 49, 51

「바키온족Bacchionites」 139

반디니Bandini, Sallustio 168

발Wahl, Jean 142

발랴베크Valjavec, Fritz 36

발레리Valéry, Paul 29

『백과사전Cyclopædia, or an Universal Dictionary of Arts and Sciences』 171

『백과전서Encyclopédie』 68, 111, 115~116, 139~140, 169~174, 176~177, 183

『백과전서지Journal encyclopédique』 117

버넷Burnett, Thomas 91

『범신론Pantheisticon』 88, 96, 98

『범죄와 형벌Dei delitti e delle pene』 144, 147~148, 151~154, 156~158, 162, 180

『법의 정신Esprit des lois』 69~70, 169

『베네치아 문학 8권Della letteratura veneziana libri otto』 59

「베두인족Bédouins」 140

베렝고Berengo, Marino 41, 186

베리Verri, Pietro 28, 144, 147, 175, 186

베일린Bernard Bailyn 75, 134

베카리아Marquis Beccaria Caesar Bonesana 28, 119, 132, 144~148, 150~161, 164, 186

베커, 마빈Becker, Marvin B. 41

베커, 칼Becker, Carl L. 18~19, 35

벤담Bentham, Jeremy 145, 161, 184

벤틀리Bentley, Richard 99

벨Bayle, Pierre 45, 93, 95~96, 100, 181

『벨리사리우스Belisarius』 178

보드머Bodmer, Johann Jakob 15

보방Vauban, Sébastien Le Prestre de 82

볼링브로크Henry St John, 1st Viscount Bolingbroke 76

볼테르Voltaire, François-Marie Arouet 17~19, 21, 34, 76, 98, 105, 120, 122, 125, 127, 144, 152, 154~155, 158, 170, 177, 180~181

볼프Wolff, Christian 15, 23

『부갱빌 여행기 보유Supplément au voyage de Bougainville』 140

부르드Bourde, André 35

부아길베르Boisguilbert, Pierre Le Pesant, sieur de 82

부오나로티Buonarroti, Filippo 61, 129

부즈마Bouwsma, William J. 41

부타포코Buttafoco, Matteo 128

불랑제Boulanger, Nicolas-Antoine 180~181

불랭빌리에Boulainvilliers, Henri de 28, 34, 82

뷔싱Büsching, Anton Friedrich 15~16

뷔텔뒤몽Butel-Dumont, Georges-Marie 174

브로쟈Broggia, Carlantonio 168

브루투스Brutus, Marcus Junius 39~40, 89, 93, 96, 106, 118~119

브리소Brissot, Jacques-Pierre 164, 188

블로크Bloch, Marc 29

비베스Vives, J. Vicens 43

비앙키(플란쿠스)Bianchi, Giovanni 138

비코Vico, Giambattista 16

비토리오 아메데오 2세Vittorio Amedeo II 168

비히만Wichmann, Christian August 24

빌럼 3세Willem III van Oranje 45, 49

빌럼 4세Willem IV van Oranje-Nassau 45, 48, 67

ㅅ

사르피Sarpi, Paolo 60

『사상의 자유A Discourse of FreeThinking, Occasioned by the Rise and Growth of a Sect Called Freethinkers』 99~100

『사회계약론Du contrat social』 113, 119, 121, 124, 144, 180~181

『산에서 쓴 편지Lettres écrites de la montagne』 121, 123~124

살베미니Salvemini, Gaetano 21, 27

『상업 강의Lezioni di commercio』 179

『상업의 요소들Élémens du commerce』 174

생클로드St Claude, Christin de 154

생톨롱 피두Pidou de Saint-Olon, François 51~52

『샬롱쉬르마른 학술원L'Académie de Châlonssur-Marne」 26

섀클턴Shackleton, Robert 68

섀프츠베리Shaftesbury, Anthony Ashley Cooper, 3rd Earl of 24~25, 80, 93~94, 96~97, 106~108, 115, 139, 143, 149, 169

『서간집Epistles』 22

『서양 계몽사상의 역사Geschichte der abendländischen Aufklärung』 36

『서정시의 역사Versuch einer Geschichte der lyrischen Dichtkunst』 17

셀리우스Sellius, Gottfried 170~171

셰르바토프Ščerbatov, Michail M./Щербатов, Михаил Михайлович 162

소리아Soria, Gualberto de 65

슐뢰처Schlözer, August Ludwig von 15~16

스미스Smith, Adam 151

스뷔텐Swieten, Gerard van 24

스털리히Sterlich, Romualdo 138~139

스테프니Stepney, George 78~79

스티븐Stephen, Leslie 76

스피니Spini, Giorgio 41

시드니Sidney, Algernon 78~79

시스몽디Sismondi, Jean Charles Léonard de 41

『신비로운 역사Storia arcana』 58

『신비하지 않은 기독교Christianity Not Mysterious』 86

ㅇ

아나크레온Anacreon 21

아란다Aranda, Pedro Pablo Abarca de Bolea, Conde de 183

아브루초Abruzzo 138~139

『아비족Abiens』 39

아우어바흐Auerbach, Berthold 20

아치넬리Accinelli, Francesco Maria 64

안살디Ansaldi, Giovanni 49

알미치Almici, Giovanhattista 139

『알페의 밤Notti alfee』 65

『얀 더빗의 회고록Mémoires de Jean de Witt』 45

에라르Ehrard, Jean 33

에르베르Herbert, Claude-Jacques 174

『에스파냐의 18세기 혁명The Eighteenth-Century Revolution in Spain』 168

엔세나다Ensenada, Marques de la 67

엘리스Ellis, John 80

엘베시우스Helvétius, Claude-Adrien 146, 154

『역사정치신보Mercure historique et politique』 67

『인류의 교육을 위한 새로운 역사철학 Auch eine Philosophie der Geschichte zur Bildung der Menschheit』 17

예루살렘Jerusalem, Wilhelm 15

예카테리나 2세Eekaterina Alekseevna/Екатерина II Алексеевна Великая 30, 131, 157,

178~179, 183

오르테스Ortes, Giammaria 27

『오세아나 공화국The Commonwealth of Oceana』 79, 89

오트망Hotman, François 82

올라비데Olavide y Jáuregui, Pablo de 183

우스타리스Uztáriz, Gerónimo de 168, 175

우요아Ulloa, Bernardo de 168, 175

『월간 베를린Berliner Monatsschrift』 14

월폴Walpole, Robert 76, 100

웬트워스Wentworth, Thomas 93

윌슨Wilson, Charles 35, 49

『유럽 문예Gazette littéraire de l'Europe』 147

이오안니시안Ioannisjan, A. R. 143

『이탈리아 연감Annali d'Italia』 34

『이탈리아의 악습과 악법의 개혁에 관하여Di una riforma d'Italia ossia dei mezzi di riformare i più cattivi costumi e le più perniciose leggi d'Italia』 179

『인간 불평등 기원론Discours sur l'origine et les fondements de l'inégalité parmi les hommes』 108, 110, 112

『인간성을 찾아서In Search of Humanity』 36

『인간의 벗L'ami des hommes』 176

『입법에 관하여 또는 법의 원칙에 관하여De la législation ou principes des lois』 163

『잉글랜드에서 정치적 안정의 성장, 1675~1725The Growth of Political Stability in England, 1675-1725』 75

ㅈ

자고린Zagorin, Perez 75

『자연의 법률 또는 진정한 법의 정신Code de la nature ou le véritable esprit de ses lois』 138~140

『자연의 해석에 관한 사색Pensées sur l'interprétation de la nature』 173

『자유사상사전Freydenker-Lexikon』 97

『자유사상총서Freydenker-Bibliothek』 97

『자유의 대변인, 또는 하원과 그 밖의 기관에 맞서는 톨런드의 변론Vindicius Liberius: Or, Mr Toland's Defence of Himself, Against the Late Lower House of Convocation and Others』 91

작슬Saxl, Fritz 20

잔 가스토네 데메디치Gian Gastone de' Medici 60

잔노네Giannone, Pietro 96~97, 168

잔니Gianni, Francesco 176

『잘못 이해된 프랑스의 이익Les intérêts de la France mal entendus』 66

『정부론Discourses Concerning Government』 79

『정치적 권위Autorité politique』 111, 117, 139

『정치적 조언Consiglio politico』 57

『정파를 통한 통치술The Art of Governing by Parties』 93

제노베시Genovesi, Antonio 97, 139, 175,

179

조넨펠스Sonnenfels, Joseph Freiherr von 179

조레스Jaurès, Jean 27

『조세론Théorie de l'impôt』 176

조피Sophie, Prinzessin von der Pfalz 78, 90

존슨Johnson, Samuel 185

쥐리외Jurieu, Pierre 95

지Gee, Joshua 175

『지식인보Journal des Savants』 33~34

질버르파르프Zil'berfarb, I. I. 143

ᄎ

찰루스키Zaluski, Andrzej Stanisław Kostka 178

『철학순보Décade philosophique, littéraire et politique』 120

『철학적 사색Pensées philosophiques』 169, 172

『체계적 백과사전Encyclopédie méthodique』 164

체임버스Chambers, Ephraim 171

『최근 자유사상 담론에 관한 소고Remarks on a Late Discourse of Free-Thinking』 99

ᄏ

카를로 에마누엘레 1세Carlo Emanuele I 49

카를로 에마누엘레 3세Carlo Emanuele III 62

카뮈자Camusat, François Denis 98

카밀루스Marcus Furius Camillus 39~40

카보드Chabod, Frederico 41

카우츠Cauz, Konstantini Franz de 24

카타네오Cattaneo, Carlo 27

카토Marcus Porcius Cato Uticensis 119

『카페Il Caffè』 144

카펜가우스Kafengauz, B. B. 43

칸트Kant, Immanuel 14~16, 20, 24~25

칸티모리Cantimori, Delio 20

캄포마네스Pedro Rodríguez, Conde de Campomanes 183

캄피요Campillo y Cossio, José del 168

캉도Candaux, Jean-Daniel 121

컴벌랜드Cumberland, Richard 148~149

케네Quesnay, François 176, 180~181

케리Cary, John 175

케인스Keynes, John Maynard 27

코Coe, Richard N. 142

코나르스키Konarski, Stanisław 24~25, 178

코반Cobban, Alfred 36

코스만Kossman, Ernst Heinrich 43~44, 49

코시모 3세Cosimo III de'Medici 60

코치Cozzi, Gaetano 41

『콘타리니 플레밍Contarini Fleming』 101

콘피노Confino, Michael 35

콜린스Collins, Anthony 76~77, 80, 99~100

콜베르Colbert, Jean Baptiste 51~52

콩도르세Condorcet, Marie Jean Antoine Nicolas de Caritat, marquis de 164, 185

콩디야크Condillac, Etienne Bonnot de 17, 169

퀼러Köhler, Johann David 23

쿠아예Coyer, Gabriel François 133

쿨라Kula, Witold 167

크로체Croce, Benedetto 18, 29

『클리토: 달변의 힘에 기댄 시Clito: A Poem on the Force of Eloquence』 88

키케로Cicero 21, 59, 84

킹King, Charles 175

ㅌ

타르타로티Tartarotti, Girolamo 24

토르슈미트Thorschmid, Urban Gottlob 97

토르첼란Torcellan, Gianfranco 186

톨런드(톨론)Toland, John 76~77, 79, 80~81, 83~94, 96~99, 106

『튀르크의 스파이The Turkish Spy』 55~56

트레버로퍼Trevor-Roper, Hugh 76

트렌처드Trenchard, John 80, 106, 134

트론Tron, Andrea 57~58

트리니우스Trinius 97, 100

『특징Characteristicks』 24, 106

티에리Thierry, Augustin 34

틴달Tindal, Matthew 76, 80

틸럿슨Tillotson, John 91

ㅍ

파가노Pagano, Francesco Mario 188

파머Palmer, R. R. 130

파브르Fabre, Jean 131, 186

파세라노 백작 라디카티Alberto Radicati di Passerano 98~99, 168

파올리Paoli, Pasquale 117, 128~129

파키네이Facchinei, Ferdinando 147~148, 150, 152, 161

팔미에리Palmieri, Giuseppe 139

퍼거슨Ferguson, Adam 85, 185

『페르시아인의 편지Lettres persanes』 56

페요Fejóo y Montenegro, Benito Jerónimo 168

페인Paine, Thomas 184

페트라르카Petrarca, Francesco 20

페트로브나Petrovna, Elizaveta/Петро́вна, Ели заве́та 178

『편견 없는 인간Der Man ohne Vorurteile』 179

『편견의 기원과 힘Origine et la force des préjugés』 90

포니아토프스키Poniatowski, Stanisław August 24

포르메이Formey, Johann Heinrich Samuel 113

포르보네Forbonnais, François Véron Duverger de 174~175

포스카리니Foscarini, Marco 58~60

포콕Pocock, J. G. A. 75

『폴란드 정부론Considérations sur le gouvernement de Pologne』113

표트르 대제Pyotr Alexeyevich/Пётр Алексéе
вич 178~179

푸펜도르프Pufendorf, Samuel von 139,
148~149

『풍속론Essai sur les mœurs』34

퓌레Furet, François 33

프라이스Price, Richard 184

『프랑스와 영국의 강점 및 약점에 관
한 논평Remarques sur les avantages et les
désavantages de la France et de la Grande-
Bretagne』174

『프랑스의 옛 정부와 현 정부에 대한 고
찰Considérations sur le gouvernement ancien
et présent de la France』110

『프랑코갈리아Franco-Gallia』82

『프레롱 씨의 기사에 대한 비평La revue
des feuilles de M. Fréron』116

프루스트Proust, Jacques 29~31

프리도Prideaux, Humphrey 80

프리드리히 2세Friedrich II, Friedrich der
Große 30, 168

프리드리히 빌헬름 1세Friedrich Wilhelm I
23

프리지Frisi, Paolo 28

플럼Plumb, J. H. 75, 100

플뤼마르Plumard de Dangueil, Louis-Joseph
174~175

『피렌체 문예지Giornale de'letterati pubblicato
in Firenze』171

피르포Firpo, Luigi 23

피에시Fieschi 51

『핀Épingle』115

필라티Pilati, Carlantonio 179

필란지에리Filangieri, Carlo 28, 132, 185,
188

핑크Fink, Zera S. 75

ㅎ

하르퉁Hartung, Fritz 43

하우크비츠Haugwitz, Friedrich Wilhelm von
177

『학술지Acta eruditorum』99

해링턴Harrington, James 78~79, 82, 84,
89, 101

『행복론Meditazioni sulla felicità』144

헤라스코프Kheraskov, Mikhail Matveyevich/X
ерáсков, Михаи́л Матвéевич 179

헤르더Herder, Johann Gottfried von 17

호라티우스Quintus Horatius Flaccus 20~22,
24~26

호베야노스Jovellanos, Gaspar Melchor de
183, 188

호엔도르프 남작 빌헬름Georg Wilhelm
Freiherr von Hohendorf 90

홀리스Hollis, Thomas 184

『화폐론Della Moneta』168

훅Hooke, Nathaniel 85

흄Hume, David 18, 177

흐로티위스Grotius, Hugo 22, 25

힐Hill, Christopher 75

계몽사상의 유토피아와 개혁

초판 인쇄	2018년 10월 10일
초판 발행	2018년 10월 22일
지은이	프랑코 벤투리
옮긴이	김민철
펴낸이	강성민
편집장	이은혜
마케팅	정민호 이숙재 정현민 김도윤 안남영
홍보	김희숙 김상만 이천희
독자모니터링	황치영
펴낸곳	(주)글항아리 | 출판등록 2009년 1월 19일 제406-2009-000002호
주소	10881 경기도 파주시 회동길 210
전자우편	bookpot@hanmail.net
전화번호	031-955-8891(마케팅) 031-955-2670(편집부)
팩스	031-955-2557
ISBN	978-89-6735-550-0 93920

글항아리는 (주)문학동네의 계열사입니다.

이 도서의 국립중앙도서관 출판시도서목록(CIP)은 서지정보유통지원시스템 홈페이지
(http://seoji.nl.go.kr)와 국가자료공동목록시스템(http://www.nl.go.kr/kolisnet)에서
이용하실 수 있습니다. (CIP제어번호 : CIP2018031115)